DROIT ROMAIN

Origine de l'Action en garantie d'éviction

DROIT FRANÇAIS

De la transmission
des Droits de l'Auteur et de l'Artiste sur son Œuvre

THÈSE POUR LE DOCTORAT

Soutenue devant la Faculté de Droit de Lyon, le lundi 25 novembre 1889

PAR

Ernest BAL

LAURÉAT DE LA FACULTÉ

BOURG

IMPRIMERIE J.-M. VILLEFRANCHE

1889

THÈSE

POUR LE DOCTORAT

DROIT ROMAIN

Origine de l'Action en garantie d'éviction

DROIT FRANÇAIS

De la transmission

des Droits de l'Auteur et de l'Artiste sur son Œuvre

THÈSE POUR LE DOCTORAT

Soutenue devant la Faculté de Droit de Lyon, le lundi 25 novembre 1889

PAR

Ernest BAL

LAURÉAT DE LA FACULTÉ

BOURG

IMPRIMERIE J.-M. VILLEFRANCHE

—

1889

FACULTÉ DE DROIT DE LYON

MM. Caillemer, ✻ doyen, professeur de droit civil;
Mabire, professeur de droit civil;
Garraud, professeur de droit criminel;
Appleton, professeur de droit romain;
Flurer, professeur de droit civil;
Thaller, professeur de droit commercial;
Rougier, professeur d'économie politique;
Enou, professeur de droit administratif:
Audibert, professeur de droit romain;
Cohendy, professeur de procédure civile;
Leseur, agrégé, chargé du cours d'histoire générale du droit français;
Sauzet, agrégé, chargé du cours de droit international privé;
Barthélemy, agrégé, chargé du cours d'histoire interne du droit français;
Blondel, agrégé d'histoire, chargé du cours d'histoire du droit public;
Becq, secrétaire;
Grosset, sous-bibliothécaire.

JURY DE LA THÈSE

Président : M. Thaller, *professeur;*
Suffragants : MM. Caillemer, *doyen;*
Appleton, *professeur;*
Barthélemy, *agrégé.*

DROIT ROMAIN

ORIGINE DE L'ACTION EN GARANTIE D'ÉVICTION

INTRODUCTION

SENS DES MOTS *AUCTOR* ET *AUCTORITAS*. — NOTIONS SOMMAIRES
SUR LA VENTE DANS LE TRÈS ANCIEN DROIT ROMAIN.

Les textes de l'époque classique, dans lesquels on rencontre les mots « *auctor* » « *auctoritas* » sont très nombreux, très divers sont les sens dans lesquels ils sont pris [1].

Auctor, en droit privé, signifie tantôt celui de qui l'on tient ses droits, qui en a été la cause première : le *de cujus* est l'*auctor* de son héritier ; celui qui transmet quelque chose à quelqu'un, par exemple le vendeur est l'*auctor* de son acheteur ; tantôt celui-là même qui n'a rien transféré, mais qui, à l'image d'un vendeur, fournit une sûreté à une autre personne, comme le fidéjusseur donné par le vendeur « quem vulgo *auctorem secundum* vocant » (L. 4. D. De evict. 21. 2). Le même mot est employé pour désigner une personne qui prête son assistance à une autre pour l'accomplissement d'un acte juridique, le tuteur qui assiste son pupille se porte *auctor*.

Auctoritas désigne quelquefois le fait pour le vendeur de remplir l'obligation qui lui incombe de maintenir son acheteur en possession de la chose vendue, en prenant son fait et cause, *auctoritatem præstare* ; et à l'inverse *auctoritatem defugere*

---

[1] V. Daremberg et Saglio, Dictionnaire des antiquités grecques et latines ; Dirksen, Manuale latinitatis, au mot *auctoritas*. Huschke, Recht des Nexum, p. 180, texte et notes 268 et 269 ; Voigt, die xii Tafeln, i, p. 309 à 314, qui présente une énumération très complète des passages qui renferment les deux mots *auctor* et *auctoritas*.

signifie : se soustraire à l'obligation de défendre son acheteur attaqué en revendication par un tiers, idée contenue dans la loi 39, § 5. D. de evict. 21. 2, «... Seio agente recte *defugiet* », et dans la loi 85, § 5. D. de verb. obl. 45. 1. « Et quolibet *defugiente*, omnes tenebuntur. » *Auctoritas* s'entend aussi de l'obligation qu'on assume de réparer un dommage futur, comme dans la rubrique « *De contrahenda auctoritate* [1] ». Ce mot désigne donc, en matière d'aliénation, la responsabilité à laquelle le vendeur est soumis.

A l'inverse, il exprime l'idée de garantie, de protection pour l'acheteur : « *Auctoritatem* stipulari » (Vat. § 10); Amitti *auctoritatem*, id est actionem pro evictione ». (Loi 76, D. evict. 21. 2.)

Ainsi d'un côté, responsabilité pour l'*auctor*, de l'autre garantie et protection pour celui qui a droit à l'*auctoritas*.

En remontant plus haut dans l'histoire juridique de Rome, on trouve que les idées exprimées par le mot *auctoritas* sont les mêmes. Cicéron l'emploie dans le sens général de responsabilité : « Itaque attende jam, Torquate, quam ego *defugiam auctoritatem* consulatus mei. [2] » Voyez, Torquatus, si je désavoue la responsabilité des actes de mon consulat. » Dans un autre passage du même auteur, le mot *auctoritas* ne peut guère s'entendre que de la sécurité, de la garantie que procure le long usage, c'est-à-dire de l'usucapion : « Multæ sunt « domus in hac urbe, atque haud scio an pœne cunctæ « jure optimo, sed tamen jure privato, jure hœreditario, jure « *auctoritatis*, jure mancipi, jure nexi. » (De Harusp. respons. VII. 14).

Enfin, faisant un pas de plus dans le passé, nous arrivons à la loi des douze Tables. Cicéron nous en rapporte deux dispositions. Au chapitre iv de ses Topiques : « Ut quoniam *usus auctoritas* fundi biennium est, sit etiam ædium. » Que ces deux mots soient synonymes de l'expression « *usum et auctoritatem* », l'usucapion et la garantie [3], ou qu'il faille les entendre

---

[1] Paul, Sent. L. v. T. x.
[2] Pro Sulla, xi, 33.
[3] V. M. Appleton, Cours des Pandectes, 1888-89.

dans le sens de garantie contre l'éviction que produit la possession pendant un certain temps, de l'usucapion [1], il est certain
dans tous les cas que le mot *auctoritas* y est pris dans le sens de
garantie contre l'éviction. Même sens dans le chapitre xix
du Pro Cœcina : « Lex *auctoritatem* fundi jubet esse biennium. » Le deuxième passage de la loi des douze Tables est
cité textuellement : « Indicant duodecim Tabulæ : Adversus
hostem æterna *auctoritas*. » (De offic. I. 12). Quand un
Romain a acheté d'un pérégrin la chose d'autrui, l'action en
garantie contre l'*auctor* est perpétuelle, elle subsiste jusqu'à
ce qu'il y ait lieu de l'intenter [2].

Le mot *auctoritas* semble donc avoir été employé primitivement, comme il le fut plus tard, pour désigner la garantie
dans la vente ; et les interprètes modernes du droit romain
ont cru pouvoir donner le nom d'action *auctoritatis*, à l'action
par laquelle un acheteur évincé se retourne contre son vendeur
pour se faire indemniser.

Essayons, tout d'abord, de dégager quelques notions sommaires sur la vente dans le très ancien droit romain.

Notre code civil a réglementé un contrat de vente qui crée
des obligations à la charge des parties et transfère la propriété ; ces deux effets semblent n'avoir jamais été réunis
dans le droit romain. Car l'époque classique n'a pas admis
que la vente pût transférer la propriété et le droit primitif
parait n'avoir connu qu'une vente transférant la propriété
sans créer d'obligations.

A l'origine de Rome, peut-être même longtemps après, la
vente sans formes solennelles, si on admet qu'elle existât à
cette époque reculée [3], dut, le vieux mot *venumdatio*, dation
en vente, semble le prouver, être considérée à peine comme
une opération juridique. Elle ne créait pas d'obligations,
offrait l'aspect d'un simple fait, accompli tout d'un temps, et

---

[1] Ortolan, Législation romaine, i, p. 110, note 2 ; ii, p. 233, note 2.
[2] V. Huschke, p. 180, note 269 ; Voigt, ii, p. 208-209. Secus Ortolan,
i, p. 111.
[3] V. Ortolan, i, p. 136, ii, p. 232.

non susceptible d'engendrer des rapports ultérieurs entre les parties, d'un échange immédiat d'une chose contre une autre, analogue au trafic qu'on pratique aujourd'hui avec les peuplades restées en dehors de la civilisation. Mais à côté de cette vente commune à tous, qui pouvait se pratiquer avec les étrangers, conme le prouve la disposition de la loi des douze Tables sur la vente *trans Tiberim* du débiteur *addictus*, nous trouvons, aussi loin que les témoignages nous permettent de remonter, une autre sorte de vente ; celle-là privilégiée, s'appliquant peut-être à tous objets, peut-être seulement aux choses de grande importance [1], mais à coup sûr spéciale aux citoyens ; forme solennelle, complexe, astreinte à des rites publics comme pour impliquer l'autorisation de l'Etat, formalité primitivement désignée sous le nom générique de *mancipium*, plus tard spécialement appelée *mancipatio*. Quelle date peut-on assigner à l'apparition de l'opération *per œs et libram* dans la matière des aliénations ? M. de Ihering [2] est porté à admettre, en face du formalisme rigoureux qui domine le vieux droit, qu'une formalité analogue à la mancipation existait déjà avant l'invention de la monnaie la plus rudimentaire. On aurait pratiqué l'échange par deux mancipations séparées, chaque partie disant : « Hanc rem meam esse aio. » En tous cas, tout semble devoir conduire à admettre que la mancipation existe dès l'apparition du métal comme objet commun des échanges. A cette époque, l'Etat n'a pas encore songé à revêtir de petites portions d'airain d'une empreinte conventionnelle destinée à en attester le poids et la qualité. Il faut donc que les parties pèsent et vérifient, à chaque transaction, cette marchandise intermédiaire.

Les formes de la solennité de la mancipation, où la mon-

---

[1] On incline à penser (v. Maynz, Cours de droit romain, § 97, note 10) que, tout en étant la « propria species alienationis rerum mancipi », (Ulp. Reg. xix. 3) la mancipation a pu être appliquée aux choses « nec mancipi ». Mais le passage de Pline (H. N., ix, 35 § 58-60), sur lequel se fonde cette opinion ne prouve pas qu'il en fut ainsi dès l'origine de la mancipation.

[2] Esprit de droit romain, traduction française, iii, p. 221.

naie se pèse et se vérifie au moyen du son, opérations dont le souvenir s'est maintenu, dans le droit classique, sous la forme de la balance et dans l'action pour l'acheteur de frapper le plateau avec la pièce de monnaie « *ære percutit libram* [1] », suffiraient à en démontrer la haute antiquité. Ce premier indice est appuyé d'une véritable preuve ; elle résulte du paragraphe 50 des fragments du Vatican : « et *mancipationum* « et in jure cessionum leges lex duodecim tabularum confir- « mat. » La mancipation était donc antérieure à la loi des douze Tables ; rien, dès lors, ne s'oppose à ce qu'on assigne, comme date à son apparition, le temps où le métal commença à être employé comme marchandise intermédiaire.

Les mêmes formes solennelles semblent démontrer qu'avant d'être une vente fictive « imaginaria venditio », un simple mode de transférer la propriété, la mancipation dut être une vente réelle et au comptant, qui comportait, dans un même trait de temps, le paiement du prix et la prise de possession de la chose. L'*œs* sort de la *libra* pour passer aux mains du man- cipant en même temps que l'acquéreur s'empare de la chose : vente, paiement du prix, transfert de propriété et livraison sont achevés dans le même temps [2].

De bonne heure, la mancipation dut commencer à devenir une fiction, il suffisait que le vendeur se contentât d'un prix

---

[1] Gaïus, i, 119 ; ii, 104.

[2] M. Accarias (Précis de droit romain, édit. 1882, i., page 531 note 1, et 547 note 2, édit. 1886, i, p 565 note 1 et 581 note 2) traite cette manière de comprendre la mancipation de « conjecture sans fonde- ment ». Elle est également repoussée par M. Buononici, dans un article sur l'action *Auctoritatis* paru dans l'*Archivio Giuridico*, 1882, p. 74.

L'opinion qui considère la mancipation comme ayant été à l'origine une vente réelle et au comptant est admise par Ortolan, i, p. 622, ii, p. 232, texte et note 1 ; Maynz, § 33, texte et note 2, § 245, § 34, note 12 : « parmi les actes dits symboliques, il n'en est pas un qui n'ait consti- « tué à l'origine une opération très sérieuse et très naturelle. » La meilleure discussion sur ce point a été fournie par M. Appleton (De la Publicienne. Nouvelle Revue historique, 1886, p. 310 note 153). M. Girard (Etudes historiques sur la formation du système de la garantie d'éviction en droit romain, Paris 1884, p. 1 et 2) admet cette opinion sans paraître penser qu'elle puisse donner prise à une critique fondée.

fictif au moment de l'opération pour qu'elle ne répondit plus exactement à son caractère primitif. Puis la monnaie frappée, la monnaie qui se compte, apparut avec les Décemvirs [1]; un peu plus tard vint la monnaie d'argent, la pesée n'eut plus lieu, on se contente de frapper, avec un lingot de métal, la balance devenue inutile, mais conservée comme symbole.

Quelles formes servirent alors à conclure la vente devenue un contrat créant des obligations? Probablement une double stipulation [2]. L'acheteur et le vendeur s'engageaient tout simplement par des stipulations, le premier à livrer la chose, le deuxième à en payer le prix. Les obligations des parties peuvent très bien résulter de cette forme ; elle existait encore pour quelques unes d'entre elles à l'époque classique, il semble naturel d'en conclure qu'elle dut être employée pour toutes, avant que le simple consentement fut considéré comme suffisant pour lier les parties.

Dans la forme première de la vente, il semble que l'une des parties ayant pris possession de la chose, l'autre versé son prix entre les mains de la première, tout doive être terminé entre elles ; qu'aucun rapport de droit ne puisse plus naître entre les mêmes personnes à l'occasion de cette vente.

Cependant, des textes nous montrent, dès une époque reculée, une obligation naissant à la charge du vendeur. Deux dangers existent pour l'acheteur : il est exposé à traiter sur une chose que ses vices rendent impropre à l'usage auquel il la destine ; il peut arriver qu'il contracte avec un *non dominus* et se voie enlever la chose par le véritable propriétaire alors qu'il a payé son prix. Il fallait lui donner un moyen, pour obtenir réparation du tort qui lui a été causé injustement. Nous ne savons pas exactement si et par quel procédé il pouvait se faire indemniser du préjudice résultant des vices de la chose; mais pour parer au deuxième danger, le

---

[1] Mommsen, Histoire de la monnaie romaine, traduction française, I, p. 180.

[2] De Ihering, Esprit du droit romain, III, p. 232.

droit ancien a trouvé un moyen efficace, bien avant qu'on ait songé à organiser une théorie de la garantie d'éviction.

L'acheteur dépouillé a, dans des conditions à préciser, une action au double contre son vendeur, action qui paraît avoir porté le nom d'*actio auctoritatis*.

Au milieu de l'obscurité qui entoure ce sujet, la marche la plus simple et la plus logique est de fixer, avec l'appui des textes, les points qu'on peut considérer comme à peu près certains ; puis, cette première base établie, de chercher à édifier les conjectures les plus vraisemblables à l'aide du raisonnement et en s'aidant de l'analogie qui peut exister avec des situations voisines et mieux connues. Cette marche nous conduira à suivre l'ordre chronologique des faits : vente, éviction, action de l'évincé.

L'existence d'une action au profit de l'acheteur est prouvée par des témoignages certains.

C'est d'abord un passage des sentences de Paul, les paragraphes I et III du titre XVII, livre II ; puis une formule rapportée dans les notes de Valerius Probus ; deux textes de Cicéron (Pro Murena XII, 26 ; Pro Cœcina XIX, 54), et enfin quelques passages de Plaute et de Varron.

Il s'agit, après avoir examiné les circonstances dans lesquelles naît notre action, d'en déterminer les conditions ; une deuxième partie sera consacrée à en examiner la procédure, l'objet et le fondement ; enfin nous chercherons à montrer quelle a pu être l'influence de cette première conception de la garantie, sur le développement ultérieur de cette partie du droit.

CHAPITRE Ier

CONDITIONS REQUISES POUR DONNER OUVERTURE A L'ACTION
AUCTORITATIS

Un individu a acheté une chose et en a reçu mancipation. Un tiers vient la lui réclamer en prétendant qu'il en est propriétaire, il intente la revendication et triomphe. L'acheteur va, au moyen de l'action *auctoritatis*, se retourner contre son vendeur pour se faire indemniser ; à quelles conditions triomphera-t-il ?

Bien des points doivent, faute de renseignements, être laissés dans l'ombre. On ne peut rien affirmer, pour les temps primitifs, sur différents cas qui ont été prévus et développés par les jurisconsultes classiques, notamment sur les questions suivantes : pour qui est le dommage qui ne résulte pas du défaut de droit chez le vendeur, par exemple dans le cas d'erreur du juge ? Faut-il que l'acquéreur ait intérêt à faire valoir l'obligation de garantie, cas de perte par cas fortuit ; qu'il n'ait pas connu le danger d'éviction ? L'action lui est-elle ouverte alors qu'il ne garde la chose qu'à un titre autre que celui d'acheteur ?

Deux conditions seulement peuvent être examinées avec certitude : 1° il faut que l'acheteur ait reçu mancipation ; qu'il ait payé son prix et que la tradition de la chose lui ait été faite ; 2° que l'acquéreur ne soit pas en faute ; il doit notamment appeler son vendeur pour le défendre ou invoquer l'usucapion si elle lui est acquise ; 3° nous serons en outre amenés, bien que les textes précis fassent à peu près complètement

défaut sur ce point, à examiner, à la suite de quelques
auteurs, quel est l'objet sur lequel doit porter l'éviction pour
donner naissance à notre action.

SECTION Ire

IL FAUT QU'IL Y AIT EU MANCIPATION

Le texte fondamental est de Paul (Sent. II, 17, § 1 et 3) :
« Venditor, si ejus rei quam vendiderit dominus non sit,
« pretio accepto, auctoritatis manebit obnoxius : aliter enim
« non potest obligari.

« Res empta, mancipatione et traditione perfecta, si evin-
« catur, auctoritatis venditor duplo tenus obligatur. »

Du rapprochement de ces deux paragraphes, il résulte que
trois conditions sont exigées : qu'il y ait eu mancipation, que
la tradition ait été faite et le prix payé. A l'origine la mancipation, étant une vente réelle et au comptant, comportait dans
le cours même de l'opération la tradition et le paiement du
prix. Paul, qui écrit à une époque où la mancipation a perdu
son caractère primitif pour devenir un simple mode de transférer la propriété quiritaire, exige le paiement du prix et la
tradition de la chose. Dans l'ancien droit, il n'eût pas été
besoin d'insister là-dessus ; la mancipation contenait à l'origine les éléments distingués plus tard sous le nom de contrat,
tradition, transfert de propriété [1], le prix était payé par l'acquéreur en même temps qu'il recevait la chose. L'opération
autrefois était réelle, dans le droit classique, elle était devenue fictive ; le paiement du prix n'est plus qu'imaginaire,
l'appréhension de la chose n'offre plus qu'une formalité sym-
bolique dépourvue d'effets propres ; le paiement réel du prix

---

[1] Voigt, II, p. 139,

et la délivrance de la chose, la tradition, ont été séparés de la mancipation. Notre jurisconsulte devait exiger la réunion des éléments contenus autrefois dans l'opération *per æs et libram*, et en effet il dit que l'action naît de la mancipation accompagnée de la tradition et du paiement du prix. La nécessité de ces deux éléments était d'ailleurs conforme à la raison et devait subsister : Si l'acheteur n'a pas reçu tradition, il ne peut être évincé, partant ne peut agir en garantie ; il demandera la délivrance, et le vendeur ne pouvant la faire, payera une indemnité. S'il n'a pas payé son prix, il ne peut se plaindre car il ne perd rien.

On peut donc laisser de côté la tradition et le paiement du prix, nécessairemement compris dans la mancipation au moment où, suivant toute vraisemblance, notre action a été créée et poser pour première condition : une mancipation. C'est tout ce qu'exige le texte.

Mais cette première condition est-elle simple, non susceptible d'être décomposée, ou bien faut-il que la mancipation contienne une clause spéciale ayant pour objet de soumettre le vendeur à la garantie ?

Plusieurs interprètes du droit romain ont soutenu la nécessité de cette clause spéciale, d'une *nuncupatio verborum*, faite par le vendeur, peut-être par l'acquéreur, ayant pour objet de soumettre expressément l'aliénateur à la garantie [1]. On invoque deux textes de Cicéron, le premier commence le chapitre XVI du livre III du *De officiis* : « Ac de jure quidem « prædiorum sancitum est apud nos jure civili, ut in his ven- « dendis vitia dicerentur quæ nota essent venditori. *Nam* « *quum ex duodecim tabulis, satis esset ea præstari quæ* « *essent lingua nuncupata,* quæ qui infitiatus esset, dupli « pœnam subiret, a jureconsultis etiam reticentiœ pœna est « constituta. »

---

[1] Karlowa, Legisactionen, p. 75 ; Eck, Verpflichtung, p. 3 ; cités par M. Girard, p. 13, texte et note 2. Maynz, cours de droit romain, § 212, note 1 ; d'après ce dernier auteur, la *nuncupatio* était obligatoire pour l'aliénateur.

« Notre droit civil veut que celui qui vend un immeuble
« avertisse l'acheteur de tous les vices qui sont à sa connais-
« sance. *En vertu de la loi des douze tables, le vendeur
« n'était garant que de ce qu'il déclarait formellement*, et
« quand il n'avait pas dit la vérité, il était condamné à la
« peine du double ; mais les jurisconsultes ont établi une
« peine contre ceux mêmes qui n'avertissent pas des défauts
« de ce qu'ils vendent. »

D'après la loi des douze Tables, dit-on, on n'était obligé
qu'à ce qu'on avait promis dans une *nuncupatio*, et par conséquent, pour être soumis à la garantie, il fallait l'avoir promise expressément.

A lire le texte sans parti pris et surtout sans l'isoler de ce
qui le précède et de ce qui le suit, il semble bien que Cicéron
songe seulement aux vices de la chose. Le vendeur n'en était
garant, d'après la loi des douze Tables, que dans la mesure
de ses déclarations expresses, c'est-à-dire s'il a nié des vices
existants ou faussement affirmé des qualités absentes. L'auteur
expose ensuite que la jurisprudence trouva là une lacune, et
le rendit responsable de tous les défauts qu'il avait connus et
non déclarés. La disposition, ainsi attribuée à la loi des douze
Tables, avait-elle une portée générale, signifiait-elle qu'aucune obligation, même de garantie, ne peut naître pour le
vendeur en dehors d'une *nuncupatio* expresse ? Nous ne
pouvons pas l'affirmer. Mais, même en admettant que les
mots *nam quum ex duodecim tabulis...* aient la portée
générale qu'on veut leur donner, cette théorie ne s'impose
pas. M. Girard [1] nous semble, il est vrai, avoir avancé une
opinion très hasardée, quand il dit après M. de Ihering [2],
pour combattre la théorie adverse, que « rien n'autorise à
admettre que l'aliénateur pût prendre la parole au cours de
la mancipation. » La mancipation du droit classique, devenue
un simple mode de transférer la propriété Quiritaire, n'est pas

---

[1] *Op. cit.*, p. 15.
[2] Esprit du droit romain, III, p. 232.

la vente par mancipation du droit ancien ; l'aliénateur ne parle
pas dans la première parce qu'il n'en est pas besoin pour
atteindre le but qu'on se propose, rien ne prouve qu'il en fût
de même dans la deuxième. De plus, tout anormal que fut le
cas du testament *per œs et libram,* où l'aliénateur prend la
parole (Gaïus, ii, 104 ; Ulp., xx, 9), il fallait bien, pour qu'on
songeât à y appliquer la mancipation, que les formes de cette
opération ne fussent pas viciées si l'aliénateur y prenait la
parole ; la nature de la mancipation ne s'opposait donc pas à
ce qu'une *nuncupatio* fût faite par l'aliénateur. Et enfin deux
textes prouvent que, du temps même de Cicéron, l'aliénateur
pouvait prendre la parole dans la mancipation. C'est d'abord
la suite même du passage cité plus haut (*De offic.*, iii, 16).

« Hæ (ædes) Sergio serviebant ; sed hoc *in mancipio
Marius* (venditor) *non dixerat.* » Puis cette autre phrase
plus probante encore : « Neque servire quamdam earum
« ædium partem *in mancipii lege dixisset* (venditor). » (De
Orat. i, 39, 178), et plus loin : « *In mancipio* lumina uti
« tum essent ita recepit... » Il faut donc laisser complètement
de côté cet argument. La vérité est que l'opinion, qui croit à
la nécessité d'une *nuncupatio* expresse, devrait prouver que
le verbe *nuncupare* a, dans le passage qu'elle invoque, un
sens précis et technique, et non son sens habituel, ordinaire :
dire expressément, reconnaître quelque chose à haute voix.
Ce dernier sens ressort naturellement de la tournure générale de la phrase et de l'opposition que l'auteur établit entre
la déclaration expresse exigée par la loi des douze Tables et
la réticence que les jurisconsultes ont punie de la même
peine.

Ce texte est donc loin de fournir la preuve péremptoire
qu'on a cru y trouver. Passons au deuxième :

« *Quod si, in iis rebus repetendis quæ mancipi sunt, is*
« *periculum judicii præstare debet qui se nexu obliga-*
« *vit, profecto etiam rectius,* in judicio consulis designati, is
« potissimum consul qui consulem declaravit auctor beneficii

« populi romani defensorque pericli esse debet. » (Pro Murena
II, 3.)

« Quand un tiers réclame des biens aliénés par mancipa-
« tion, l'acquéreur doit être garanti de toutes les chances
« du jugement par le vendeur qui a garanti la propriété, à
« plus forte raison, lorsque l'on conteste à un consul désigné
« sa magistrature, n'est-ce pas au consul qui l'a proclamé à
« le maintenir en possession de la charge dont l'a honoré le
» peuple romain. »

Cicéron compare la responsabilité qui résulte pour le consul, qui en a proclamé un autre « *consulem declaravit* », du
fait même de cette déclaration, à la responsabilité du vendeur
qui se nexu obligavit. La première oblige le consul à maintenir celui qu'il a proclamé en possession de la charge dont
l'a honoré le peuple romain, la deuxième met à la charge du
vendeur l'obligation de maintenir son acheteur en possession
de la chose vendue. Or, dit-on, si l'auteur compare l'obligation du vendeur à celle du consul, c'est donc que le vendeur
lui aussi a déclaré quelque chose, qu'il a fait une *nuncupatio*.
Bien que les deux responsabilités soient très diverses, la
comparaison a une certaine rigueur, il est vrai, parce que le
pouvoir est bien transféré par un consul à son successeur.
Mais ne voit-on pas que l'argument de l'orateur est bien plus
probant si le mancipant ne s'engage pas formellement à la
garantie ? Le mot « *rectius* » indique nettement le sens de la
phrase : si le vendeur, qui n'a rien dit, doit cependant maintenir son acheteur en possession de la chose, à bien plus forte
raison *(rectius)* le consul, qui en a proclamé un autre, doit-il
le maintenir en possession de sa dignité.

L'opinion que nous combattons parvient donc seulement à
faire naître des doutes dans l'esprit, mais elle n'apporte pas
d'argument probant.

Nous sommes ramenés naturellement à l'opinion toute
simple qui semble bien imposée par le passage déjà lu des
Sentences de Paul, à savoir que l'obligation à la garantie, à
l'*auctoritas* naît pour le vendeur de la seule mancipation.

Dans le second paragraphe, il prévoit une tradition : « Si « res simpliciter traditæ evincantur, tanto venditor emptori « condemnandus est, quanto si stipulatione pro evictione « cavisset. » Dans le troisième, il pose l'hypothèse d'une mancipation. L'antithèse établie entre ces deux ventes est excessivement nette : au cas de simple tradition, l'acheteur évincé obtiendra ce à quoi il aurait droit s'il avait fait une stipulation. On sait qu'à l'origine, l'acheteur qui n'avait reçu qu'une tradition n'avait une action en garantie que s'il avait pris soin de faire une stipulation destinée à lier le vendeur ; plus tard le vendeur a été obligé de promettre la garantie, et enfin à l'époque classique, il a été contraint de payer ce qu'il aurait dû s'il avait fait une promesse expresse. Cette marche du droit est indiquée dans le paragraphe second. S'il avait fallu, à une époque quelconque, une clause spéciale pour faire naître, en cas de mancipation, une obligation de garantie à la charge du vendeur, le troisième paragraphe nous laisserait entrevoir une transformation analogue de l'obligation du vendeur, une promesse d'abord facultative, puis obligatoire, et enfin sous-entendue. Mais rien de tout cela ; s'il y a eu mancipation suivie du paiement du prix et de la tradition de la chose, le vendeur, en cas d'éviction, est tenu de rendre le double du prix. Le paragraphe troisième ne se réfère pas à une stipulation sous-entendue comme le second « *quanto si stipulatione pro evictione cavisset* » pour fixer le montant de l'indemnité, il dit qu'elle sera du double de ce que le vendeur a reçu « *duplo tenus.* »

Le témoignage de Paul n'est pas isolé.

Varron, indiquant aux agriculteurs les diverses clauses qu'on insère habituellement dans les contrats qui ont pour objet des esclaves ou des bestiaux, nous dit en parlant des premiers : « aut si mancipio non datur, dupla promitti, aut si ita pacti simpla ». (De re rustica ii, 10, 5.) Il est facile de déduire de là un argument en faveur de l'opinion que nous soutenons. L'auteur oppose le cas où les parties ont eu recours à la mancipation au cas où elle n'a pas été faite.

Dans la seconde hypothèse seulement il recommande à l'acheteur de se faire faire une promesse du double ; s'il n'en dit pas autant pour le cas où il y a mancipation, c'est donc que la promesse n'a pas besoin d'être faite, que l'obligation à l'*auctoritas* dérive de plein droit de la seule mancipation.

Mais Varron va plus loin, il offre à ceux qui le consultent des formules toutes préparées ; or, dans les unes, celles qui sont relatives à des ventes de choses *nec mancipi*. (De re rust., ii, 2, 6 ; ii, 3, 5 ; ii, 4, 5), il recommande une stipulation expresse touchant l'éviction. Rien de pareil dans les formules qui se rapportent à des choses *mancipi*. (De re rust. ii, 5, 11 ; ii, 6, 3 ; ii, 8, 3) ; que prouve ce silence, sinon que la vente sera suivie du mode normal de transférer la propriété de ces objets, de la mancipation, et que, cette solennité entraînant de plein droit une obligation de garantie à la charge de l'aliénateur, toute stipulation spéciale devient inutile? Et cela sans que la mancipation contienne aucune clause spéciale, aucune *nuncupatio* ; autrement il faudrait distinguer deux sortes de ventes : celles qui se font sans mancipation et celles où la mancipation ne contient pas de clause spéciale d'une part, les ventes suivies de mancipation avec promesse formelle de garantie d'autre part. Or, telle n'est pas l'opposition établie par l'auteur ; il met simplement d'un côté les ventes ordinaires, de l'autre les ventes de choses *mancipi*.

Nous devons faire toutefois une réserve sur ces textes. Nous n'oserions pas affirmer que du temps de Varron (ier siècle *ante Chr.*), une stipulation expresse fût nécessaire, même dans les ventes sans mancipation, pour faire naître une action au profit de l'acheteur évincé. Il faudrait, pour qu'il en fût ainsi, assigner à la naissance de l'action *ex empto*, dans sa fonction d'action en garantie, une date postérieure à cette époque ; or, bien que le premier texte qui nous parle de l'action *empti* en garantie, la loi 60. D. de evict. 21, 2, soit de Javolenus (commencement du iie siècle *post. Chr.*), il est possible que cette action ait existé beaucoup plus tôt. Il serait donc possible que Varron ait cité des documents d'une époque antérieure. Les formules qu'il donne se rencontreraient sous sa plume comme les vestiges d'une tradition ancienne et l'expression d'une règle déjà abandonnée. Mais l'argument garde toute sa force pour l'époque où ont été rédigés les formulaires que Varron, l'érudit et l'antiquaire, aurait copiés ; ils prouvent qu'il fut un temps où la vente par mancipation entraînait de plein droit la garantie [1], tandis qu'il fallait une stipulation expresse pour la faire naître dans une vente sans mancipation.

Faisant un pas de plus, on trouve des textes qui montrent l'obligation à la garantie tellement inséparable de la mancipation, qu'aucune circonstance, aucune clause, si formelle qu'on puisse la supposer, ne peut y soustraire le vendeur, l'étendre ni la restreindre [2]. Pour écarter l'*auctoritas*, pour vendre aux risques et périls de l'acheteur, il a fallu chercher un détour.

On l'imagina et nous savons que deux moyens étaient offerts aux parties pour atteindre ce but : le premier ne pas faire mancipation, le second manciper à un prix fictif tellement minime « *nummo uno* », que le paiement du double, qui se règle d'après le prix indiqué dans la mancipation, fût sans conséquence pour l'aliénateur. L'action *auctoritatis* subsistait dans ce dernier cas, mais il n'était pas utile de l'intenter, le vendeur se trouvait indemne.

Plaute, dans une de ses comédies, nous donne un exemple du premier expédient :

> « Ac suo periculo is emat qui eam mercabitur,
> « Mancipio neque promittet neque quisquam dabit. »

(Persa, IV, 3, 57.)

Le vendeur veut mettre les risques à la charge de l'acheteur, il n'entend assumer aucune responsabilité du fait des

---

[1] L'auteur allemand qui, à notre connaissance, a le plus récemment touché à cette matière, M. Voigt (*op. cit.* II, p. 190 et s.) conclut comme nous que la garantie naissait de plein droit de la mancipation. V. aussi Buonamici, art. cité p. 82 et s., p. 93.

[2] De Ihering, III, p. 229.

procès qu'il a de bonnes raisons pour craindre. Il charge son mandataire de vendre la prétendue esclave, de façon que l'acheteur évincé ne puisse se retourner contre lui. Si l'obligation de garantie naissait d'une promesse expresse, un moyen bien simple de l'écarter serait ouvert, on n'aurait qu'à ne pas faire cette promesse « *nuncupatio* » dans la mancipation. Mais, comme l'obligation à l'*auctoritas* dérive de la seule mancipation, il faut, pour s'en affranchir, supprimer la cause qui la fait naître. Voilà pourquoi le vendeur recommande à son mandataire de ne pas manciper. Celui-ci, en effet, en traitant l'affaire, obéit aux instructions qu'il a reçues ; il a soin, avant toute chose, de prévenir le chaland qui se présente de ne pas s'attendre à recevoir mancipation :

> « Prius dico : hanc mancipio nemo tibi dabit,
> « Jam scis ? — Scio. »
>
> (Persa, IV, 4.40.)

Le second moyen, pour le vendeur d'une chose *mancipi*, d'échapper à l'obligation de garantie est la *mancipatio nummo uno*. Cette forme dut être employée de bonne heure en matière de donation [1]. Son application à notre matière a été révélée par la découverte, dans l'Andalousie, d'une inscription sur table de bronze. La forme générale et le tour des phrases semblent rappeler le siècle d'Auguste, on croit qu'elle date du premier ou du second siècle de notre ère. Qu'elle soit, comme la plupart des auteurs l'ont pensé, un formulaire remis à un esclave qui faisait des opérations de banque pour le compte de son maître, le modèle des actes tels qu'ils devaient être dressés dans les diverses opérations à faire par le banquier ; ou bien comme d'autres, moins nombreux l'ont cru, le titre réel, destiné à constater une opération déjà effectuée, peu importe quant à notre matière ; les conclusions que nous avons à en dégager seraient les mêmes dans l'un et l'autre cas.

---

[1] V. les titres réunis dans : Giraud, *novum Enchiridium*, édit 1873, p. 651 et 652.

Ce modèle ou cet acte [1] contient deux parties, dans chacune nous trouvons une mancipation *nummo uno*. La première est faite à l'esclave par le client, pour gage du compte qui lui est ouvert, c'est la *mancipatio fiduciæ causa*, la forme primitive de la sûreté réelle.

Puis vient la deuxième partie :

« Si pecunia... soluta non esset, tum uti eum fundum
« eaque mancipia... *ubi et quo die vellet, pecunia præsenti*
« *venderet, mancipio pluris H. S. (sestertio) N (ummo)*
« *I invitus ne daret...* »

Il est question, on le voit, de l'aliénation que le prêteur est autorisé à faire à défaut de paiement à l'échéance. Cette aliénation pourra, en vertu de l'autorisation du débiteur gagiste, être faite de la façon qu'il plaira au banquier : à crédit, au comptant, où et quand il voudra ; il lui sera permis de ne pas faire mancipation à plus d'un sesterce.

Dans l'aliénation fiduciaire, on indique un prix fictif parce qu'il faut insérer une mention à ce sujet pour donner à la mancipation son caractère ordinaire, son apparence de vente ; ce n'est qu'un prix fictif qui est énoncé, car le prix réel et véritable consiste dans les avances que le banquier fait à son client.

Quant à la deuxième aliénation, celle par laquelle le créancier se débarrassera de la chose pour rentrer dans ses déboursés, ce sera une vente très réelle et très sérieuse, une vente à beaux deniers comptants. Pourquoi donc le débiteur autorise-t-il son prêteur à manciper *nummo uno* ?

La raison en est simple, elle est révélée par la comparaison des diverses clauses du contrat : « *Ubi et quo die vellet, pecunia præsenti venderet...* » Le créancier pourra vendre comme il lui conviendra, même au comptant. Ce sont là des conditions qui pèseront sur les offres des acheteurs, diminueront le prix et soumettront par conséquent le banquier, qui n'est qu'un acquéreur *fiduciæ causa*, devant à ce titre

---

[1] V. Giraud, *Nov. Enc.*, p. 655.

rendre compte à son auteur, à une responsabilité envers ce
dernier ; il faut que le créancier soit autorisé d'avance à consentir une vente pareille pour échapper à cette responsabilité.
Mancipio pluris sestertio nummo uno invitus ne daret ;
il doit y avoir là aussi une circonstance de nature à diminuer
le prix que le créancier pourra retirer de la chose, à le soumettre en conséquence à une responsabilité envers le débiteur
gagiste. C'est en effet ce qui se produit, si la mancipation
qui sera faite *nummo uno* met le créancier vendeur à l'abri
des conséquences d'une éviction de l'acheteur, lequel paiera
naturellement un prix plus bas [1]. Si la garantie résultait
d'une *nuncupatio*, déclaration faite ou engagement quelconque pris par le mancipant, le créancier se ferait autoriser
simplement à ne pas faire la promesse et non à faire une
mancipation avec insertion d'un prix fictif ; mais, comme la
garantie résulte de plein droit de la mancipation, qu'il faut
pour l'écarter modifier l'opération elle-même, le débiteur consent d'avance à ce qu'elle soit faite de cette manière.

Ainsi, bien loin qu'une *nuncupatio*, clause ou promesse
spéciale, soit nécessaire dans la mancipation pour faire naître
au profit de l'acheteur le droit à l'*auctoritas*, une déclaration,
une convention expresse ne peut même pas l'écarter et il a
fallu trouver un moyen pour dépouiller de ses conséquences
fâcheuses pour l'aliénateur cette obligation de garantie dont

---

[1] Peut-être pourrait-on trouver là le point de départ d'une explication
historique de ce fait, que le créancier hypothécaire n'est pas garant de
l'éviction envers l'acquéreur auquel il a transmis la chose hypothéquée
(L. 11 § 16. D. de act. empti. 19. 1). On dit habituellement que le créancier, ne vendant pas la chose comme sienne, il est naturel qu'il ne soit
pas tenu de l'éviction. Mais alors pourquoi le mandataire vendeur en
est-il tenu ? On pourrait dire que la permission d'aliéner *nummo uno*
devint de style dans les contrats de fiducie ; puis elle passa dans les
contrats constitutifs d'hypothèque, y devint si fréquente qu'on la sous-
entendît quand les parties l'avaient omise. Les créanciers hypothé-
caires en profitèrent pour aliéner sans garantie, clause qui elle-même
devint de style et fut enfin sous-entendue dans toutes les ventes de
biens hypothéqués.

on ne peut l'affranchir si une mancipation est faite [1].

La seule mancipation est donc suffisante pour donner ouverture à la garantie; est-elle nécessaire? Ne pourrait-elle pas être remplacée par le *cessio in jure*, qui, en principe, a les mêmes effets qu'elle : « Quod autem valet manci *(patio « idem valet et in jure cessio)* » (Gaïus, II, 22)? Partant de cette idée et se fondant en outre sur ce que le paragraphe 50 des fragments du Vatican montre que la loi des douze Tables, validant aussi bien les déclarations faites dans l'*in jure cessio* que dans la *mancipatio,* mettait ces deux modes sur la même ligne, M. Huschke a émis l'avis que la *cessio in jure* met à la charge de celui qui y joue le rôle de défendeur l'obligation de garantir l'acquéreur contre l'éviction [2].

Mais on peut remarquer en premier lieu que le texte n'est pas sûr, toute la deuxième partie de la phrase ayant été reconstituée. De plus, la maxime qu'on lit dans Gaïus ne peut être généralisée sans risques d'erreur. Les premiers mots du paragraphe 22 indiquent bien la portée de la règle : L'*in jure cessio* a, comme la *mancipatio,* la puissance de transférer la propriété Quiritaire des choses *mancipi.* Quant aux formes, aux usages et aux effets, il y a entre ces deux actes des différences qu'on peut relever dans le commentaire même de Gaïus. L'*in jure cessio* est un procès, une revendication simulée. On n'y trouve nullement un vendeur qui puisse être *auctor,* mais un défendeur assigné qui, reconnaissant le bon

---

[1] On peut ajouter que la loi 37, § 1, D. de evict, 21, 2, en ne citant au nombre des *res pretiosores,* pour lesquelles la *stipulatio duplœ* peut être réclamée du vendeur, que des choses *nec mancipi,* semble bien prouver par *a contrario* que, pour les choses *mancipi,* l'obligation au double existe de plein droit. Il est vrai que la promesse du double est imposée dans les ventes d'esclaves qui sont des *res mancipi.* Mais il y avait à cela une raison spéciale, c'est que souvent les marchands d'esclaves sont étrangers (n'ayant pas le commercium), la mancipation qu'ils font peut donc être nulle. Au reste, la tournure de la phrase « Per edictum autem Curulium *etiam* de servo... » semble bien indiquer que ce cas est une dérogation aux principes, que la promesse n'est pas faite pour les autres choses *mancipi.*

[2] Recht des Nexum, p. 9. C'est également ce qu'affirme M. Pandeletti (Storia del Diritto Romano, p. 175), mais sans le prouver.

droit de son adversaire sur la chose prétendue litigieuse, la laisse prendre sous les yeux du magistrat qui l'adjuge au demandeur. Autre chose est transmettre un objet à un acquéreur, autre chose l'abandonner en justice ; on ne comprendrait guère que cet abandon pût faire naître une obligation à la charge de celui qui l'accomplit. Enfin, dans la *cessio in jure* on ne parle nullement du prix ; comment songer à en faire sortir une obligation dont le *quantum* se règle d'après le prix déclaré [1] ?

SECTION IIe

IL FAUT QUE L'ACHETEUR SOIT EXEMPT DE FAUTE

Nous voyons dans le droit classique que, pour conserver son action en garantie, l'acheteur doit avoir été évincé sans qu'il y ait eu faute ou imprudence de sa part. Il la perd s'il a négligé d'invoquer l'usucapion qui lui était acquise. Il est obligé, dans le cas contraire, de dénoncer à son vendeur la poursuite intentée contre lui, à moins qu'il n'y ait impossibilité. (L. 53 § 1, 55 § 1, 63 pr. D. de evict. 21, 2. L. 8 et 9 c. de evict. 8, 45). Le vendeur doit alors venir défendre son acheteur, s'il ne le fait pas ou s'il n'empêche pas l'éviction, il sera condamné à indemniser l'acquéreur.

Dans le droit primitif, aucun doute ne peut s'élever sur le premier point. La défense ne se comprend pas autrement que par l'acquéreur seul, s'il a possédé pendant le délai requis pour l'usucapion. Il n'a ici à prouver que des faits qu'il connaît mieux que personne, à invoquer un droit qui lui est acquis indépendamment de toute question de propriété chez son auteur. Peu lui importe que la chose ait jadis appartenu ou non à celui qui la lui a transmise, il est propriétaire lui-même. Il doit donc invoquer l'usucapion ; s'il ne le fait pas, il n'aura pas d'action contre son vendeur. Cette question d'usucapion n'est pas sans soulever quelques difficultés. Certains

---

[1] En ce sens : Buonamici, art. cité, p. 83.

auteurs[1] ont essayé de rattacher à l'action *auctoritatis*, la mystérieuse exception *annalis Italici contractus*, abolie par Justinien (L. un. C. de usucap. transform. 7, 31 ; l. 1 C. de annali except. Ital. contr. 7, 40). L'action *auctoritatis*, a-t-on dit, était en soi perpétuelle, mais elle était rendue temporaire par cette exception. Le *contractus italicus* est peut-être la vente par mancipation d'un fonds participant au *jus italicum*, l'exception pourrait être invoquée par le possesseur au bout d'un an, passé la date du contrat. Mais on ne voit pas pourquoi la défense tirée de l'usucapion se produirait sous la forme d'une exception. De plus, on voit dans la loi *Unica* que cette exception exigeait des délais variables suivant les circonstances, elle n'a donc rien de commun avec l'usucapion, dont le délai est préfixe et invariable. Et enfin l'usucapion d'un fond italique ne se réalise que par deux ans, par conséquent si l'action en garantie doit être restreinte à un certain délai, il faut au moins lui assigner une durée de deux ans, au bout de laquelle l'acheteur n'en ait plus besoin, étant devenu propriétaire.

L'exception *annalis italici contractus* devait avoir pour but d'assurer à un acquéreur, sous des conditions et pour des motifs qui nous sont inconnus, la possession d'un immeuble à l'encontre de toute revendication. Voilà tout ce qu'on peut affirmer. D'un autre côté, ne serait-il pas permis de faire remarquer la singularité qu'il y a à vouloir, en dehors de tout renseignement précis, établir un rapport entre l'action *auctoritatis* qui remonte très probablement aux douze Tables, et une institution, qui, ayant nom italique, semble n'avoir pu naitre avant l'époque où Rome a conquis toute l'Italie?

Quelle est la situation de l'acheteur qui n'a pas encore usucapé? L'acquéreur, appelé en revendication par un tiers au moyen de la vieille procédure du *sacramentum*, doit-il, comme l'acheteur du droit classique, dénoncer le trouble à

---

[1] Maynz, § 212, note 1. E. Danz., Die Auctoritas ; Rudorff, Ueber die litiscrescenz falle, notes 202 à 208, cités par M. Girard, p. 11, note 2.

son vendeur pour obtenir son assistance, plus nécessaire encore dans le droit ancien, où le défendeur n'a pas seulement à détruire les arguments de son adversaire à mesure qu'ils se produisent, mais doit prouver sa propriété, par conséquent démontrer qu'il a reçu la chose et que son auteur était propriétaire, preuve pour laquelle le vendeur est beaucoup plus compétent que lui ? La nécessité de cet appel du vendeur formerait la deuxième condition requise pour l'exercice de l'action en garantie. Le vendeur devrait venir assister son acheteur à peine d'être condamné au double. Alors tout s'expliquerait aisément ; le mot *auctoritas* n'aurait plus, dans le droit primitif, le sens vague et général de *garantie*, que nous lui trouvons plus tard, il désignerait l'appui prêté par le mancipant à son acheteur attaqué en revendication ; sens conforme à l'étymologie *augere*, augmenter, fortifier une situation, et en même temps très voisin de cette étymologie, par conséquent très ancien, et plus propre que tout autre à une matière dont l'antiquité ne paraît guère contestable. Cette assistance du vendeur serait analogue à celle que le tuteur fournit à son pupille [1]. Seulement, le tuteur fournit son *auctoritas* au pupille pour tous les actes juridiques qu'il fait, parce que pour tous l'inexpérience de l'enfance exige qu'un conseil, une intelligence soit là pour la guider ; l'acquéreur obtiendrait l'*auctoritas* de son vendeur pour un acte que le défaut de lumières sur certains faits l'empêche d'accomplir avec avantage. Comme le tuteur assistant son pupille, le vendeur paraîtrait au procès pour prêter à son acheteur l'appui de son expérience « auctor esse » être l'intelligence à côté de l'action, lui conseiller, lui souffler ce qu'il a à dire pour triompher. L'action *auctoritatis* naîtrait à défaut pour le vendeur de remplir son obligation, comme réparation de l'*auctoritas* inutilement invoquée.

Cette explication, qui paraît si conforme au sens primitif

---

[1] Ce rapprochement entre l'*auctoritas* due par le mancipant et celle du tuteur est développé par M. Bechmann, Der Kauf nach gemeinen Recht, I, p. 115.

du mot *auctoritas*, est-elle en harmonie avec les idées qu'on rencontre dans les législations primitives des peuples Indo-Européens, chez lesquels l'évolution juridique a du être symétrique à celle des anciens peuples de l'Italie ? Si oui, cadre-t-elle avec l'esprit de la législation de l'ancienne Rome, peut-on l'appuyer sur des textes?

Suivons d'abord M. Jobbé-Duval [1] dans un rapide coup d'œil sur les législations barbares.

Dans les coutumes franques, le propriétaire qui a perdu la possession d'un meuble sans sa volonté, attaque le possesseur sur lequel pèse dès lors une présomption de vol; celui qui possède doit présenter son auteur au tribunal. Dans la loi Salique, si le possesseur prouve par un certain nombre de témoins qu'il a bien appelé un tel en garantie, et que cet individu est son auteur, ce dernier sera condamné par contumace à la peine du vol. Dans la loi Ripuaire, il faut que le vendeur se porte volontairement garant, sinon le possesseur est condamné comme voleur.

Si le vendeur consent à se reconnaître garant, le défendeur lui remet la chose devant le tribunal, il prend le lieu et place de son acheteur qui est mis complètement hors de cause ; le procès s'engage entre la demandeur et le garant. Le possesseur était, du chef de sa possession, présumé voleur, l'accusation tombe quand il a prouvé son acquisition, il est lavé du soupçon et mis à l'abri de la poursuite. Le nombre des substitutions de garant à garantie est indéfini, l'objet passe ainsi de mains en mains jusqu'au vendeur qui n'est plus couvert par personne et qui doit défendre à la poursuite. Dans des coutumes d'aspect plus archaïque (Russes, Scandinaves), volé et détenteur actuel se mettent à la poursuite du vendeur qui les conduira à son tour chez son auteur jusqu'à ce qu'on trouve celui qui ne peut plus invoquer un achat. Cette poursuite est encore en usage au VIIe siècle chez les Lom-

---

[1] Etude sur la revendication des meubles, p. 60 et s., p. 74, 78, 80.

bards. Quelque chose d'analogue se rencontre dans les coutumes anglo-saxonnes.

On pourrait être tenté d'assigner une marche analogue à la législation romaine. Mais, dans les lois barbares, il s'agit uniquement d'une question de délit ; le propriétaire qui aura perdu sa chose à la suite d'un fait volontaire, d'un prêt ou d'un dépôt, n'aura de recours que contre l'emprunteur ou le dépositaire infidèle, il ne pourra attaquer l'acquéreur de son meuble, fût-il de mauvaise foi. On n'a pas encore, dans ces législations primitives, conçu une action non délictuelle qui ne s'appuie ni sur un acte solennel, ni sur un fait matériel, mais sur un droit abstrait de propriété.

Le civil et le criminel se confondent, il faut qu'en réclamant sa chose, le demandeur puisse porter de plein droit une accusation de vol contre le défendeur. Dès lors on conçoit et la justice la plus élémentaire exige la mise hors de cause du possesseur, lorsqu'il parvient à écarter l'accusation qui pèse sur lui ; on comprend qu'il doive être remplacé par un vendeur et ainsi de suite jusqu'au vrai coupable.

Rien de pareil dans l'histoire de la Rome la plus reculée. Elle est déjà parvenue à un degré de civilisation juridique bien supérieur à celui que ces peuples barbares n'ont atteint qu'après plusieurs siècles. Dans le droit romain, le plus primitif que nous puissions connaître, il ne s'agit plus de délit ; la question roule sur la propriété. Le demandeur ne revendique pas parce qu'il a été volé, mais parce qu'il est ou du moins se prétend propriétaire.

Dès lors, on ne peut concevoir la possibilité pour le possesseur de se faire mettre hors du procès, de se faire remplacer dans la défense par celui dont il tient la chose. Le défendeur ne peut être que l'acquéreur et cela pour une double raison : d'une part, le vendeur ne peut venir défendre au procès, puisque dans la première phase de la procédure romaine, dans les actions de la loi, à une action en revendication doit répondre celui qui se prétend également propriétaire, celui qui à la *vindicatio* du demandeur peut répondre par une *contravindicatio*, c'est-à-dire affirmer, dans les mêmes termes que le vendeur, qu'il est propriétaire [1], et assurément si le vendeur a jamais eu la propriété, il l'a perdue en faisant mancipation ; d'autre part, l'acquéreur, défendeur obligé à l'action en revendication, ne peut se faire représenter par son vendeur à cause de la règle « Nemo alieno nomine lege agere potest. » (L. 123. D. de reg. juris. 50, 17.)

L'intervention du vendeur, si elle est possible, ne peut donc avoir pour résultat, comme cela s'est produit plus tard, d'écarter l'acheteur du procès. Mais le mancipant peut-il au moins venir aider son acheteur à se défendre ?

Des textes permettent de répondre affirmativement. Cicéron, au cours d'une comparaison entre la profession militaire et celle du jurisconsulte, demande à ces derniers s'ils peuvent être fiers d'une science toute de mots et de vaines formules [2]. Comme exemple, il prend le formulaire de la revendication, au milieu duquel nous relevons les mots : « *quando in jure te conspicuo.* » Ailleurs, s'attachant à démontrer combien l'interprétation littérale des textes est contraire à la raison, il demande si l'action contre le vendeur présent « *actio in auctorem præsentem* » serait refusée à l'illustre Appius Cœcus parce qu'elle est conçue en ces termes : « *Quando in jure te conspicuo* » [3]. Enfin Valerius Probus [4] cite, dans le formulaire de la revendication, les lettres Q. I. J. T. C. P. A. F. A. comme signifiant « *Quando in jure te conspicuo, postulo anne fuas auctor.* » Ce dernier texte prouve d'abord une chose : en partant du sens primitif du mot *auctoritas*, *augere* augmenter, il montre que ce n'est pas la mancipation qui est augmentée, fortifiée par une clause donnant naissance à la garantie et qui pourrait ne pas s'y trouver. En effet, on

---

[1] Keller, procédure civile des Romains, traduct. franc., p. 55. V. aussi : Accarias, II, p. 834 ; Maynz, §.117, note 5.

[2] Pro Murena, XII, 26.

[3] Pro Cœcina, XIX, 54.

[4] De juris notarum significatione, Novum Enchir., p. 575.

ne demanderait pas au vendeur s'il veut être *auctor* « fuas »,
mais s'il l'a été, s'il a consenti jadis à augmenter la sécurité
de son acheteur en promettant son *auctoritas* (ce qui confirme
l'opinion par nous admise, que la mancipation engendre la
garantie sans qu'il soit besoin aux parties de s'en expliquer
formellement); le vendeur est sommé de déclarer s'il veut
fortifier la situation de son acheteur, défendeur au procès
« *postulo anne fuas...* », comme le revendiquant est sommé
de s'expliquer par la formule : « Postulo anne dicas qua ex
causa vindicaveris ».

Une deuxième déduction à tirer de la formule et de la
place où elle figure dans la procédure, est une forte probabi-
lité en faveur d'une opinion qui voit dans l'*auctoritas* l'assistance que le vendeur fournit à son acheteur attaqué en revendication ; celui-ci adresse à celui-là une sommation d'avoir à
déclarer s'il consent à l'aider dans sa défense ; non pas à
prendre sa place, ce qui n'est pas possible, mais à se mettre
de son côté pour le conseiller, l'aider à repousser une revendication mal fondée, pour le faire triompher, assurer en ses
mains la possession tranquille de la chose qu'il lui a transmise.

Reste à savoir comment le vendeur, que nous trouvons au
procès, y était venu ? Avait-il été amené à la suite d'un simple avertissement officieux ? remplit-il un acte de bonne
volonté en venant librement aider son acheteur ; ou bien
avait-il été forcé de comparaître en vertu d'une véritable
citation en justice, réalisée dans la vieille forme de la *voca-
tio in jus* ? La deuxième alternative est beaucoup plus conforme au caractère profondément formaliste de l'ancien droit,
en outre elle s'accorde parfaitement avec l'idée qu'on ne voit
pas figurer, dans la procédure des actions de la loi, des personnes qui n'y aient été solennellement appelées. On l'a
repoussée par ce motif que « nos textes s'entendent mieux
« d'un avertissement purement officieux que d'une assignation
« proprement dite [1]. » Cependant, nous croyons qu'il est

---

[1] Girard, p. 10.

difficile de comprendre pourquoi, même en reconnaissant à la
formule « *postulo anne fuas auctor* » un caractère de sommation, on trouverait bizarre qu'un individu, qui vient d'en
appeler un autre en justice, commençât par constater sa présence en lui disant : « quando... » La sommation solennelle,
adressée au vendeur, est absolument nécessaire pour expliquer sa présence et fixer son rôle dans le procès ; on conçoit
fort bien qu'une fois arrivé devant le magistrat, le défendeur
interpelle son auteur en ces termes : « Maintenant que nous
sommes devant le tribunal, je vous somme de déclarer si vous
consentez à reconnaître que vous êtes mon *auctor*, à en assumer les obligations, à m'assister dans le procès que je vais
soutenir ». Il faut de plus que l'acheteur, quand il agira en
garantie, prouve qu'il a appelé son vendeur, comment le
fera-t-il s'il ne lui a pas adressé une citation solennelle ?

Cette question d'appel du vendeur soulève d'ailleurs des
doutes qu'il est impossible de dissiper avec le peu de renseignements que nous donnent les sources. L'acheteur actionné
par un tiers avait-il un délai pour avertir son vendeur, ou
bien, comme cela se pratiquait dans les coutumes barbares,
revendiquant et possesseur se mettaient-ils à la recherche de
l'auteur de celui-ci pour le mener devant le magistrat ? Nous
ne pouvons rien affirmer [1]. Il y a pourtant un texte de Varron qu'on pourrait être tenté de rapporter à la question :

« Vas appellatus qui pro altero vadimonium promittebat.
« Consuetudo erat, quum reus parum esset idoneus incœptis
« rebus, ut pro se alium daret ; a quo caveri postea lege cœp-
« tum est ab his qui prædia venderent vades ne darent ; ab
« eo scribi cœptum est in lege mancipiorum : vadem ne pos-
« ceret, nec dabitur. » Il résulte de ce passage qu'un aliénateur par mancipation pouvait être tenu de fournir des vades
et qu'on prit l'habitude de se réserver le droit de n'en pas

---

[1] M. Voigt (*op. cit.* II, p. 197-98) pense qu'un délai était donné à
celui qui avait désigné son vendeur, à l'effet d'appeler ce dernier à
venir le défendre.

donner. On sait que le *vas* est la caution de la promesse de paraître en justice. Partant de là, on pourrait dire que le mancipant devait fournir une caution garantissant qu'il comparaîtrait en justice le jour où il en serait requis pour répondre à la question : « Postulo anne fuas auctor? » Mais cette promesse faite d'avance, d'une façon hypothétique pour le cas où un tiers menacerait l'acheteur d'une éviction, cadre mal avec ce que nous savons du *vadimonium*. Une explication plus simple pourrait être tentée : le texte se rapporterait à l'époque où un défendeur cité en justice n'eut plus besoin, s'il ne voulait comparaître immédiatement, de fournir un *vindex*, mais put se contenter de promettre qu'il comparaîtrait à jour fixe en fournissant une caution « vas », garantissant sa promesse. Comme tout défendeur, le vendeur appelé en garantie devait promettre, avec caution, qu'il comparaîtrait à jour fixe, on trouva gênante cette obligation de fournir une caution et on prit l'habitude de convenir d'avance qu'on n'en donnerait pas [1]. Mais cette précaution qu'on prit de se réserver le droit de ne pas fournir plus tard des cautions pour garantir une comparution en justice, paraît tout aussi invraisemblable qu'une caution donnée d'avance pour le cas où un procès se produirait. Il faut donc reconnaître qu'il est impossible de donner du texte une explication satisfaisante. En tout cas, aucune de celles qui ont été tentées ne fournit d'éclaircissement sur le point de savoir si l'acheteur défendeur avait un délai pour appeler son vendeur à venir le défendre.

Reste encore une difficulté. Le vendeur figurant au procès va-t-il être obligé de fournir un *sacramentum*, par exemple sur l'invitation du revendiquant qui lui dirait : « *quando injuria auctor factus es...* » Si l'on pouvait admettre la substitution du vendeur à l'acheteur dans le procès, la question ne se poserait pas, puisqu'il n'y aurait plus que deux parties ; on pourrait seulement discuter sur la reconstitution de la formule, admettre par exemple que le revendiquant disait au

---

[1] En ce sens : Girard, p. 60.

vendeur : « Quando injuria eum hominem, quo de agitur, C. Sempronio mancipavisti... »

Mais cette substitution paraît impossible, puisque le vendeur a perdu la propriété, s'il l'a jamais eue, en faisant mancipation, et que le défendeur à l'action en revendication doit être celui qui peut se prétendre propriétaire, c'est-à-dire l'acheteur. Ce dernier devant donc forcément fournir un *sacramentum*, le vendeur doit en être dispensé. En effet, rien ne permet de croire qu'il pût être fait plus d'un double *sacramentum* dans un procès unique. De plus, l'*auctor* ne prend dans le procès aucune position indépendante, il n'est pas défendeur, il n'y paraît que pour assister son acheteur ; une fois sa présence solennellement constatée et expliquée, tout son rôle, toute son activité n'ont qu'un objet : conseiller et diriger l'acheteur [1].

Ainsi, en faisant abstraction des difficultés accessoires, les textes nous montrent, dans la procédure qui précède l'action *auctoritatis*, dans la revendication qui a entraîné l'éviction, l'acheteur appelant son auteur et ce dernier obligé de l'assister, faute de quoi naîtra contre lui l'action *auctoritatis*.

Cependant, la nécessité de cette précaution pour l'acheteur et la possibilité d'une juxtaposition de deux personnes défendant à un procès, d'une assistance donnée par le vendeur à son acheteur attaqué, ont été vivement combattues par un auteur récent [2]. Il commence par écarter l'opinion de ceux qui admettent la substitution du vendeur à l'acheteur, comme défendeur au procès ; puis, tout en consentant à reconnaître que l'opinion que nous avons adoptée est un peu meilleure que la précédente, il n'hésite pourtant pas à la condamner comme manquant de fondement dans l'histoire juridique, et comme inconciliable avec le caractère de la procédure primitive.

Le *sacramentum* étant fait entre le revendiquant et l'ache-

---

[1] En ce sens : Bechmann, Der Kauf, p. 116, note 5 ; le seul auteur qui se soit clairement expliqué sur ce point.

[2] Buonamici, art. cité, p. 88 et s.

teur, dit M. Buonamici, le juge ne pouvait décider qu'une chose, quel est celui qui est « justum ». Le procès commencé entre les deux parties devait finir sans qu'on puisse changer sa marche, ni la compliquer d'incidents incompatibles avec la simplicité et la précision de la procédure primitive. « La « nature du procès antique répugne profondément à cette idée « d'assistance judiciaire, dont on a voulu faire le fondement « et le préliminaire de l'action *auctoritatis*. »

Ce n'est que lorsque le jugement de l'action en revendication a reçu une solution, qu'on peut ouvrir une autre instance.

Malgré ces arguments, nous persistons à croire que l'opinion, inspirée par une première lecture des textes, est la bonne. On affirme que l'idée d'assistance méconnaît le caractère rigoureux et solennel des *legis actiones* ; nous répondons que ce caractère est respecté quand la présence du vendeur a été constatée et expliquée en termes solennels. On soutient que personne ne peut prendre parti dans un procès, y défendre, sans avoir fait un *sacramentum* ; nous le croyons, aussi n'aurions-nous garde de dire que le vendeur défend au procès, mais qu'il assiste, qu'il aide, qu'il conseille son acheteur, ce qui est bien différent. Etait-il donc interdit, chez les vieux Romains, à un plaideur inexpérimenté de s'adjoindre un homme habile pour le diriger ? Ne savons-nous pas au contraire que le plaideur ne pouvait faire un pas dans le dédale d'une procédure, sans être littéralement conduit par la main ? Pourquoi l'assistance du vendeur eut-elle été proscrite alors que celle de toute autre personne était permise ?

D'autre part, le savant professeur n'a pas répondu à l'argument des textes sur lesquels se fonde l'opinion qu'il combat. Nous voulons bien reconnaître qu'ils ne prouvent pas nécessairement l'intervention du vendeur, qu'il pourrait y être question d'une action en garantie. Mais la preuve qui ne résulte pas nécessairement des textes, peut se tirer de l'esprit du droit romain primitif. Il suffirait que cette assistance du vendeur pût être conciliée avec les textes, pour qu'on dût la considérer comme certaine ; admettez cette idée, le juge de l'action en garantie n'aura, pour savoir si elle est fondée, qu'à vérifier des faits pour ainsi dire tangibles : l'acquéreur a-t-il appelé son vendeur en cause, celui-ci l'a-t-il préservé de l'éviction? Au contraire, la simplicité rude et expéditive du vieux droit comporte-t-elle que l'acquéreur commence par défendre, seul et sans informer son vendeur, aux poursuites du revendiquant, puis, l'éviction réalisée, que ce même acheteur, pour faire admettre son action en garantie, vienne démontrer d'une façon théorique qu'il a bien défendu au premier procès ? Ce serait là une conception toute métaphysique, une source de difficultés et de complications tout-à fait contraires à l'esprit de droit ancien [1]. Mais l'opinion que nous avons admise est plus que conciliable avec les textes ; s'ils ne prouvent pas d'une façon irréfutable qu'elle est exacte, ils la rendent très vraisemblable. Cicéron, au *Pro Murena*, cite les mots : « *quando in jure te conspicuo* », au milieu du formulaire de la revendication ; Valerius Probus les place immédiatement après la formule : « Secundum suam causam sicut dixi, ecce tibi vindictam imposui ». C'est donc qu'ils étaient prononcés au cours d'une revendication. On ne pourrait hésiter que sur un point, croire que la formule : « quando in jure... » était prononcée par le revendiquant [2]. Mais, ou bien il faudrait admettre que le vendeur va être défendeur au procès et mettre l'acheteur hors de cause, ce qui, d'après l'opinion généralement admise, ne se peut pas ; ou bien l'acheteur est défendeur au procès, et alors les termes de

---

[1] On pourrait peut-être ajouter que la règle du droit classique exigeant que le vendeur ait été averti (L. 53 § 1. D. de evict. 21. 2) par l'acheteur de l'action intentée contre lui, n'est pas imposée par la bonne foi. Il serait même plus conforme à la bonne foi que l'acheteur qui s'est bien défendu, sans avertir le vendeur, conservât l'action. La règle vient donc probablement des temps anciens, où elle avait été admise pour simplifier l'exercice de l'action *auctoritatis*.

[2] En ce sens : Voigt, II, p. 199-200, qui restitue la formule : « (Te quem C. Sempronius auctorem laudavit) quandoque in jure te conspicuo... »

Cicéron « *actio in auctorem...* » *l'action dirigée contre le vendeur,* ne se comprendraient plus, parce que l'action ne serait pas dirigée contre l'*auctor,* le garant, mais contre le garanti, le vendeur ne faisant qu'assister son acheteur.

Cette formule ne pouvait donc être mise que dans la bouche de l'acheteur, sommant son vendeur de se reconnaître son *auctor* et de lui prêter assistance contre le revendiquant.

Par suite, nous considérons comme un deuxième point certain, la nécessité pour l'acheteur d'avoir appelé son vendeur à venir le défendre dans le procès.

SECTION IIIᵉ

DE L'ÉVICTION

Aucun doute ne peut s'élever dans le cas où le vendeur, appelé au procès par son acheteur, n'a pas répondu à l'invitation qui lui était faite, et que l'acheteur a succombé ; ni dans le cas où il a succombé malgré l'assistance du vendeur ; pas davantage si c'est par la faute de l'acheteur que la chose lui a été enlevée, s'il n'a pas appelé son auteur au procès, ou s'il a négligé d'invoquer une usucapion accomplie. Dans les deux premières hypothèses la garantie est certainement due ; dans la troisième, l'éviction s'étant réalisée dans des circonstances qui prouvent la faute de l'acheteur, il ne pourra se faire indemniser du préjudice qu'elle lui cause. Mais il y a des hypothèses plus délicates. L'acheteur a triomphé malgré le défaut d'assistance de son vendeur qui avait été averti d'avoir à la fournir et qui n'est pas venu au procès ou bien n'a pas voulu reconnaître qu'il était *auctor.* Dans cette dernière hypothèse, il est très probable qu'une action était donnée à l'acheteur contre l'aliénateur, avant même la solution de l'action en revendication ; nier qu'on est *auctor* quand on l'est, c'est presque démontrer qu'on a vendu la chose d'autrui ; mais il devait en être de même si le vendeur ne comparaissait pas.

Aucun doute ne peut s'élever sur la responsabilité du mancipant quand l'éviction résulte d'un procès en revendication, qui aboutit à enlever à l'acheteur la totalité de la chose qui lui avait été transmise.

Le cas de *vindicatio in libertatem* de l'individu vendu comme esclave, par un tiers qui agit dans l'intérêt du prétendu esclave et qui réussit, doit être assimilé à l'hypothèse d'une revendication ; c'est en effet le cas prévu par la plupart des passages de Plaute qui ont rapport à la garantie. Mais qu'adviendra-t-il si l'éviction porte sur une partie seulement de la chose ? L'action *auctoritatis* étant basée sur le défaut d'assistance, ou d'assistance efficace par le vendeur, peut-être est-il permis de penser qu'on a dû considérer une obligation imparfaitement remplie aussi sévèrement que si elle ne l'avait pas été du tout, et partant tenir compte de l'éviction partielle pour autoriser l'acheteur à agir ?

La question devient encore plus embarrassante et la solution plus incertaine, si l'on suppose que l'acquéreur d'un fonds soit attaqué par une action confessoire de l'usufruit ou d'une servitude, ou bien se voie dénier une servitude que le vendeur lui avait donnée comme existant au profit du fonds. M. Bechmann, un des rares auteurs qui aient traité ces points avec quelques développements, admet que l'obligation d'être *auctor* pèse certainement sur le mancipant, en face d'une action confessoire de l'usufruit intentée contre l'*accipiens*, s'il n'a pas eu soin de lui faire dire : « *Mihi emptus est deducto usufructu* [1]... » A l'appui de son opinion, il invoque un texte de Paul (L. 4, D. de usufr. 7, 1), d'après lequel l'usufruit dans bien des cas peut être considéré comme une part de la propriété, un autre fragment tiré de Gaïus

---

[1] Der Kauf, p. 243 et s. M. Girard, qui expose sommairement (p. 22) l'opinion de M. Bechmann, paraît l'accepter en partie. M. Buonamici (p. 90) dit qu'il ne se croit pas obligé de prendre parti dans une discussion pour laquelle on n'a aucun témoignage précis, et où l'on risque fort de s'écarter complètement de l'esprit du droit ancien. Enfin M. Voigt (II, p. 193) fait des distinctions.

(L. 49, D. de evict. 21, 2) qui semble exprimer une idée analogue, et enfin quelques textes, notamment la loi 39, § 5, D. de evict., qui dans sa forme primitive se rapportait à l'action *auctoritatis*, et dans laquelle les compilateurs auraient remplacé « *mancipat* » par « *tradit* ». L'argument, tiré du principe qui voit dans l'usufruit une part de la propriété, nous paraît dénué de toute valeur. La loi 4 est contredite en effet par la loi 25 D. de verb. sign. 50, 16, de Paul aussi, qui envisage l'usufruit non comme une partie de la propriété, mais comme une servitude. La loi 4 a donc un sens spécial ; elle signifie simplement que l'usufruit a quelquefois les mêmes caractères que la propriété, et rien ne prouve que cette idée s'applique à l'éviction. De plus, il faudrait prouver que la notion de l'usufruit que se font les jurisconsultes classiques est conforme à l'idée ancienne, ce qui n'est pas certain. Quant à l'argument tiré de la loi 39, § 5, de evict., il est beaucoup plus probant. L'interpolation paraît évidente. Remarquons d'abord que ce texte, tel qu'il est aujourd'hui, a subi très probablement des altérations, de la main des copistes, qui l'ont rendu inintelligible. Les mots « *usus-fructus nomine adversus Seium non teneri* » ont probablement été substitués à ceux-ci : « *usumfructum ad neminem alium quam Seium pertinere* ». Celui qui a vendu la nue propriété, en disant que l'usufruit est à *Seius* alors qu'il est à *Sempronius,* sera tenu de l'éviction résultant de l'action de Sempronius comme s'il avait dit que l'usufruit n'appartient à personne autre qu'à *Seius.* Arrivons à l'interpolation des compilateurs du Digeste. Nous croyons qu'ils ont remplacé « mancipat » par « venditum tradit ». En effet : s'il s'agissait d'une tradition faite en vertu d'une vente, il n'y aurait pas besoin de faire, dans la tradition, la réserve de l'usufruit ; cela irait de soi, car la bonne foi exigerait que jamais le vendeur ne fût tenu de l'éviction relative à un usufruit qu'il a déclaré, dans la vente, ne pas lui appartenir, il serait donc absolument inutile qu'il prît soin de répéter cette déclaration dans la tradition ; au contraire on comprend qu'elle soit faite

dans une mancipation-vente , la mancipation entraînant
l'action *auctoritatis*, action pénale, comme nous l'explique-
rons plus loin, qui pourra être recevable si le vendeur n'a pas
pris soin de déclarer qu'il ne mancipait que la nue propriété.
La même idée ressort de la comparaison de notre texte avec
la loi 7, D. de act. empti 19, 1. Ce fragment de Pomponius,
prévoit un cas absolument semblable à celui de la loi 39, de
evict., et il décide que l'acheteur ne pourra se plaindre, s'il
est évincé, tant que l'usufruit eût duré s'il eût réellement
appartenu au titulaire que le vendeur a nommé ; et, en effet,
si on apprécie les choses d'après l'équité, qu'importe à l'acheteur que l'usufruit soit exercé par Seius ou par Sempronius ?
La raison de la différence des solutions données par ces deux
textes ne peut être que celle-ci : dans la loi 7 on apprécie les
choses d'après la bonne foi, il s'agit en effet de l'*actio empti*;
dans la loi 39, on interprète la convention non d'après la
bonne foi, mais le droit strict ; pourtant il s'agit aussi d'une
vente, ce ne peut être que d'une vente par mancipation d'où
dérivera l'action *auctoritatis* tendant à faire obtenir une
pœna, action de droit strict. Si, en effet, il s'était agi d'une
autre action de droit strict, de l'action *ex stipulatu duplæ*, le
texte le dirait, car il n'y avait pas de raison pour supprimer
cette mention ; il fallait au contraire rayer le mot mancipation, la chose ayant disparu au temps de Justinien.

Ainsi, sans oser conclure à la certitude, alors qu'on est
obligé de baser la solution sur une restitution de texte, toujours hasardeuse, nous croyons que très probablement l'action *auctoritatis* sanctionnait une éviction relative à l'usufruit de la chose achetée, si l'aliénateur n'a pas pris soin de
faire dire à l'accipiens : « *Mihi emptus est deducto usufructu...* »

Pour les servitudes passives, M. Bechmann invoque quelques fragments du Digeste et deux passages de Cicéron [1]. Il

---

[1] L. 90, 126, 169 D. de verb. sign. 50, 16 ; De Officiis, III, 16, 65-67 ;
De Oratore, I, 39, 278.

admet que le vendeur est garant des servitudes s'il a vendu le fonds *uti optimus maximusque*, plus tard de toute servitude dont il a dissimulé l'existence. Pour les textes du Digeste, il est vrai qu'ils peuvent paraître interpolés, mais cela n'est pas d'évidence, de plus on peut dire qu'ils ne font que déduire les obligations qui résultent, quant à la délivrance de la chose, de la clause « *uti optimus maximusque* ». Penser qu'il y était question de l'action *auctoritatis* est donc très hasardé.

Restent les deux textes de Cicéron. Dans le premier (De offic. iii. 16) l'auteur parle de ventes de maisons grevées de servitudes connues et non déclarées par le vendeur dans le cours de la mancipation. Dans le second (De orat. i. 39), le vendeur a dit, dans la *lex mancipii*, qu'aucune servitude ne pesait sur les édifices, il est garant de toutes celles qu'il a connues et non déclarées. Deux raisons s'opposent à ce qu'on tire de ces passages une conclusion favorable à l'opinion qui donne l'action *auctoritatis* à l'acquéreur évincé d'une partie de la jouissance de la chose achetée, par suite des servitudes qui la grèvent : les servitudes sont présentées dans ces textes comme des vices de la chose, c'est à ce titre qu'elles donnent lieu à une action, or rien ne permet d'affirmer que l'action *auctoritatis* pût être intentée à raison des vices ; bien au contraire, Varron nous cite de nombreuses stipulations relatives aux vices, même dans le cas où il y a eu mancipation (De re rustica, ii, 5, 11 ; ii, 10, 5). De plus, à l'époque de Cicéron, l'équité avait déjà pris une large place dans l'interprétation des contrats ; nous en avons la preuve dans les passages même, que nous discutons. Or il est fort douteux que la bonne foi fût prise en grande considération, du moins pendant longtemps, dans une action fondée, comme nous le verrons plus tard, sur l'idée d'un délit spécial. Il ne s'agit donc pas de l'action *auctoritatis* ; par suite, tout en reconnaissant que l'opinion qui se fonde sur ces textes arrive à une conclusion peut-être juste, nous croyons qu'il est plus sage de ne rien affirmer.

Enfin, pour les servitudes actives dont l'acheteur est privé par suite d'une action négatoire intentée contre lui, M. Bechmann admet la garantie si la mancipation a été accompagnée de l'affirmation des servitudes au profit du fonds. Il invoque d'abord un passage du *De Oratore* (I. 39. 179), où il s'agit d'un individu ayant imprudemment garanti les vues d'une maison qu'il vendait à un acheteur chicanier, et qui se voit appelé en garantie dès qu'un édifice s'élève dans un endroit de la ville aperçu de la maison vendue. Mais ici encore la bonne foi joue un grand rôle dans la solution, il ne s'agit donc pas de l'action *auctoritatis*.

L'argument tiré de la loi 6, § 6, D. de act. empti 19, 1, est plus probant. Il prévoit la vente d'un fonds au profit duquel existe, aux termes de la déclaration du vendeur, un passage sur le fonds voisin. Le vendeur, dit Pomponius, sera de toute façon tenu de garantir le passage, parce qu'on voit là deux ventes séparées, celle du fonds et celle de la servitude. Cette idée, que nous trouvons exprimée par un jurisconsulte de l'empire, paraît conforme à la tendance de la législation primitive de Rome, peu portée à réunir plusieurs situations, mais au contraire à régler chacune séparément. Il est bien possible qu'elle ait été admise, du moins pour la servitude prédiale qui est une *res mancipî*. En effet, si elle eût été vendue séparément et mancipée, l'acheteur évincé aurait eu l'action *auctoritatis*, pourquoi la circonstance qu'elle est mancipée en même temps que le fonds au profit duquel elle existe, pourrait-elle écarter cette action? Il y a mieux, le principe qu'il doit y avoir autant de mancipations qu'il y a d'objets à manciper, dont nous trouvons encore une application en l'an 61 après Jésus-Christ [1], s'opposait peut-être à ce que la servitude fût mancipée avec le fonds; peut-être devait-elle faire l'objet d'une mancipation spéciale; par suite la question que nous exami-

---

[1] Nouvelles tablettes de cire de Pompéi « Libripende in singula... autestata est in singula... » (Table I). V. Nouv. Rev. hist. 1888, p. 472 et 832.

nons ne serait pas posée avant l'époque où le principe disparut.

Ainsi on peut conclure que très probablement l'acheteur par mancipation pouvait, dans le droit ancien, invoquer la garantie de l'éviction relative à l'usufruit de la chose qu'il avait acquise ; plus probablement encore pouvait-il agir s'il était évincé d'une servitude active ; quant au préjudice qui résultait pour lui des servitudes portant sur le fonds acheté, les textes ne fournissent pas de renseignements.

Une dernière remarque sur l'éviction. Nous connaissons, à côté de l'action *auctoritatis*, l'action de *modo agri*, au double, contre le vendeur qui a déclaré une contenance trop forte, action probablement très ancienne, mais dont il ne nous est parlé qu'à l'époque classique (Paul Sent., II, 17, § 4).

Quant aux vices de la chose, ils ne semblent pas avoir jamais été considérés comme entraînant une éviction, alors même qu'ils auraient rendu la chose absolument impropre à l'usage auquel elle était destinée. Cependant, d'après Cicéron (De offic. III, 16), la loi des douze Tables imposait au vendeur l'obligation d'indemniser l'acheteur, lorsqu'il avait affirmé des qualités absentes ou nié des vices qui affectaient la chose : il subissait alors une condamnation à la peine du double, le double de ce qu'il avait promis et non tenu, c'est-à-dire du dommage causé par sa fausse déclaration. Quelle était l'action donnée dans cette circonstance à l'acheteur ? Les textes n'en parlent pas.

CHAPITRE II.

PROCÉDURE, OBJET ET FONDEMENT DE L'ACTION *AUCTORITATIS*

Les deux premières questions sont liées si intimément l'une à l'autre qu'il faut les réunir dans une même discussion.

SECTION Ire

PROCÉDURE ET OBJET

D'après M. Huschke, l'action *auctoritatis* était intentée par la procédure de la *manus injectio*[1]. Cette opinion a été combattue et repoussée par un grand nombre d'auteurs. Comment supposer que la *manus injectio*, établie à l'origine uniquement pour sanctionner les créances découlant d'un *judicatum* ou d'une *confessio in jure*[2], qui du moins, dans les cas auxquels l'appliquèrent les lois postérieures aux douze Tables (V. Gaïus, IV, § 21 à 25), supposait toujours une créance liquide et exécutoire, pût être intentée pour une dette aussi sujette à contestation que celle qui résulte pour le vendeur de l'obligation de garantie ? Dans les exemples, où la *manus injectio* était admise, que les textes nous ont conservés, il s'agit de dettes certaines, et sur le montant desquelles il ne pouvait s'élever aucune contestation. Or l'aliénateur peut avoir de très bonnes raisons pour soutenir qu'il ne doit pas

---

[1] *Op. cit.*, p. 191.
[2] Keller, Procédure, p. 79, 82 et 425, note 1096.

la garantie, il peut prouver que l'une des conditions requises
fait défaut. La *manus injectio* suppose la proclamation du
montant de la dette «... Quod tu..... *ob eam rem ego tibi
sestertium X millium...* manum injicio ». Or si l'on admet
que notre action pût sanctionner une éviction partielle,
l'éviction de l'usufruit ou d'une servitude active, il est manifeste que dans ces cas l'acheteur ne pouvait fixer le montant
de l'indemnité qui lui était due. L'auteur cité suppose alors
une procédure préalable d'estimation, c'est une pure conjecture, qui n'est basée sur aucune induction tirée des textes. Il
est donc infiniment plus vraisemblable que la procédure
ordinaire, celle du *sacramentum* était suivie.

Quel était l'objet de l'action? « *Venditor duplo tenus
obligatur* », nous a dit Paul. Cependant, en présence de ce
témoignage si net et si précis, l'auteur que nous venons de
réfuter a soutenu qu'en payant spontanément le simple, le
vendeur peut se soustraire au paiement du double [1]. Cette
opinion s'enchaîne à la précédente, pour qui admet l'idée très
plausible d'après laquelle les créances, qui dans la procédure
formulaire donnaient lieu à la condamnation au double en
cas d'*infitiatio*, ont été celles qui primitivement se poursui-
vaient par la *manus injectio* [2]. A l'appui de sa théorie,
l'auteur cite la loi 60 D. de evict. : « Si in venditione dictum
« non sit quantum venditorem pro evictione præstare opor-
« teat, *nihil venditor præstabit præter simplam* evictionis
« nomine, et ex natura ex empto actionis hoc quod interest. »
Il trouve dans les mots « *nihil præter simplam* » l'objet de
l'action *auctoritatis*, opposé à celui de l'action *ex empto* « hoc
quod interest ». On ne voit guère comment ce texte peut
recevoir une pareille interprétation ; il s'occupe de la vente
qui ne renferme aucune clause touchant les remboursements
à faire par le vendeur au cas d'éviction. Le vendeur, dit
Javolenus, ne doit pas le double. Dans la pensée du juriscon-

---

[1] Huschke, p. 188. V. aussi Maynz, § 212, note 1.
[2] Accarias, II, p. 844, note 1.

sulte, l'opposition existe entre la vente ou l'on a fait la *stipu-latio duplæ* et celle où l'on n'a rien dit, dans ce dernier cas le vendeur ne devra pas le double du prix, mais le *quod inte-rest*. Le texte vise expressément l'action *ex empto*, il ne parle nullement de mancipation ni de l'action qui en découle. Enfin, un passage de Paul (Sent. i, 19, § 1), le seul jurisconsulte classique qui ait parlé de notre action, condamne l'opinion que nous combattons ; en effet, il ne fait pas figurer l'action *auctoritatis* au nombre de celles dans lesquelles *lis infitiando crescit in duplum*. Ce silence est d'autant plus significatif que, parlant de l'action *de modo agri*, si voisine de la nôtre, il n'aurait pas omis cette dernière si elle avait dû figurer dans la liste. Pour expliquer ce silence M. Huschke se lance dans le domaine des suppositions et des conjectures, nous ne les suivrons pas dans cette voie.

Il faut donc admettre avec M. de Ihering que l'action *aucto-ritatis* tend au paiement du double a *priori* [1].

Sur quelle base se calculera le montant du double ? Le prix devait être déterminé au cours de la mancipation. Pour les temps reculés, la fixation du prix est faite par la pesée réelle du métal ; pour les temps postérieurs, alors que la mancipation est devenue une pure solennité, une vente fictive, le prix n'est plus indiqué que par les paroles de l'acheteur [2], « *nun-cupatio verborum* ». Cette fixation du prix était certainement faite ; nous en avons la preuve d'abord dans le paragraphe 50 des fragments du Vatican : «... emptus mihi est pretio..., » à un prix de... » ; puis dans un titre [3], découvert il y a quelques années dans les mines de Transylvanie, qui indique le prix comme étant à la fois celui de la vente et celui de la mancipation : « Emit mancipioque accepit... denariis « C C V... ; proque ea puella quæ supra scripta est denarios « C C V accepisse et habere se dixit. » Le prix était donc

---

[1] Esprit du droit romain, i, 159.

[2] De Ihering, Esprit du droit romain, ii, p. 228 et 231.

[3] Instrumentum emptionis puellæ sportellariæ emptæ, Nov. Enchir, p. 652.

fixé dans la mancipation, on ne regarde que ce que les parties auront dit, l'indemnité sera du double du prix déclaré par elles. L'usage de la *mancipatio nummo uno* en est la preuve irréfutable : le montant de ce qu'on obtiendra par l'action en garantie se calcule sur le prix déclaré ; d'un autre côté, les conventions des parties sont impuissantes à modifier cette règle ; voilà pourquoi elles n'ont qu'un moyen pour écarter les conséquences qui résulteront de l'éviction d'une chose vendue et mancipée, c'est de déclarer un prix tellement minime, que le montant du double soit lui-même insignifiant.

SECTION IIe

FONDEMENT DE L'ACTION

Il ne suffit pas d'avoir indiqué dans quelles circonstances l'action peut naître et quel est le résultat auquel elle aboutit ; il faut rechercher son fondement, sa base rationnelle, car l'action ne puise pas sa cause dans la mancipation, celle-ci n'est que l'une de ses conditions.

Aucun texte ne permet de mettre en lumière des points certains. Ce n'est qu'en examinant des situations voisines mieux connues, qu'on peut arriver à faire des conjectures très plausibles qu'on donnera comme réponse à la question suivante : Pourquoi le vendeur qui a fait mancipation et lui seul est-il soumis à l'*auctoritas* ?

Assigner la création de notre action à une disposition légale déterminée est chose impossible. On peut hésiter entre trois sources distinctes : la coutume antérieure aux douze Tables, la loi des douze Tables et l'interprétation de cette même loi. Peut-être cependant, en remarquant que l'opération *per æs libram* est antérieure aux douze Tables, que cette loi n'a guère été qu'une fixation par écrit des vieilles coutumes du Latium, sauf probablement quelques dispositions de détail empruntées aux législations grecques, serait-il permis d'incliner vers la première alternative ? Mais ce qu'on peut affirmer d'une façon certaine, c'est qu'une coutume ou une loi fort ancienne a été le fondement positif de l'action qui nous occupe; le paiement du double du prix, qui en est le trait le plus caractéristique, se retrouve en effet dans plusieurs dispositions du droit primitif. Nous avons vu dans Cicéron que, d'après la loi des douze Tables, est condamné à la peine du double « dupli pœnam subiret » le vendeur qui n'a pas tenu les promesses solennelles qu'il a faites; ce qui s'applique notamment aux vices d'une chose et au défaut de contenance d'un immeuble vendu. L'action *de tigno juncto* (L. 1, pr. D. de tigno juncto 47, 3), l'action *de rationibus distrahendis* (L. 55, § 1, D. de admin. et peric. 26, 7), l'action contre le dépositaire infidèle (Paul, Sent. II, 12, 11), toutes créées par la loi des douze Tables, tendaient également à faire obtenir à l'intéressé le double de la valeur détournée à son préjudice; il est probable que l'action *auctoritatis* fut introduite au plus tard par la même loi.

Les systèmes, édifiés pour rendre compte de cette disposition, pour indiquer sa raison d'être, sont fort nombreux. On peut les ranger en deux grandes classes, nettement séparées par l'idée qui leur sert de base. Ceux de la première série ont ceci de commun que tous font naître la garantie d'une convention faite entre le vendeur et l'acheteur, d'un engagement pris expressément ou tacitement par celui qui fait une mancipation; ils fondent par conséquent l'action au double sur la volonté des parties. Ceux de la seconde classe la rattachent au contraire à une idée de délit.

Dans le premier groupe, le système le plus simple paraît être celui de M. Huschke qui fait dériver du *nexum* l'obligation d'être *auctor* [1]. Le vieux contrat *per æs et libram* avait

---

[1] Recht des Nexum, p. 37. Cette théorie suppose admise l'opinion qui voit dans le *nexum* la forme primitive de s'obliger. Varron (De lingua latina VII, 105) rapporte en effet que le jurisconsulte Mucius Scœvola entendait par *nexum* les opérations « quæ per æs et libram *ita fiunt ut obligentur,* præter quæ mancipio dentur. » Des auteurs repoussent cette idée. M. Appleton (Résumé du cours de droit romain, II, p. 27) ne voit dans le nexum qu'une garantie donnée par le débiteur à son créan-

deux fonctions : transférer la propriété, on l'appelait alors mancipation, créer des obligations, c'était le nexum *stricto sensu*. Ces deux fonctions seraient ici réunies : si l'une des opérations, la mancipation, n'atteint pas le but poursuivi, le transfert de la propriété, parce que le défaut de droit du vendeur a rendu ce transfert impossible, le nexum fera naître à la charge du mancipant l'obligation de garantie. On pourrait croire qu'il suffit, pour ruiner cette explication, de remarquer que, supposant nécessairement qu'une *nuncupatio* a été faite au cours de l'opération, elle est contraire aux textes qui n'exigent que la seule mancipation. Mais il semble préférable de laisser dé côté ce moyen de réfutation. Il ne serait pas impossible en effet d'expliquer le silence des textes, en disant que mancipation et nexum ont d'abord été employés simultanément pour opérer une aliénation et au besoin donner garantie, puis que plus tard, par un progrès, on considéra la mancipation comme suffisant à elle seule pour engendrer l'obligation à l'*auctoritas*, on sous-entendit un *nexum* qui n'avait pas été fait, et que tel était l'état du droit à l'époque de Plaute et de Varron. Il faut donc chercher d'autres arguments. Le *nexum* semble avoir donné anciennement au créancier un titre exécutoire de plein droit contre son débiteur, la faculté d'agir contre lui par la *manus injectio*. L'action *auctoritatis* aurait donc été intentée au moyen de cette procédure d'exécution ; plus tard elle aurait été donnée au double *adversus infitiantem* ; or nous avons déjà vu qu'elle ne figurait pas dans le passage des sentences de Paul (I. 19, 1) qui énumère les actions de cette nature. D'autre part, il est difficile de comprendre qu'un débiteur éventuel consente à se reconnaître le *nexus* du créancier s'il ne paie pas sa dette à l'échéance, et

---

cier ; il lui donnait en gage sa personne en se mancipant à lui. M. Accarias (II, p. 196, note 1) paraît enseigner la même opinion : « Je suis très enclin à penser qu'il ne s'employait qu'en matière de « prêts d'argent, et que là même il était simplement facultatif, ayant « pour but non pas d'assurer une action au créancier, mais bien de lui « procurer des sûretés plus énergiques. » Enfin M. Maynz (§ 299, texte et particulièrement note 13) développe cette opinion.

que celui qui deviendra peut-être créancier prononce contre l'autre partie, au cours de l'opération, le *damnas esto*, image de la condamnation judiciaire [1]. Il semble infiniment plus probable que ces formes ne furent employées que pour des créances certaines et déterminées. L'opinion de M. Huschke ne doit donc pas être admise.

On a dit, en se plaçant à un point de vue tout voisin, que le fondement juridique de notre action se trouve dans la volonté des parties, constatée par une déclaration une « nuncupatio » faite au cours de la mancipation et qui tire sa force de la disposition des douze Tables : « Quum nexum faciet mancipiumve, uti lingua nuncupassit ita jus esto [2] ». On pourrait repousser *de plano* un tel système en faisant remarquer qu'il est condamné par les textes qui montrent l'obligation de garantie naissant de toute mancipation, sans qu'elle contienne de *nuncupatio*. Mais l'auteur de ce système admettant que la promesse est obligatoire, on pourrait être tenté de tout concilier par la supposition d'une marche analogue à celle qui s'est produite pour la *stipulatio duplæ* : une *nuncupatio* aurait été nécessaire à l'origine ; plus tard on la considéra comme obligatoire et enfin, à l'époque de Plaute, on la sous-entendit dans toute mancipation. Ainsi on s'expliquerait que les témoignages qui nous sont parvenus présentent la garantie comme naissant de plein droit de la mancipation. Cependant cette opinion ne paraît guère soutenable. Une telle marche des choses s'est produite, il est vrai, pour la *stipulatio duplæ* ; mais elle a été le résultat de l'idée que dans les contrats de bonne foi les usages

---

[1] V. Keller, p. 79, 82 et 425 ; Girard, p. 30. Pour croire que la procédure suivie contre le débiteur obligé *per æs et libram* avait sa base dans une *damnatio* prononcée au cours de l'acte par le créancier on peut se fonder : 1º Sur la formule de libération *per æs et libram* (Gaïus, III, 174), où les derniers essais de lecture semblent trouver les mots « quod ego tibi tot millibus condemnatus sum. » 2º Sur l'analogie avec d'autres cas où la *manus injectio* était admise notamment dans le legs *per damnationem*.

[2] Maynz, § 97, texte et note 11 et § 212, note 1

sont réputés avoir été pris en considération, ce qui fait qu'on sous-entend les clauses habituelles. Or, il est bien peu probable qu'à l'époque de Plaute la bonne foi ait pu avoir pareille influence sur la jurisprudence; la vente notamment, d'après la majorité des auteurs qui ont le plus approfondi la question [1], n'avait pas encore le caractère de contrat de bonne foi. Partant on ne voit pas comment on aurait pu tenir compte des clauses d'usage non exprimées formellement, et l'argument des textes qui présentent l'obligation à l'*auctoritas* comme naissant de plein droit de la mancipation, subsiste avec toute sa force.

Il ne paraît pas possible non plus d'admettre l'efficacité de la volonté des parties exprimées dans un pacte adjoint à la mancipation. Il est très hasardé d'entendre la maxime : « Quum nexum faciet... » avec cette signification que toutes les conventions adjointes à une mancipation sont obligatoires; une telle doctrine ne paraît avoir été admise qu'après plusieurs siècles [2]. L'interprétation de la loi des douze Tables arriva, il est vrai, indirectement, au moyen de la clause de fiducie insérée dans la mancipation elle-même, à permettre au juge de tenir compte des pactes adjoints pour déterminer la portée de l'engagement pris par l'aliénateur. Mais il semble bien qu'il y eut des hésitations et des timidités, qu'on n'osa pas faire entrer toute la convention dans l'opération *per æs et libram* [3]. Ce n'est pas ainsi qu'on aurait procédé si la formule « uti lingua nuncupassit ita jus esto » avait eu pour conséquence de rendre valables et de sanctionner toutes les conventions adjointes. Mais, pourrait-on dire, la clause de garantie dut être plus favorable que les autres, parce qu'elle concordait parfaitement avec le but de l'acte, qu'elle le complétait ; c'est ce que rien ne permet d'affirmer.

---

[1] V. Girard, p. 46, note 2.

[2] V. Accarias, II, p. 568 et s.

[3] V. Table de Bétique, Novum Enchirid. p. 655. Sur le sens de la règle « Quum nexum...», v. Girard, p. 24, note 3; De Ihering III, p. 221, 228-229.

Enfin, dans un ordre d'idées analogue, M. Bechmann cherche le fondement de l'action *auctoritatis* dans la mancipation elle-même, indépendamment de tout *nexum*, de toute déclaration des parties. Le droit à l'*auctoritas* résulte de la convention tacite, de l'assentiment que donne l'aliénateur, en présence des témoins, par son silence et par l'acceptation du prix, à la déclaration de propriété achetée de lui. Cet assentiment fait partie des formalités solennelles de la mancipation et c'est pour cela que l'obligation est présentée comme la conséquence nécessaire de cette opération, tandis qu'elle ne naît pas de la *cessio in jure*, dans laquelle le vendeur n'approuve par son silence qu'une affirmation de propriété, non d'une propriété achetée de lui [1]. Notre auteur échappe ainsi à l'objection des textes qui montrent l'obligation à l'*auctoritas* naissant de la mancipation elle-même, mais au prix de quelles invraisemblances ! Ou bien l'obligation contractée *per æs et libram* réunit les caractères rigoureux de l'obligation *nexi*, alors elle ne peut naître que d'une *damnatio* solennelle prononcée au cours de l'acte qui réunit les éléments de la mancipation et du nexum ; elle est sanctionnée par la *manus injectio*, plus tard, par la condamnation au double *adversus infitiantem*, or, nous croyons avoir montré que tel n'est pas le caractère de l'obligation qui nous occupe. Ou bien c'est une obligation pour la création de laquelle on n'a pas employé les formes du nexum, partant qui n'a aucun des effets de l'obligation *nexi*, et alors on ne peut comprendre qu'elle naisse de l'opération *per æs et libram*.

D'ailleurs, non seulement les textes et le raisonnement concourent pour prouver que l'obligation à l'*auctoritas* et l'action au double qui la sanctionne ne naissent pas de la convention, mais on peut aller plus loin et achever la réfutation des trois systèmes qui lui assignent cette base, en établissant que dans l'ancien droit elle ne pouvait pas naître de la convention des parties. Les textes ont montré que depuis

---

[1] Der Kauf, I, p. 142.

Plaute cette coexistence, cette juxtaposition de deux éléments, transfert de propriété et convention pour la garantie, n'existait pas dans une même mancipation ; M. de Ihering développe une théorie qui prouve que cette combinaison n'était pas possible dans le droit ancien, c'est le principe de la simplicité des actes juridiques.

La différence, qui existait jadis entre le droit réel et l'obligation, était si nettement tranchée qu'elle s'étendait à l'acte juridique destiné à les établir. Dans l'ancienne législation de Rome, autant on veut créer de droits, autant il faut faire d'actes juridiques. Il n'est pas possible de faire sortir du même acte des effets de nature différente, par exemple un transfert de propriété et la création d'une obligation. Un seul acte échappait au principe, c'est le testament ; mais c'est moins un acte qu'un ensemble d'actes nécessairement réunis dans une même disposition, c'est l'acte universel opposé à l'acte particulier [1]. Faisant l'application de cette idée à notre matière, nous trouvons une mancipation, opération unique et simple destinée à transmettre la propriété d'une chose ; la volonté des parties est impuissante à en faire dériver une obligation. La mancipation ne peut être considérée comme un acte créant une obligation, bien qu'elle soit une des conditions requises pour la naissance de l'obligation à l'*auctoritas.*

Enfin, toutes les théories réfutées sont impuissantes à expliquer un des caractères essentiels de notre action, la fixation immédiate du taux de la condamnation au doublé du prix. Comment une action née *ex contractu* ou *quàsi ex contractu*, peut-elle avoir pour objet immédiat le double de ce que l'aliénateur a reçu ?

Ainsi nous trouvons : d'une part une obligation qui nait à la charge du vendeur plus forte que le préjudice qu'il a infligé à l'acquéreur ; d'autre part cette obligation sortant non pas d'une convention, mais d'une mancipation, fait unique et

---

[1] Esprit du droit romain, IV, p. 136.

simple destiné à transmettre la propriété et entièrement distinct des opérations qui peuvent créer une obligation. C'est donc la loi qui la fait naître, parce qu'elle voit, dans le fait pour le vendeur d'avoir fait une mancipatiou manquant dans sa personne d'une des conditions nécessaires à la validité à l'efficacité de la transmission, une faute à réparer, un délit qu'elle punit de la peine du double du prix payé. Cette idée de délit se concilie fort bien tant avec le principe de la simplicité des actes juridiques qu'avec le paiement du double. Ce n'est pas la mancipation qui fait naître l'obligation, elle n'en est que la condition nécessaire. L'obligation nait du délit que la loi attache à ce fait, pour le vendeur par mancipation, de ne pas assurer aux mains de son acheteur la tranquille possession de la chose qu'il lui a transmise ; le vendeur ne doit pas une indemnité en vertu d'un contrat, mais une peine à raison d'un fait dommageable qu'il a commis. Tel l'*àdstipulator* est tenu du délit prévu par le deuxième chef de la loi Aquilia, s'il fait acceptilation au débiteur ; il faut assurément qu'il soit *adstipulator* pour être tenu, mais dira-t-on qu'il est tenu en vertu de l'*adstipulatio* ? Il est tenu de par la loi pour un délit par elle prévu et puni ; il en est de même de notre mancipant. Quant au montant de la condamnation, il est facile de se convaincre que le paiement du double, sous l'aspect de peine civile, est chose fréquente dans l'ancien droit [1]. Il nous suffira de rappeler le texte longuement discuté de Cicéron « dupli pænam subiret. » (De offic., III, 16), les actions *de modo agri*, *de tigno juncto*, *de rationibus distrahendis* et l'action *depositi*. Le paiement du double étant une peine et non la réparation du préjudice, il est facile de comprendre pourquoi l'*actio auctoritatis* avait cet objet, pourquoi elle tendait à faire obtenir le double du prix dans tous les cas et pour ainsi dire a *priori*. La raison théorique de cette fixation de la peine au double du prix reçu ne serait-elle pas, comme on l'a pensé, révélée par la perte, qu'on

---

[1] Buonamici, art. cité, p. 90.

inflige au vendeur, précisément égale à celle qu'il a voulu ou du moins risqué par sa faute de faire subir à son acheteur ; ne serait-ce pas un souvenir de la primitive loi du talion [1] ? On objectera peut-être que tout délit suppose une intention coupable et que le mancipant a pu être de bonne foi. M. de Ihering répond que, dans le droit ancien, peu importe la question de bonne ou de mauvaise foi de l'auteur du fait dommageable [2]. L'injustice s'apprécie dans ses résultats bien plus que dans ses causes. La loi se place, pour la punition des délits, au point de vue du ressentiment de la victime ; or, la victime d'un mal ne connaît que le mal qu'elle a reçu ; que lui importe l'intention de celui qui lui a causé un dommage, sa bonne ou sa mauvaise foi ? La trace de ces conceptions primitives se retrouve dans les douze Tables : Elles donnaient une action au triple contre celui chez qui est trouvée la chose volée (Gaïus, III, 186), sans s'inquiéter de savoir s'il a connu ou ignoré le vol. L'action *de tigno juncto*, que Justinien attribue à cette même époque (Institutes II, 1, 29), a aussi pour objet la réparation d'un délit, d'un *furtum* ; elle est donnée au double contre tout constructeur ; et, même, elle n'a guère d'utilité que si ce dernier est de bonne foi, car celui qui sciemment emploie dans ses constructions les matériaux d'autrui, commet un véritable *furtum* et par suite est soumis à la fois à l'action *furti* pour la peine, et à une action *reipersécutoire* pour le préjudice qu'a souffert le plaignant, actions plus avantageuses pour le propriétaire que la seule action *de tigno juncto*.

Mais si nous assignons comme fondement théorique à l'action qui nous occupe une idée de délit, allons-nous admettre qu'il consiste en un *furtum nec manifestum* ? Peut-on dire, comme on l'a fait [3], que le vendeur est censé

---

[1] Buonamici, p. 91.

[2] Faute en droit privé, traduc. franc., p. 12 et s., cité par M. Girard, p. 36, note 4 ; v. aussi : Girard, actions noxales, Nouv. Rev. Hist., janv.-fév. 1888, p. 38.

[3] De Ihering, Esprit du droit romain, I, p. 159, III, p. 229, II, p. 113, 114.

avoir soustrait le prix de vente à l'acheteur ? Une grande différence existe entre le vol et le cas qui nous occupe ; la substance de la conception juridique du vol « *contrectatio rei alienæ invito domino* » (Gaïus, III, 195) manque dans l'espèce. On pourrait à la vérité prétendre que le domaine du *furtum* a plus d'étendue dans le droit ancien que dans le droit classique [1]. Mais, si cette observation est juste en ce qu'une même action punissait à l'origine le vol simple, le vol avec violence et la rapine, il n'est pas possible de l'appliquer sans distinction aux éléments même du vol ; de sérieux indices s'y opposent. Il est vrai que quelques jurisconsultes anciens avaient essayé de faire admettre que le vol pouvait porter sur un immeuble, idée repoussée plus tard par tous. A ce point de vue, la notion du vol aurait donc eu plus d'extension dans le droit ancien ; mais à un autre point de vue, beaucoup plus important à retenir pour la question qui nous occupe, le champ d'application du vol paraît avoir été autrefois plus restreint. L'usucapion des successions vacantes donne à penser qu'il n'y avait pas autrefois de *furtum* possible pour une chose qui n'était possédée par personne. D'un autre côté, les textes du droit classique et même un passage des institutes de Justinien [2] définissent le voleur celui « *qui alienam rem invito domino contrectat.* » Cette idée qu'il faut un objet appartenant à autrui, alors qu'on pouvait cependant commettre un *furtum usus* sur sa propre chose, ne peut guère s'expliquer que comme un souvenir de la législation d'un âge antérieur, durant lequel le vol consistait uniquement dans la *contrectatio rei alienæ invito domino*, dans l'appropriation frauduleuse d'une chose appartenant à autrui. Or, pareille notion est loin du délit du vendeur mancipant ; il n'y a nullement pour lui *contrectatio... invito domino*, dans le fait de recevoir un prix pour une chose qui n'est pas à lui. Les circonstances constitutives du délit sont une mancipation,

---

[1] En ce sens : Pandeletti, Storia, p. 177.
[2] Gaïus, III, 195 ; Paul Sent, II, 31, 1 ; Inst. IV, 2, pr.

une tradition et le paiement du prix, le tout suivi de l'éviction de l'acheteur ; or, le prétendu volé a payé le prix de son plein gré ! Enfin l'action de vol est perpétuelle, l'acheteur aurait donc l'action *auctoritatis* contre son vendeur alors même qu'il aurait usucapé, qu'il ne peut plus être évincé, ce qui est absolument contraire à toute vraisemblance. La restitution au double du prix payé dépend en effet d'une circonstance postérieure au contrat, le défaut d'assistance ou d'assistance efficace du vendeur à son acheteur attaqué en revendication par un tiers. Le délit a sa source dans la faute du mancipant, qui a transmis une chose qu'il n'était pas sûr de pouvoir maintenir en la possession de l'*accipiens* ; il se réalise définitivement et la peine est encourue lorsque la faute de l'aliénateur est démontrée, qu'il refuse son *auctoritas* ou qu'il ne donne à l'acquéreur qu'une assistance inefficace.

En repoussant l'opinion de M. de Ihering, nous échappons à l'objection qu'on lui a faite, à savoir que rien n'indique que l'action *auctoritatis* fût infamante comme l'action *furti nec manifesti*, avec laquelle il la confond. Tout au contraire porte à croire qu'elle n'entraînait pas l'infamie, parce qu'elle pouvait être intentée contre un vendeur de bonne foi, coupable seulement d'imprudence. L'auteur cité a essayé de se tirer d'affaire, en disant que le dol n'a pas pour effet d'entraîner l'infamie quand il est invoqué par une action contractuelle. Cela n'explique rien, car pour que le dol pût être invoqué par une action contractuelle, il fallait qu'elle fût de bonne foi et nous parlons d'une époque où il n'est pas question d'une action de bonne foi en matière de vente. D'ailleurs il est difficile de comprendre la pensée de l'auteur que nous essayons de réfuter, car il admet lui-même que notre action n'est pas contractuelle, qu'elle est fondée sur un délit. Pourquoi donc n'est-elle pas infamante ? La réponse est bien simple : il y a nombre d'actions pénales qui n'entraînent pas l'infamie, et c'est précisément parce que celle dont nous nous occupons est donnée contre le vendeur de bonne foi qu'il doit échapper à l'infamie.

On pourrait objecter encore que l'action *auctoritatis*, étant pénale, ne pourra pas être intentée contre les héritiers de celui qui a fait mancipation. Mais aucun renseignement n'autorise à dire qu'elle fût transmissible dès l'origine; la courte durée de l'usucapion aurait d'ailleurs fort atténué les inconvénients de l'intransmissibilité. D'autre part, il serait possible de soutenir que, bien que pénale, l'action peut s'ouvrir contre les héritiers : le vendeur est obligé d'assister son acheteur d'une manière efficace, cette obligation passe à ses héritiers ; s'ils ne défendent pas efficacement l'acquéreur, ils sont coupables du délit et l'action pourra être intentée contre eux.

Enfin, une dernière difficulté a été soulevée. On ne voit pas, a-t-on dit, pourquoi le délit n'existe que quand il y a eu mancipation et non quand il y a eu simple remise de la chose ou *cessio in jure* [1]. Il n'est pas impossible d'expliquer cette particularité. La mancipation ne dut pas être pratiquée, si du moins elle y était applicable, pour les ventes de peu d'importance ; ces formalités, pesée et paroles solennelles en présence de témoins représentant le peuple, étaient faites pour donner aux transactions importantes la garantie de l'Etat. Les droits constitués par cette solennité furent, par la force des choses, mieux garantis que tous les autres : ils étaient fondés sur l'autorité du peuple ; la lésion d'un droit ainsi établi était une offense envers le peuple tout entier ; on prend des mesures pour l'éviter et, conformément à l'esprit du droit primitif, ces mesures sont pénales. On espère augmenter la stabilité des droits, en menaçant celui qui vend une chose par mancipation, d'une peine pour le cas où il ne mettra pas son acheteur à l'abri de toute éviction. Quoi d'étonnant à cela ? La coutume s'inquiète des biens les plus importants, or, pour un peuple d'agriculteurs, les vraies richesses sont les héritages, les servitudes rurales, les esclaves, les animaux

---

[1] Bechmann, I, p. 125.

de charge ou de trait ; il fallait garantir la sécurité des transactions faites relativement à ces objets avec les formes offertes par la loi. La coutume établit une peine contre celui qui porte atteinte à cette sécurité, elle crée un délit ; il est borné au cas de mancipation parce qu'elle est peut-être, à cette époque, le seul mode solennel de transférer la propriété, et qu'en tout cas elle seule implique la garantie de l'Etat. J'explique donc cette particularité par deux idées : les *res mancipi* sont à l'origine les choses les plus précieuses ; la mancipation implique la garantie de l'Etat. Tout réclamait qu'on donnât à cette vente une solidité particulière, on y est arrivé en créant un délit spécial.

Plus tard, de nouvelles formes d'aliénation s'offriront aux parties, des richesses autrefois inconnues entreront dans les fortunes ; pourtant on ne songera pas à étendre le champ d'application du délit ; il continuera à requérir comme conditions les mêmes éléments qu'autrefois, l'éviction d'une chose *mancipi* vendue et mancipée. A l'époque primitive où les éléments du délit ont été fixés, on ne songeait pas à organiser un système de la garantie d'éviction ; mais ceux qui dirigeaient la cité avaient compris la nécessité de mettre un terme aux discussions des acheteurs, victimes de la mauvaise foi ou de l'imprudence des aliénateurs. On établit une forme solennelle de transmission de la propriété, qui est mise sous la garantie de l'Etat, et, pour qu'elle donne la sécurité aux transactions, on édicte une amende, qui préviendra par la menace d'une peine les imprudences des aliénateurs et réparera en tous cas le préjudice subi par les acquéreurs. Ce ne dut être que beaucoup plus tard, sous l'influence des autres formes de la garantie, que le paiement du double perdit son caractère pénal et fut considéré comme une fixation à forfait des dommages et intérêts dus pour le préjudice résultant de l'éviction.

Concluons : le caractère de l'action *auctoritatis* n'est pas contractuel, elle naît d'un délit prévu par une loi ou une coutume très ancienne. Elle n'est pas une variété de l'action *furti,* mais est donnée pour une situation toute particulière. Cette constatation ne doit pas nous étonner; les hommes ont commencé par la complication pour n'arriver que beaucoup plus tard à la simplicité, qui est le produit de l'abstraction; les généralisations juridiques ne sont pas l'œuvre des législations primitives, elles sont le résultat du travail lent et assuré des siècles, qui arrive à grouper un grand nombre de faits juridiques ayant des caractères semblables, sous une qualification uniforme, sous une règle assez large pour les embrasser tous et avec une sanction commune à tous et suffisante pour chacun.

CHAPITRE III

INFLUENCE DES CONCEPTIONS ANCIENNES SUR LE DÉVELOPPE-
MENT DE LA THÉORIE DE LA GARANTIE D'ÉVICTION

La conception première de la garantie présentait de bien graves lacunes. Même dans une vente suivie de mancipation, dont l'action en répétition du double du prix découlait de plein droit au profit de l'acquéreur évincé, ce dernier était incomplètement protégé : dans le cas où le vendeur était insolvable, il fallait que l'acheteur pût faire garantir par des répondants sa créance éventuelle.

Dans les ventes où la mancipation n'était pas intervenue, l'aliénateur n'était responsable en aucune façon des conséquences de sa mauvaise foi ou de son imprudence. Or, cela pouvait se rencontrer lorsque, pour des raisons de convenance personnelle ou par oubli, l'acheteur n'avait pas exigé que la chose lui fût mancipée. De plus, la mancipation n'est pas applicable dans les ventes entre étrangers qui n'ont pas reçu le *commercium* (Ulp., 19, 4), ni entre ces mêmes étrangers et des Romains ; elle ne l'est pas davantage aux immeubles non romains, et enfin il n'est pas certain qu'elle pût s'appliquer anx choses *nec mancipi* ; en tout cas, appliquée aux *res nec mancipi*, elle ne donnait pas l'action au double à l'acquéreur évincé, puisque Varron, dans ses formulaires, recommande une stipulation relative à l'éviction de ces objets, sans distinguer quel sera le mode d'aliénation choisi.

Si l'on remarque que les choses *mancipi* étaient les plus

précieuses à l'origine, on sera convaincu qu'on dut songer d'abord à compléter ce qui existait déjà, à trouver des garanties, analogues à celle que fournissait l'action *auctoritatis*, pour les cas à la fois les plus voisins et les plus importants ; puis qu'un peu plus tard, quand le nombre et l'importance de ces choses d'un usage journalier et commercial alla augmentant, on songea à chercher des moyens nouveaux pour donner satisfaction à la nécessité de mettre sur un pied d'égalité deux parties, dont l'une a reçu un prix qu'elle prétend conserver, dont l'autre n'a obtenu en échange qu'une chose qui lui a été enlevée bientôt après.

Dans les cas voisins de celui pour lequel l'action *auctoritatis* faisait obtenir une peine, on imagina un détour pour mettre aussi une peine à la charge du vendeur. Nous trouvons dans la table de Bétique, dont nous avons analysé plus haut une disposition, deux sortes de promesses : une *repromissio* et une *satisdatio*, une promesse simple et une promesse accompagnée de répondants «... *Neve satis secundum mancipium daret, neve ut in ea verba quæ in verba satis (secundum mancipium) dari solet repromitteret, neve simplam neve duplam.* » L'existence de cette *repromissio secundum mancipium*, comme distincte de la *stipulatio duplæ*, a été très discutée, cependant elle semble ressortir assez nettement des termes même de l'acte qui prévoit séparément les deux clauses. Il semble bien, en effet, que les mots « neve simplam neve duplam » doivent être considérés comme commençant une phrase nouvelle ; de plus il paraît douteux que la *repromissio* eût été rapprochée aussi étroitement de la mancipation, si elle n'avait pas eu, au point de vue de l'éviction, des effets absolument semblables, or, l'action née de la *stipulatio duplæ* n'a pas les mêmes résultats que l'action *auctoritatis*, et notamment elle n'a pas forcément le double pour objet. La *repromissio secundum mancipium* serait donc un contrat, par lequel les parties obtenaient un résultat calqué sur celui de l'action au double qui dérivait de plein droit de la mancipation ; c'est la promesse de fournir, lorsqu'il n'y a pas de mancipation, ce qui aurait été dû de plein droit dans le cas où la mancipation aurait été faite. Quant à la *satisdatio*, elle servait aux mêmes fins en donnant en plus la garantie de répondants ; peut-être aussi était-elle employée même en cas de mancipation ; elle était plus utile pour l'acheteur que l'obligation, mise par la coutume à la charge du mancipant, d'assister l'*accipiens* dans les procès en revendication relativement à la chose vendue, parce qu'elle donnait la garantie d'un *auctor secundus*, d'une caution garantissant que l'aliénateur se présenterait au jour où il en serait requis, pour répondre à la question « postulo anne fuas auctor », et obligée, au cas où il ferait défaut, à assurer le paiement du double du prix [1]. L'acheteur prudent obtenait donc tous les avantages que lui eut assurés une mancipation valable.

Dans la *stipulatio habere licere* ou *habere recte licere* [2], nous trouvons le germe de la théorie rationnelle de la garantie. Avec la physionomie que lui donnent les renseignements qui nous sont parvenus, elle n'a guère avec l'action *auctoritatis* d'autre rapport que d'assurer plus complètement le recours de l'acquéreur évincé ; mais si on regarde de près, on s'aperçoit qu'elle n'a du être véritablement efficace pour l'acquéreur que par l'adjonction d'une *pæna*.

On peut croire que la première application de la stipulation *habere licere* fut faite au cas de vente d'une chose *mancipi* sans mancipation ; l'acheteur demandait à son vendeur qui gardait la propriété quiritaire, qu'il lui promit de ne pas revendiquer en vertu de son *dominium ex jure Quiritium* : « Per se non fieri quominus habere liceat [3]. » Quant aux choses *nec mancipi*, elle dut être employée avant l'invention de l'exception *rei venditæ et traditæ* ; elle empêchait que le vendeur, non propriétaire au moment de la vente, mais devenu

---

[1] Pour plus de développement, v. Girard, *op cit.*, p. 53-61.
[2] Varron, De re rust., II, 2, 6.
[3] En ce sens : Maynz, II, p. 243 ; Buonamici, p. 95.

tel après l'aliénation, pût triompher dans une revendication qu'il se serait avisé d'intenter alors contre son acheteur. Plus tard la formule aurait englobé les héritiers de l'aliénateur ; on ajoute « hœredesque suos », et enfin « neque per alium » : le vendeur prend l'engagement de répondre des troubles de droit exercés contre l'acquéreur, même par un tiers.

Mais quel était au juste l'effet de cette stipulation quant au fait des tiers? Le vendeur était-il responsable de ce chef indépendamment d'une clause pénale « nisi habere licebit, tantam pecuniam dare spondes? » M. Girard [1] est porté à croire qu'en promettant *rem habere licere*, le vendeur s'est engagé, dans une forme elliptique, à pourvoir à la sécurité de son acheteur ; pas n'est besoin d'une clause pénale pour qu'il soit atteint des suites d'une éviction causée par le fait d'un tiers. La formule nous est présentée par Varron comme ayant une portée générale, et assurant complètement la tranquilité de l'acheteur ; si la théorie opposée était vraie, Varron ne donnerait pas pour modèle aux acheteurs une *stipulatio habere licere*, mais une *stipulatio pænæ*. On pourrait même ajouter que le vendeur n'a nullement promis le fait d'autrui, il s'est engagé à assurer la tranquilité de son acheteur et à défaut à payer une certaine somme. Malheureusement, si cette raison était exacte elle s'appliquerait à toutes les stipulations pour autrui, l'engagement « *te effecturum ut Titius...* » serait présumé, tandis que c'est le contraire qui a lieu, on présume que celui qui promet pour autrui n'a pas voulu s'obliger. En notre matière, la loi 38 pr., § 1 et 2, D. de verb. oblig. 45, 1 est décisive. Quant aux formules de Varron, elles contiennent toutes le mot *recte* ; il est fort possible que l'insertion de ce mot donne à l'interprétation du juge une plus grande latitude, qu'elle ait pour effet de faire exécuter la stipulation dans toute sa portée, alors même qu'elle serait quelque peu défectueuse dans la forme.

Il fallait donc qu'une clause pénale fut ajoutée à la pro-

---

[1] *Op. cit.*, p. 70-73.

messe. Elle était du double du prix, par imitation de ce qui avait lieu au cas de mancipation, pour les ventes de choses *mancipi* ou d'objets précieux, elle devient alors la *stipulatio duplæ*. Pour les autres objets, il est probable qu'elle fut du montant du prix payé ; c'est le « neve simplam... » de la table de Bétique, et la formule qu'on retrouve dans quelques textes du Digeste (L. 27, 37, § 2, 56 pr. D. de evict, 21, 2).

La *stipulation duplæ* est évidemment modelée sur l'action *auctoritatis* [1]. Comme elle, elle a pour résultat de mettre une peine à la charge de l'aliénateur ; mais on peut y relever une idée nouvelle : le double du prix n'est pas stipulé du vendeur pour le cas où il n'assisterait pas son acquéreur en butte à un procès en revendication, mais pour l'hypothèse où l'éviction se réalise « *si quis rem evicerit quominus emptorem habere liceat* [2]. » Toutes les conditions auxquelles est soumis le recours, dont l'examen même succinct sortirait d'ailleurs de notre cadre, doivent, par cela même qu'il s'agit d'une stipulation, d'un contrat de droit strict, être rigoureusement remplies. On peut faire plus d'un rapprochement entre l'action *ex stipulatu* et l'action délictuelle du droit ancien : Ainsi, il faut que tous les actes translatifs de propriété aient été accomplis, que l'acheteur ait reçu tradition et payé son prix (L. 61, 62, D. de evict. 21, 2 ; L. 11, § 2, D. de act. empti 19, 1). L'acheteur n'a pas l'action par cela seul qu'il n'a plus la chose, il faut qu'il l'ait perdue *propter evictionem* (L. 21, § 1 D. de evict. 21, 2), et cela s'entend non seulement en ce sens que toutes ses fautes retombent sur lui, mais qu'on se place à un point de vue très rigoureux pour les apprécier. L'acquéreur n'a pas de recours s'il a omis d'invoquer l'usucapion ou s'il a négligé de dénoncer le trouble à son auteur. Nous avons déjà eu l'occasion d'exprimer l'opinion que la nécessité d'avertir le vendeur vient des temps anciens, où elle

---

[1] Pandeletti, Storia, p. 175.

[2] Tables de Transylvanie, v. Bruns, Fontes juris romani, p. 205 et s. ; Corpus inscriptionum latinarum, ii, p. 937, 941, 944, 959.

avait été prescrite pour faciliter la preuve de l'action *auctoritatis*. L'acheteur n'a aucun recours s'il conserve la chose à un titre autre que celui d'acheteur, parce que la condition « quominus habere liceat » n'est pas remplie ; pourtant il subit un préjudice, aucun bien n'existe dans son patrimoine pour remplacer ce qui en est sorti, le prix qu'il a payé ; mais on ne s'inquiète pas du préjudice, l'acheteur a stipulé une peine sous telles et telles conditions, il ne pourra rien réclamer si elles ne se sont pas réalisées complètement. A un autre point de vue, le préjudice subi n'est pas pris non plus en considération : l'évincé gagnera peut être à avoir le double du prix à la place d'une chose qui s'est détériorée ou a perdu de sa valeur, il pourra perdre si la valeur du bien a considérablement augmenté.

Remarquons que la garantie nous apparait ici comme certaine pour l'éviction de l'usufruit dans tous les cas, et pour l'éviction résultant des servitudes passives, si le fond a été vendu *uti optimus maximusque* (L. 48, 75 D. de evict 21, 2), questions que nous n'avions pas pu résoudre d'une façon certaine pour l'action *auctoritatis*. Les textes sont également formels pour nous dire que l'éviction partielle ne donne de recours à l'acheteur que s'il eu soin de prévoir le cas, de faire une « adjectio partis » (L. 56, § 2, D. de evict.)

Quant à l'étendue de la *stipulatio duplæ*, elle embrasse d'abord les choses de valeur *nec mancipi* ; puis elle devint probablement en usage même pour les choses *mancipi* (L. 37, § 1 D. de évict.), parce qu'elle offrait des formes plus simples et partant moins sujettes à des nullités que la mancipation.

Revenons à la *stipulatio simplæ*. Cette fixation précise de l'indemnité due à l'acheteur évincé est conforme à l'esprit du droit ancien, qui n'aime pas les incertitudes d'une estimation toujours difficile. Mais il y a là une petite difficulté. On peut se demander comment cette stipulation d'une peine égale au montant du prix payé fut transformée, quand on la sous-entendit dans la vente. Pourquoi l'acheteur, au lieu de pouvoir réclamer le prix qu'il avait payé, comme il pouvait en réclamer le double dans les ventes où la *stipulatio duplœ* fut sous entendue, dut-il se contenter de la valeur de la chose au moment de l'éviction ? En d'autres termes, dans les ventes auxquelles la stipulation du double ne s'appliquait pas, ce dut être la stipulation du simple qu'on employa, elle dut être sous entendue comme clause d'usage dans la vente devenue de bonne foi ; or, ce fut au contraire une promesse indéterminée dans son montant, celle de la valeur de la chose qui prit place dans la vente du droit classique. Cependant la transformation de la *stipulatio simplæ* en *stipulatio habere licere (stricto sensu)* n'est pas impossible à expliquer. La stipulation du simple, ayant un *certum* pour objet, fut contemporaine de la *stipulatio duplæ* ; mais on dut s'apercevoir de bonne heure qu'elle ne garantissait que très imparfaitement l'acheteur et ce dernier, au lieu de dire : « nisi habere licebit , quanti pretii emptus est tantam pecuniam dare spondes ? » stipula : « quanti ea res erit, dare spondes ? », la valeur de la chose, et c'est sous cette forme que la garantie entra dans le droit classique. Les textes du Digeste, qui parlent de la *stipulatio simplæ* à un moment où elle dut être remplacée par une autre formule, s'expliqueraient donc par une réminiscence historique. D'ailleurs l'inexactitude n'est pas très grande, car, dans la pratique, le montant du prix et la valeur de la chose au moment de l'éviction se confondront le plus souvent, on a donc pu qualifier la *stipulatio habere licere* par son résultat habituel.

Comme la promesse est celle d'une réparation et non d'une somme déterminée, le juge aura un pouvoir d'appréciation plus large ; il devra rechercher ce qu'il est juste que l'acheteur obtienne, apprécier le montant du dommage éprouvé. Dans cette stipulation d'une indemnité indéterminée, proportionnelle au préjudice subi, est l'origine directe de la règle qu'on retrouve dans l'*actio empti*. L'indemnité représente, non pas, comme dans la *stipulatio duplæ*, une peine fixée d'avance, mais la réparation exacte du dommage éprouvé. La *stipula-*

tio habere licere est une forme perfectionnée des précédentes, elle a subi l'influence indirecte de l'équité, voilà pourquoi elle a dû venir la dernière. Sans doute l'équité ne reçoit pas encore une pleine satisfaction : l'acheteur qui garde la chose à un titre quelconque n'a aucun recours, car « habere licet », il a toujours la chose ; c'est là une conséquence forcée du caractère de droit strict de la stipulation.

Mais la *stipulatio habere licere* est plus large que la *stipulatio duplæ* en ce qu'elle sanctionne une éviction partielle ; on a promis en effet « si non habere licebit », et non pas « si quis rem evicerit... » ; il n'y a pas une véritable éviction lorsqu'elle ne porte que sur une partie de la chose, mais on peut dire cependant que « habere non licet », partant la stipulation est encourue. On a même exprimé l'opinion qu'il était probable que les troubles, pour lesquels on pouvait intenter l'action née de la stipulation qui nous occupe, différaient peu de ceux qui donnèrent plus tard ouverture à l'*actio empti* en garantie [1].

Voilà toute une série de moyens mis à la disposition des acheteurs vigilants pour sauvegarder leurs droits. Mais on ne pouvait s'arrêter là, il fallait arriver à faire découler de plein droit la garantie de la vente, comme l'action *auctoritatis* naissait de plein droit de la mancipation. Deux étapes doivent être distinguées dans ce mouvement. Plusieurs textes indiquent la marche suivie en présentant, comme objet essentiel de l'obligation de garantie, non pas la réparation d'un préjudice subi, mais l'obtention d'une promesse relative à l'éviction [2]. C'est donc que l'acheteur eut d'abord la faculté

---

[1] Girard, p. 68.

[2] L 13, § 3 D. de jurejur. 12, 2 ; l. 13, § 17 D. de act. empti 19, 1 ; Paul Sent, II, 17, 2. Pour expliquer cette manière de procéder qui parait si singulière, je serais, pour ma part, tout disposé à admettre l'hypothèse proposée par M. Appleton (Nouv. Rev. hist. 1886, De la Publicienne, p. 320 à 323) sur la loi 1 pr. D. de rerum permut. 19, 4 : La vente consensuelle n'était pas, à l'origine, obligatoire en droit civil ; mais le préteur oblige à terminer ce qu'on a commencé. La convention de vente ne crée aucune obligation de droit, mais celui qui ne l'exécu-

de forcer son vendeur à lui faire une promesse relative à
l'éviction ; plus tard seulement lui fut donné le droit de
réclamer, par la seule vertu du contrat, une indemnité après
la réalisation de l'éviction. Il y a donc deux époques de formation juridique à parcourir.

L'idée qui dut, au début de la première période, se présenter le plus naturellement à l'esprit, fut, étant donné une
vente d'où pouvait naître l'action *auctoritatis* si l'on faisait
mancipation, de forcer le vendeur à manciper. Nous n'avons
à la vérité de témoignages que pour l'époque classique [1],
mais il est probable que ce progrès fut accompli beaucoup
plus tôt : à l'époque où la vente revêtit le caractère de contrat de bonne foi, si l'on admet que l'obligation de manciper
découle pour le vendeur de cette obligation plus large de
s'abstenir de tout dol, beaucoup plus tôt si l'on pense que
l'obligation de manciper est comprise dans celle de délivrance ; la vente se faisant autrefois par des stipulations,
peut-être l'acheteur stipulait-il qu'on lui transmettrait la
chose « recte », ce qui obligeait le vendeur à manciper. Dès
lors l'acheteur d'une chose *mancipî* put traiter en toute
sécurité, il n'avait qu'à exiger la mancipation pour être certain d'avoir un recours le jour où il viendrait à être évincé.

---

terait pas loyalement sera condamné, car le préteur donnera aux parties
un arbitre qui statuera selon l'équité, c'est-à-dire qui condamnera celui
qui ne s'est pas exécuté loyalement. « *Venditori sufficit ob evictionem
se obligare.* » Le vendeur ne doit rien, et s'il garantit, ce n'est pas parce
qu'il y est obligé, mais parce que s'il ne le faisait pas, il serait infailliblement condamné par l'arbitre, car il ne s'est pas conduit loyalement.
Cette explication, on le remarquera, présuppose l'opinion que la vente
n'a pu être consensuelle sans être de bonne foi, qu'elle n'est devenue
consensuelle qu'en vertu de la bonne foi. M. Bechmann, au contraire,
(Der Kauf, I, p. 505, cité par M. Girard, p. 46, note 2), admet qu'elle a
existé comme contrat consensuel avant d'être de bonne foi.

[1] Gaïus, IV, 131 ; Paul Sent. I, 13 a., 4. D'ailleurs Varron (De re rust.,
II, 2, 6 et II, 2, 5), n'insère dans les formulaires relatifs aux ventes de
choses *mancipi*, aucune clause relative à l'éviction ; il semble donc bien
partir de l'idée que le vendeur devra manciper, ce qui entraînera
l'action *auctoritatis*. En pratique, l'acheteur prévoyant avait un moyen
bien simple de forcer son vendeur à lui faire mancipation ; c'était de se
refuser jusque là à payer le prix.

Le deuxième pas qui fut accompli dans cette voie fut probablement la faculté donnée à tout acheteur d'obtenir la promesse « habere licere ». La nécessité d'assurer dans tous les cas un recours à l'acheteur évincé devait entraîner ce progrès, la bonne foi le réclamait. L'époque où il fut accompli est fort incertaine ; un texte de Javolenus (l. 60. D. de evict. 21. 2) montre du moins qu'elle est antérieure au commencement du IIe siècle de notre ère, puisqu'à cette époque la deuxième étape a déjà été atteinte dans cette voie ; l'acheteur qui n'a fait aucune stipulation peut obtenir directement, par l'action *ex empto*, le *quod interest*, le montant du dommage par lui éprouvé ; rien ne s'oppose donc à ce qu'on admette que la première idée, l'exigibilité d'une promesse après la vente, a dû être antérieure, qu'elle date de l'époque où la vente fut admise comme contrat de bonne foi. Le même texte montre qu'à l'époque de Javolenus la promesse du double n'était pas encore exigible après coup [1].

Cette forme semble avoir été si large qu'elle s'étendit à toutes les ventes, même aux ventes de choses *mancipi*, dans lesquelles l'acheteur était déjà garanti par l'action *auctoritatis* [2]. La loi 11, § 8. D. de act. empti 19. 1. semble du moins le prouver.

Si le vendeur refuse de faire la promesse, il sera condamné à une somme représentant le plus haut préjudice que l'acheteur puisse craindre (L. 11, § 9. De act. empti.)

La dernière évolution devait fatalement se produire. La vente étant obligatoire par le seul consentement et de bonne foi, le juge de l'action *empti*, appréciant les faits, dira : la bonne foi exige que le vendeur fournisse tout ce qu'il devrait s'il s'était conformé aux usages, comme s'il avait promis la garantie ; il sera donc condamné à indemniser l'acquéreur de tout le préjudice qu'il lui a causé.

On a dit cependant que, dès le temps les plus anciens,

---

[1] Je réserve toutefois les ventes d'esclaves, règlementées par l'édit des édiles.

[2] Girard, p. 123.

l'action *empti* existait comme action en garantie [1]. Dès lors, toutes nos stipulations, au lieu d'être le trait d'union entre la vieille action *auctoritatis* et la théorie de la garantie, ne seraient plus que des clauses plus ou moins intéressantes de la vente. Cette opinion n'est pas soutenable. Il est certain que l'*actio empti* en garantie n'existait pas au temps de Plaute. Nous avons vu, dans une des comédies de cet auteur, un vendeur recommander à son mandataire de ne pas faire de mancipation et de ne promettre aucune indemnité, pour le cas où une éviction se produirait relativement à la chose transmise ; la conduite du mandant serait inexplicable si, indépendamment de toute promesse et de toute mancipation, le vendeur était en butte à l'action en garantie. Or, le théâtre de Plaute est rempli d'idées de ce genre, toutes les questions de garantie qu'il soulève se rapportent à la mancipation et aux stipulations, aucune à la vente toute nue. Varron, de son côté, recommande de faire des stipulations relatives à l'éviction pour les choses *nec mancipi*, il part donc de l'idée que, dans ces ventes, aucune action en garantie n'existe de plein droit, qu'il faut une stipulation pour lui donner naissance. Si l'on ne veut pas y voir une preuve concluante pour le temps de Varron, au moins conviendra-t-on qu'il a sous les yeux des documents d'une époque où l'action *empti* en garantie n'existait pas, et qu'il les copie sans songer à l'état du droit au moment où il écrit.

L'acheteur évincé n'a donc pas eu de tout temps un recours contre son vendeur, il lui a fallu à l'origine être prévoyant, exiger une promesse. C'est dans ces stipulations que les jurisconsultes classiques ont puisé les éléments nécessaires à l'édification de la théorie de la garantie d'éviction ; elles forment les anneaux de la chaîne qui rattache la garantie du droit classique à l'action *auctoritatis*.

Il nous reste à parcourir le droit postérieur à Javolenus.

---

[1] Pandeletti, Storia, p. 175.

On songea à établir, à l'image de la primitive action au double
qui naissait au profit de l'acheteur évincé d'une chose *man-
cĭpi*, une garantie spéciale découlant de la vente sans mancipation au profit de l'acheteur de choses précieuses. Le droit
pour l'acquéreur évincé de réclamer, indépendamment de
toute promesse antérieure à la vente, le double du prix, à la
suite de l'éviction, allait être consacré pour certaines ventes.

A une époque inconnue, mais vraisemblablement avant
celle à laquelle nous en sommes arrivés, fut réalisé un premier pas par l'édit des édiles ; il oblige à faire, pour le cas
d'éviction, la promesse du double dans les ventes d'esclaves
(L. 37, § 1 D. de evict. 21, 2). A moins que le vendeur ne se
fût affranchi de la garantie par une déclaration formelle, les
édiles donnèrent à l'acheteur une action pour obtenir cette
promesse (L. 28 D. de ædilit. edicto 21, 1). Quant au
but poursuivi par les édiles, il ne faut pas oublier qu'ils
étaient chargés de la police des marchés publics. Leur intervention ne fut pas motivée par le désir d'interpréter les contrats de vente, de les faire mieux exécuter, ce qui eut été en
dehors de leur compétence. Ils virent, dans le fait des marchands d'esclaves qui ne promettaient pas la garantie, des
fraudes à punir ; si la promesse qu'ils prescrivent a été faite,
ce sont les tribunaux qui l'interprètent, pour eux la mission
tracée par la loi est d'assurer la sécurité des transactions qui
s'opèrent sous leur surveillance. Cette intervention était
nécessaire ; les marchands d'esclaves sont gens de trop peu
de moralité pour qu'on attende d'eux l'exécution loyale des
marchés qu'ils passent [1] ; d'autre part, leur nationalité est souvent incertaine, par suite la mancipation qu'on recevrait
d'eux pourrait être nulle et par conséquent l'action au double
n'en naîtrait pas. Des autres vendeurs on ne se défie pas, on
ne leur prescrit aucune promesse ; il n'y a donc dans la disposition qui nous occupe « qu'un arrêté de police relatif à des

---

[1] L. 44, § 2 in fine D. de ædilit. edicto, 21, 1.

trafiquants suspects. [1] ». Les édiles se sont occupés de police, et s'il s'est trouvé qu'ils aient fait du droit, ce but n'était pas celui qu'ils se proposaient.

Plus tard, quand l'expérience eut montré les avantages de l'exécution loyale des contrats de vente, telle qu'elle était assurée par l'édit, on fit passer cette règle dans le droit commun de la vente. En même temps l'idée de punir des fraudes, qui avait inspiré les édiles, s'obscurcit et se modifia : on vit qu'il est de la nature des contrats de bonne foi que les parties y remplissent les obligations commandées par l'usage, chacune a dû compter qu'il n'était pas nécessaire de s'en expliquer formellement ; par conséquent, dans les ventes où cette stipulation est habituellement faite, le vendeur sera tenu de promettre le double, on l'y forcera par l'action *ex empto* (L. 37, pr. D. de evict.). Le premier témoignage sur cet usage est de Neratius (solution rapportée par Ulpien dans la l. 37, § 2 D. de evict.), il était contemporain de Javolenus, dont un fragment (l. 60. D. de evict.) semble repousser cette opinion. On peut donc dire que l'opinion enseignée par Nératius était encore discutée à cette époque, qu'elle ne fut définitivement admise que plus tard. L'équité, qui avait attribué cette prérogative à l'acquéreur, devait en limiter le champ d'application. On ne pourra exiger la *stipulatio duplæ* que dans les pays où elle est d'usage, seulement pour les ventes volontaires de choses précieuses. (L. 49. D. famil. ercisc. 10. 2 ; l. 37, § 1. D. de evict.) Peut-être à l'origine ne dut-elle pas être appliquée aux choses *mancipi*, pour lesquelles l'action *auctoritatis* suffisait, mais elle dut recevoir cette extension au gré des parties, parce qu'en aboutissant au même résultat pratique que la mancipation, elle était plus simple, partant moins sujette aux vices de forme.

Un dernier progrès restait à accomplir, la règle « in bonæ fidei contractibus, quæ sunt moris et consuetudinis tacite veniunt » devait forcément y conduire : donner à l'acheteur

---

[1] Girard, p. 120.

évincé l'action *ex empto* pour réclamer le double du prix, dans toutes les ventes où l'usage était de faire la *stipulatio duplæ*, c'est-à-dire dans les ventes de choses précieuses *nec mancipi* et dans les ventes d'esclaves (l. 37 § 1 D. de evict; l. 31 § 20 D. de œdil. edicto 21. 1); ce pas était fait à l'époque classique, nous en avons la preuve dans le § 8 des Fragments du Vatican, et dans un texte déjà vu de Paul : « Si res simpliciter traditœ evincantur, tanto venditor condemnandus est quanto si stipulatione pro evictione cavisset » (Sent. II. 17. 2). Ce texte s'applique aussi bien à la *stipulatio duplæ* qu'à la *stipulatio habere licere*, il prévoit les deux cas : l'acheteur obtiendra par l'action *ex empto* la même indemnité qu'il aurait eue si une promesse formelle lui avait été faite relativement à l'éviction, le double du prix dans certaines ventes, celles de choses précieuses dans les provinces où la *stipulatio duplæ* était en usage, le *quod interest*, la valeur de la chose et des dommages-intérêts, s'il y a lieu, dans toutes les autres ventes.

La théorie définitive était ainsi constituée. Résumons : la marche qui semble avoir été suivie est la suivante : à l'image de l'action *auctoritatis*, on crée d'abord des moyens arrivant à un résultat analogue, pourvu que l'acheteur ait soin de les employer, la *repromissio* et la *satisdatio secundum mancipium*, puis la *stipulatio habere licere (lato sensu)*, accompagnée d'une *pæna* du double du prix ou seulement du montant du prix ; plus tard apparaît la *stipulatio habere licere (stricto sensu)*, c'est sur elle que se fait le travail qui a abouti à la garantie résultant de plein droit de la vente : on put d'abord exiger que la promesse fut faite après coup, puis au commencement du IIe siècle elle est sous-entendue ; par l'action *empti* on peut obtenir, après l'éviction, directement l'indemnité pour le préjudice souffert ; peu après on put exiger, par l'action *empti*, que la promesse du double fut faite dans les ventes où elle était d'usage, et enfin elle fut sous-entendue.

En même temps, les formes de l'assistance du vendeur se sont modifiées. L'acquéreur attaqué par un tiers ne pouvait jadis se soustraire aux ennuis d'un procès, il fallait qu'il y demeurât comme défendeur. La procédure a changé, on a admis la possibilité de se substituer un mandataire dans le procès en revendication ; dès lors l'acheteur dénoncera le trouble à son vendeur, ce dernier devra le faire mettre hors de cause, le renvoyer du procès avec la chose qu'il lui a vendue et c'est lui vendeur qui sera condamné ; ce n'est qu'à défaut pour l'acheteur de pouvoir obtenir l'accomplissement de cette obligation qu'il obtiendra une indemnité (L. 39 § 1, 53 § 1, 55 § 1, 74 § 2, 21 § 2, D. de evict. 21, 2).

Dans le dernier état du droit, les idées anciennes ont exercé une double influence. Elles ont d'abord ce résultat qu'on considère bientôt qu'il faut laisser à l'acheteur, dans les ventes où le paiement du double du prix avait été appliqué comme *pæna*, le choix de s'en tenir au montant du *quod interest*, ou de réclamer le paiement du double considéré à l'origine comme une peine et regardé maintenant comme une simple fixation à forfait de l'indemnité pour le préjudice, faite d'avance pour écarter les difficultés.

Plus tard, sous Justinien, ce qu'on a considéré à l'époque classique comme un minimum pour les choses précieuses, devient un maximum que les dommages et intérêts ne pourront jamais dépasser. L'idée du législateur du Bas Empire est d'ailleurs obscurcie dans les difficultés d'une constitution prolixe (L. un. C. de sent. quæ pro eo 7, 47), mais, au point de vue restreint qui nous occupe, elle peut être facilement dégagée. Le montant des dommages et intérêts sera au maximum du double de la « certa quantitas vel natura », c'est-à-dire du prix dans la matière de la vente ; si le *quod interest* excède ce taux, on l'y ramènera. Cette limitation est inspirée sans aucun doute par les idées anciennes ; on arrive donc à considérer, à cette époque, comme une équitable réparation du préjudice, l'indemnité qui, près de dix siècles plus tôt, avait été mise comme peine d'une faute à la charge de certains débiteurs.

Ainsi l'action *auctoritatis* permettait à l'acheteur qui

n'avait pas été efficacement défendu par son vendeur, de répéter contre lui une peine du double « pæna dupli. » L'objet de la *stipulatio duplæ* fut le paiement du double sous une condition déterminée, l'éviction « quo minus habere liceat » ; l'idée de préjudice apparaît pour limiter les droits de l'acquéreur, non pour les augmenter : il n'a jamais d'action s'il ne subit aucun préjudice, tandis qu'il ne peut pas se plaindre dans tous les cas où il éprouve un dommage causé par l'éviction *lato sensu*. Bien que contractuelle, la *stipulatio duplæ* n'est qu'un moyen imité de l'*actio auctoritatis*, elle a pour objet une *pæna*, une indemnité invariablement fixée d'avance. La *stipulatio habere licere* accuse au contraire un progrès scientifique, elle est fondée sur l'idée de préjudice, le juge fixe l'indemnité en proportion du dommage éprouvé ; il y a dans ce fait qu'on peut devoir ce qu'on n'a pas promis formellement, ce que la loi ne fixait pas non plus, une idée métaphysique et abstraite qui montre que la *stipulatio habere licere* n'a pu venir que la dernière. Peut-être fut-ce sous l'influence de l'idée nouvelle, introduite sous cette forme, que l'action *auctoritatis* commença à perdre peu à peu de son caractère délictuel. Là où l'on n'a cherché à l'origine qu'un moyen de satisfaire légalement le ressentiment de la victime, on s'est habitué peu à peu à voir une idée de réparation d'un simple dommage pécuniaire. Il est d'ailleurs fréquent de trouver des rapports de droit, dans lesquels les législations anciennes n'avaient vu que des délits, apparaître plus tard comme des obligations nées *ex contractu* ou *quasi ex contractu*. C'est ainsi qu'on a conjecturé, avec de grandes vraisemblances de raison, que les actions de dépôt et de tutelle n'ont été dans le vieux droit romain que le moyen de poursuivre une peine pour la confiance trompée et la faiblesse trahie, pour devenir plus tard des actions contractuelles ou quasi-contractuelles [1]. Il en a été de même en notre matière ; le caractère primitif

---

[1] De Ihering. Faute en droit privé, traduct. franç., p. 37 et 41 : cité par M. Girard, p. 36, notes 1 et 2.

de l'action au double s'est modifié peu à peu sous l'influence
de l'idée de responsabilité contractuelle. On ne songe bientôt
plus au délit; pensant que celui qui vend une chose s'engage
par là-même à en garantir, aux mains de son acheteur, la libre
possession, on donne, dans tous les cas, l'*actio empti* à
l'acquéreur évincé. La conception ancienne a disparu, seule
la fixation des dommages-intérêts a subi son influence jusque
dans le dernier état du droit.

Tel est, esquissé dans ses grandes lignes, le développement
successif, graduel et sûr de la théorie de la garantie d'éviction dans la vente romaine.

DROIT FRANÇAIS

DE LA TRANSMISSION DES DROITS DE L'AUTEUR ET DE L'ARTISTE SUR SON ŒUVRE

INTRODUCTION

NATURE ET OBJET DES DROITS DE L'AUTEUR ET DE L'ARTISTE.

APERÇU HISTORIQUE

Les lois se sont succédé depuis 1793 sans rien modifier à la situation personnelle des auteurs. Leurs droits furent consacrés par l'article 1.er du décret des 19-24 juillet : « Les « auteurs d'écrits en tout genre, les compositeurs de musique, « les peintres et dessinateurs, qui feront graver des tableaux « ou dessins, jouiront, durant leur vie entière, du droit « exclusif de vendre, faire vendre, distribuer leurs ouvrages « dans le territoire de la République, et d'en céder la pro- « priété en tout ou en partie. »

Aucune des lois postérieures n'est venue modifier cette disposition ; elles n'ont eu qu'un seul but, augmenter la durée des droits reconnus aux héritiers de l'auteur par l'article 2 du décret de 1793.

Il semble que toute discussion, sur la nature d'un droit aussi clairement défini par la loi, devienne inutile et oiseuse ; cependant des controverses se sont longtemps élevées sur ce point.

Elles ont été si vives, chaque fois qu'un nouveau projet de loi a été élaboré, que le législateur, après s'être promis de déterminer la nature et les effets du droit de l'auteur, a reconnu l'impossibilité de s'entendre sur les principes abstraits, et s'est contenté de cette idée par tous admise que l'auteur a un droit sur son œuvre.

En réservant à l'auteur le droit exclusif de vendre ses œuvres, la loi leur a fait acquérir une valeur pécuniaire, qui compte dans le patrimoine de l'écrivain ou de l'artiste. C'est dans cette faculté de recueillir les produits de l'exploitation commerciale de l'œuvre que se résument toutes les prérogatives reconnues par la législation positive.

Dans le domaine de la théorie, la discussion sur la nature du droit de l'auteur est loin d'être close. Les jurisconsultes sont partagés entre deux opinions. Les uns ne veulent voir, dans les prérogatives que la loi reconnaît à l'auteur, que la récompense d'un service rendu à la société ; d'autres soutiennent qu'elles prennent leur source dans un véritable droit de propriété.

Il y a là, suivant nous, une pure question de mots.

La première opinion, il est vrai, justifie aisément la limitation que la loi apporte au privilège accordé aux auteurs ; la deuxième doit conduire logiquement à réclamer la perpétuité. Mais, d'une part, on peut justifier autrement la loi qui nous régit ; d'autre part, on peut arriver, par une autre voie, à revendiquer la perpétuité.

Il est à remarquer aussi que les partisans de la théorie de la propriété se divisent, et que beaucoup d'entre eux s'accommodent d'un droit temporaire.

Il faut commencer par écarter résolûment l'idée de propriété. Il ne peut y avoir aucune assimilation entre la propriété, définie par l'article 544 du code civil, et la prétendue propriété littéraire, parce que l'ouvrage littéraire ne répond à sa destination qu'au moment où l'auteur s'en dessaisit. Il y a plus ; le droit de propriété ne s'applique qu'à des choses, à des objets corporels. Où trouvera-t-on l'objet du droit de propriété littéraire ? Le verra-t-on dans le texte du manuscrit et du livre [1] ? Ou bien dans « la conception de l'auteur enfermée dans le texte immatériel qui constitue l'œuvre [2] ? » Mais c'est

---

[1] Laboulaye. Etude sur la propriété littéraire, p. 37.
[2] Thulliez. De la propriété littéraire (thèse de doctorat), p. 50.

incontestablement une chose incorporelle, une abstraction,
cemment peut-elle être l'objet d'un droit de propriété? On
a dit encore : « L'écrivain a sur sa conception un droit direct,
immédiat, ne demandant qu'un respect purement passif, ce
sont exactement les caractères du droit réel, de la propriété
la mieux définie » [1]. La vérité est qu'on ne peut, dans la
rigueur du langage juridique, parler ici de propriété. Un
propriétaire use de sa chose, il en retire tous les avantages
par lui-même, c'est là un droit exclusif, essentiellement
jaloux ; l'auteur, pour tirer parti de son livre, est obligé d'en
abandonner l'usage au public. En d'autres termes l'œuvre est
inappropriable [2]. Un droit de propriété suppose une jouissance privative, celui dont nous nous occupons suppose une
jouissance commune. L'écrivain n'a donc pas les trois attri-
buts de toute propriété ; il ne se contente pas d'enfermer son
manuscrit, ni même de le contempler avec amour (ce serait
là un acte de propriétaire) ; il veut qu'on protège le droit qu'il
a acquis en créant une œuvre, qu'on lui donne les moyens de
défendre contre tous la forme qu'il a donnée à sa pensée, sa
conception, dont le manuscrit n'est que la manifestation sensible. S'il a un droit exclusif, c'est sur la valeur pécuniaire qui
s'attache à la faculté de faire ou d'autoriser des reproductions.
On ne peut, pour cela, qualifier son droit de propriété, pas
plus qu'on ne peut dire que l'officier ministériel, qui a un
droit exclusif sur l'argent que produit son droit de présentation (art. 91, loi du 28 avril 1816), n'a la propriété de
son office.

Il est vrai que le droit qualifié propriété littéraire ressemble aux droits réels, en ce qu'il ne demande pour son exercice
que l'abstention du voisin, qu'il n'est pas possible de connaître *a priori* la personne contre laquelle ce droit sera exercé
(le contrefacteur) ; cela prouve qu'il ne s'agit pas d'une
créance, et non qu'il y ait propriété.

---

[1] Thulliez, p. 64.

[2] Darras. Du droit des auteurs et des artistes dans les rapports inter-
nationaux, p. 33.

Dans le droit de l'artiste on trouve deux prérogatives distinctes : la propriété de l'objet corporel, tableau, planche gravée ou statue, qui peut avoir par elle-même une grande valeur ; le droit exclusif de faire ou autoriser des reproductions, auquel s'applique sans difficulté tout ce que nous avons dit au sujet de l'écrivain.

Si l'on considère le droit de l'auteur dans son origine et dans son principe, on reconnaîtra qu'il procède de la même source que la propriété : du travail. Il y a plus : l'origine de la propriété foncière est dans l'occupation du sol par le travail ; le colon soustrait une part du sol à la possibilité de l'occupation par le travail des autres, il s'approprie une chose déjà existante ; l'auteur n'enlève rien à personne, il crée, il produit une chose qui n'existait pas auparavant. « Ne reven-« diquant pour son bien que ce qu'il a mis du sien, il ne « retranche rien à qui que ce soit... Création bien autrement « évidente et saisissante que toutes celles du labeur de « l'homme [1]. »

On est donc forcé, tout en répudiant le mot propriété, de reconnaître qu'aucun droit n'est plus légitime que celui de l'auteur sur l'œuvre qu'il a produite. Dans le privilège que lui reconnaît la loi, il n'y a rien que de juste. Ce n'est pas un monopole ; il faudrait, pour qu'il en fut ainsi, qu'un seul eût le droit d'écrire sur une matière déterminée, sur un art ou une science ; mais loin de là, l'auteur ne prétend empêcher personne de le suivre dans la voie qu'il a choisie : il demande seulement que la forme qu'il a donnée à ses idées, le vête-ment, la parure dont il a couvert ou orné sa pensée pour la présenter au public ne soient pas copiés ; qu'un autre vienne après lui, mais que comme lui il donne aux idées du fonds commun une vie nouvelle et une forme qui lui soit propre, qu'il fasse une œuvre originale et empreinte d'un caractère de personnalité.

Parti de ces principes, on doit reconnaître que le privilège

---

[1] Thulliez, p. 29.

d'exploitation n'a pas le caractère d'une récompense, accordée par la société pour un service qui lui est rendu, mais qu'il découle d'un droit qui s'impose à la reconnaissance de la loi. Il devrait donc être perpétuel. Néanmoins, peu d'esprits s'accordent à réclamer une loi qui consacrerait la perpétuité du monopole de reproduction. Contre cette solution, on a fait quatre objections principales [1].

1º L'héritier ou le cessionnaire d'une œuvre utile pourrait la faire disparaître en se refusant à la publier. Les Jésuites auraient acheté les Provinciales pour les détruire ; l'héritier dévot de Voltaire s'abstiendrait de publier ses ouvrages.

2º On a dit que le privilège d'exploitation sans limitation de durée pourrait entraîner une rareté excessive des livres, portant ainsi préjudice aux droits qu'a le public à la jouissance intellectuelle de l'œuvre. Cette crainte est chimérique ; il se rencontrerait rarement des gens qui, en possession d'une valeur féconde, la laisseraient improductive. D'ailleurs, une législation qui consacrerait le principe de la perpétuité pourrait apporter un remède bien simple aux inconvénients qu'on présente comme insurmontables ; il suffirait de décider que, dans le cas où les héritiers ou les cessionnaires d'une œuvre jugée utile négligeraient de la publier, tout le monde pourrait les mettre en demeure de le faire, puis, au bout d'un certain délai écoulé sans publication, s'adresser aux tribunaux, qui décideraient qu'il y a lieu à l'expropriation de l'ouvrage pour cause d'utilité publique.

3º On a objecté les complications résultant de la division du droit entre les familles. Comment tous ces parents éloignés arriveront-ils à se connaître, à justifier de leurs qualités et surtout à s'entendre pour procéder à la publication de l'ouvrage ? Il y aurait là une mine inépuisable de procès. Dira-t-on que les ouvrages littéraires ou artistiques seront compris

---

[1] Une des meilleures argumentations que nous connaissions contre la perpétuité est contenue dans l'Exposé des motifs de la loi du 14 juillet 1866. V. Worms. Etude sur la propriété littéraire, II, p. 259 et s.

dans les partages ou licités ? Ils feront alors la fortune de l'un des descendants de l'auteur ou même d'un étranger, les autres parents n'en retireront qu'un mince profit. Le bilan de la perpétuité peut donc se résumer sur ce point : gêne très sérieuse dans l'exploitation, source de procès ; et cela sans avantage sérieux pour la famille de l'auteur !

Cette objection est beaucoup moins probante qu'il ne paraît au premier abord. La justification, pour celui qui se prétend titulaire d'un ouvrage, de ses qualités de descendant ou de collatéral de l'auteur, de cessionnaire ou d'héritier du cessionnaire de l'œuvre, ne présente pas de plus grandes difficultés que la preuve de la propriété ordinaire. D'un autre côté, il est impossible de nier ce fait que, plus longue sera la durée du privilège, plus le prix des cessions sera élevé ; il est donc bien de l'intérêt de l'auteur que son privilège soit perpétuel.

4° Enfin, l'exposé des motifs de la loi du 14 juillet 1866 a soulevé une dernière objection. Pourquoi réclame-t-on la perpétuité du privilège d'exploitation commerciale d'une œuvre artistique ou littéraire, tandis que personne ne proteste contre la loi qui limite la durée du monopole de l'inventeur ? La création est cependant la même, elle procède toujours du travail et de l'intelligence.

Il n'est pourtant pas impossible d'expliquer la différence qu'on entend faire entre les deux cas. Les auteurs de découvertes industrielles doivent beaucoup plus au fonds commun. L'œuvre artistique ou littéraire est éminemment personnelle, celle du savant est presqu'impersonnelle. On peut dire que les inventions sont préparées par celles qui les ont précédées, amenées par le travail d'une époque, qu'elles naissent pour ainsi dire du milieu dans lequel on les voit apparaître. N'a-t-on pas vu quelquefois deux inventeurs inconnus l'un de l'autre se rencontrer presque de point en point ?

Celui qui le premier fait une découverte a un réel mérite, parce que la société a tout intérêt à posséder l'invention le plus tôt possible ; aussi accorde-t-on une récompense à celui qui est venu le premier, en lui assurant un monopole temporaire, mais personne ne souhaite qu'il soit perpétuel.

Il y a une autre raison. C'est que le monopole impose à l'industriel une gêne autrement insupportable qu'au littérateur ou à l'artiste. Pendant toute la durée du brevet d'invention, les concurrents du breveté ne pourront fabriquer le même produit que lui; pourtant les recherches qu'ils ont faites auraient pu les conduire, peu après leur heureux rival, au même résultat. Le privilège de l'auteur ou de l'artiste, au contraire, ne cause pas d'obstacle sérieux à ses concurrents, parce qu'il ne porte que sur la forme. Les rivaux de l'auteur peuvent traiter le même sujet que lui, répéter même des idées semblables, pourvu que la forme soit différente.

Il n'existe donc pas de raisons très sérieuses, pour faire réduire à une période de cinquante ans la durée du privilège reconnu à l'auteur. Mais peut-être pourrait-on justifier d'une manière bien simple la loi qui nous régit, si l'on envisageait la limitation qu'elle apporte à la durée du droit exclusif de l'auteur et de l'artiste, comme un impôt, qui, pour s'exercer d'une autre manière que les impôts qui frappent les autres biens, n'en est peut-être guère plus lourd.

Le principe du droit de l'auteur sur son œuvre nous apparaît pour la première fois nettement affirmé, en 1725, dans un plaidoyer de Louis d'Héricourt pour les libraires de Paris. Un manuscrit est le fruit du travail de l'auteur, c'est son bien propre, il n'est pas permis de l'en dépouiller; lui seul peut en disposer à son gré, pour se procurer et l'honneur qu'il en espère et un profit pour subvenir à ses besoins. Les libraires de Paris tiennent leurs droits des contrats passés avec l'auteur, ils ne peuvent donc en être dépossédés [1]. Tel est le raisonnement sur lequel repose le plaidoyer tout entier.

Deux arrêts du conseil du roi, du 30 août 1777, consacrèrent

---

[1] Pouillet. Traité de la propriété littéraire et artistique, p. 9; Worms, II, p. 1.

définitivement et officiellement ces idées : « L'auteur doit
« obtenir pour lui et ses hoirs à perpétuité le privilège de
« vendre et d'éditer ses ouvrages. » Mais, on décidait en
même temps que si l'auteur venait à vendre son ouvrage, sa
mort ferait tomber l'œuvre dans le domaine public.

Le nom de privilège devait être fatal aux écrivains ; les
révolutionnaires, dans la soif d'égalité qui les animait, abo-
lirent le privilège des auteurs comme les autres. Cette injustice devait cependant être assez promptement réparée. On
commença par le droit de représentation : le décret du
19 janvier 1791 consacra, dans son article 3, le droit pour les
auteurs d'ouvrages de théâtre d'empêcher qu'ils ne fussent
représentés sans leur consentement ; le même droit était
acoordé aux héritiers ou cessionnaires pendant cinq ans après
la mort de l'auteur (art. 5).

Peu après, la Convention discuta une loi ayant pour objet
de faire revivre ce que l'ancien droit avait baptisé privilège.
Le rapporteur s'exprimait ainsi : « De toutes les propriétés,
la moins susceptible de contestation... c'est sans contredit
celle des productions du génie, et, si quelque chose doit
étonner, c'est qu'il ait fallu reconnaitre cette propriété, assurer son libre exercice par une loi positive...[1] » Cette loi
positive fut le décret des 19-24 juillet 1793.

Cependant, la propriété, qu'on proclamait si haut, fut
réduite à une jouisssance viagère pour l'auteur et à un usufruit
de dix ans au profit de ses héritiers ou cessionnaires (art. 1
et 2).

N'importe, le principe était maintenant posé, ce sera à
l'avenir à améliorer le sort des héritiers.

Que si nous recherchons brièvement l'opinion des hommes
autorisés qui, depuis cette époque, ont eu à se prononcer sur
le caractère du droit de l'auteur, au sein des commissions
parlementaires et des assemblées législatives, nous verrons
que, tout en proclamant la légitimité du privilège qui nous

---

[1] Rapport de Lakanal. Worms, ii, p. 22.

occupe, on a rarement admis qu'il prit naissance dans un droit primordial et supérieur à la loi ; presque tous, au contraire, ont été d'accord pour reconnaître qu'il devait subir, dans l'intérêt général, des limitations et des restrictions.

C'est ainsi que Lamartine, dans son fameux rapport du 13 mars 1841 [1], démontrait avec éclat la légitimité du droit de l'auteur ; mais, en pratique, il se contentait d'une jouissance qui se prolongerait pendant cinquante ans après sa mort.

M. Rouher disait dans le même sens : « En même temps « que la loi *déclare* le droit de propriété des auteurs, elle le « circonscrit....., elle lui fait subir, par cette limitation néces- « saire, une sorte d'expropriation partielle, comme, dans « d'autres circonstances, elle impose à la propriété ordinaire « des restrictions qu'on appelle des servitudes d'utilité publi- « que [2]. »

La commission, instituée le 28 décembre 1861, était plus favorable aux écrivains [3] ; ses préférences étaient pour la perpétuité. Le rapport présenté le 12 avril 1863 par M. Walewski réflétait ces idées ; mais pour concilier les légitimes prétentions des auteurs avec l'intérêt public, la commission, disait-il : « a fixé à 50 ans, à partir de la mort « de l'auteur, le moment où il convient de transiger avec la « rigueur des principes, et de faire à l'intérêt public de « larges concessions. » On décida que, passé ce temps, toute personne pourrait reproduire le livre, à charge seulement de payer aux ayants-droit une redevance proportionnée au prix de chaque volume publié. C'est ce qu'on a appelé le système du domaine payant.

Enfin, si l'on consulte les travaux préparatoires de la loi de 1866, on ne peut douter que la pensée du législateur n'ait été que les droits garantis à l'auteur sont une récompense, une

---

[1] Worms, II, p. 139.
[2] Exposé des motifs de la loi du 8 avril 1854. Worms, II, p. 191.
[3] V. Worms, II, p. 214 et s.

concession bénévole de la loi : « Concession juste, mais
« volontaire, devant concilier, par la restriction même de
« sa durée, la récompense due à l'auteur avec l'intérêt
« public [1]. »

On reconnaît donc, en général, que, dans son principe, le
droit des auteurs est légitime ; seulement, à raison de sa
nature, il a besoin d'une protection spéciale, dès lors la loi
peut lui imposer des conditions spéciales, le limiter comme elle
l'entend [2].

Ce raisonnement nous paraît juste. Il se forme une sorte
de contrat entre l'auteur et l'Etat, comme entre le propriétaire
et l'Etat. Ce dernier protège le droit de l'écrivain ou de
l'artiste comme il protège la propriété. En retour de la
protection qu'il accorde, il exige des sacrifices. Au propriétaire il imposera les servitudes d'utilité publique, les contributions, à l'auteur il fixera une limitation dans la durée de
son privilège d'exploitation.

La loi de 1793 a assez nettement défini et déterminé les
prérogatives reconnues à l'auteur, pour qu'aucun des législateurs postérieurs n'ait jugé à propos de revenir sur ces
points. L'idée générale qu'on peut se faire de la protection
accordée par la loi est que l'écrivain, que l'artiste peut
défendre contre tous la forme qu'il a donnée à sa pensée. Il
jouit du droit exclusif de reproduire son œuvre, d'en tirer des
exemplaires, de vendre ou distribuer ces exemplaires, d'autoriser les représentations, s'il s'agit d'une œuvre de théâtre.
Mais cette faculté qu'a l'auteur de se rétribuer de son travail,
en jouissant seul des produits vénaux de l'ouvrage, qu'on
peut appeler le droit pécuniaire, le seul dont la loi s'occupe,
n'est pas l'unique manifestation de cette propriété que la loi
reconnaît. L'écrivain ne se préoccupe pas seulement de tirer
de ses œuvres un profit matériel, il compte aussi sur la réputation qu'elles lui donneront ; il faut donc qu'il puisse empê-

---

[1] Exposé des motifs. Worms, II, p. 246.

[2] En ce sens : Exposé des motifs à la chambre des députés par
M. Villemain, le 18 janvier 1841. Worms, II, p. 121.

cher, même au cas où il a vendu son ouvrage, toute modification qui, en dénaturant sa pensée, lui ferait endosser la responsabilité d'une œuvre qui ne serait pas la sienne, et perdre cette réputation sur laquelle il a pu légitimement compter. Il faut donc qu'on lui reconnaisse une maîtrise, une sorte de droit moral sur son œuvre.

La sanction de la loi, le moyen pratique d'assurer aux intéressés la jouissance utile des prérogatives qu'on leur garantit, sera l'action en contrefaçon. Elle s'exercera contre quiconque aura porté atteinte au droit exclusif des auteurs par la reproduction de l'œuvre sans leur permission ; la peine sera une amende, la confiscation des objets contrefaits et des instruments de la contrefaçon (art. 427, C. Pén.) ; et, le cas échéant, des dommages-intérêts seront accordés à la partie lésée par le délit (art. 429, C. Pén.). L'action en contrefaçon a non seulement pour but et pour résultat de procurer à celui qui l'intente la réparation d'un dommage pécuniaire, mais encore de sauvegarder dans certains cas sa réputation. C'est ce qui se présente en matière artistique. Aussi a-t-on jugé que le dessaisissement qui résulte de la faillite ne saurait empêcher l'auteur d'une œuvre d'art de poursuivre une contrefaçon qui l'atteint dans son honneur artistique [1].

La loi protège les *écrits* en tout genre ; (malgré ces termes restrictifs, on s'accorde généralement pour comprendre dans la protection les productions orales [2]). Elle protège les œuvres musicales et artistiques, quelqu'en soit le caractère, alors même qu'elles ont une destination industrielle [3]. On peut donc employer une formule générale, et poser en règle que le bienfait de la loi de 1793 s'étend à toutes les productions de l'esprit dans les lettres et dans les beaux arts.

Le droit de reproduction appartient à l'auteur durant sa vie. Celui-là est l'auteur aux yeux de la loi qui met l'œuvre

---

[1] Trib. corr. Seine, 10 janvier 1886.
[2] Pouillet, p. 52 et s.
[3] Pouillet, p. 71 et s.

au jour, qui en prend la responsabilité et y attache son nom. Après sa mort, le privilège d'exploitation passe à ses héritiers ou cessionnaires pour une durée de cinquante ans (loi du 14 juillet 1866, art. 1er, § 1er), cette période écoulée, tout le monde demeure libre d'éditer l'ouvrage, on dit que « *l'œuvre est tombée dans le domaine public* ».

Notre législation présente donc deux caractères essentiels : elle établit que les droits de l'auteur consisteront dans un privilège d'exploitation d'une durée limitée ; elle calcule cette durée sur une double base, d'abord la vie de l'auteur, ensuite cinquante ans après sa mort.

La plupart des législations étrangères ont suivi les mêmes principes, en modifiant seulement la durée du monopole après le décès de l'auteur.

Seule la législation du Mexique a admis la perpétuité. L'Espagne vient ensuite, accordant une durée de quatre-vingts ans (loi du 10 janvier 1879). Il en est de même en Colombie (loi du 26 octobre 1886, art. 10 [1]). Un assez grand nombre d'Etats européens ont fixé le même délai que notre législation. D'autres enfin ont été moins généreux.

Quelques législations ont repoussé plus ou moins complètement le système admis en France. La loi italienne (décret du 19 septembre 1882, art. 9, rendu en exécution de la loi du 18 mai de la même année [2]) fixe deux périodes : en principe le droit dure pendant la vie de l'auteur et quarante ans après sa mort. Si toutefois, à cette époque, il n'a pas joui pendant quarante ans depuis la première publication, les héritiers ont, en plus des quarante ans qui leur sont attribués, le complément des quarante ans de l'auteur. Pour la première période (durée de la vie de l'auteur ou quarante ans depuis la première publication) un monopole est assuré à l'auteur ou à ses représentants, pour la deuxième on admet le système qui a

---

[1] V. Annuaire de législation étrangère, 1886, p. 894 et s.

[2] V. Pataille. Annales de la propriété industrielle, littéraire et artistique, 1885, p. 225 et s.

été appelé chez nous « système du domaine public payant ».
Tout le monde peut reproduire l'œuvre, à charge de payer
préalablement une redevance aux représentants de l'auteur.

La Hollande fixe une période unique, cinquante ans à dater
du jour du dépôt ; toutefois si, au bout de ce temps, l'intéressé
vit encore et qu'il soit toujours titulaire de l'œuvre, la jouissance lui en est garantie jusqu'à sa mort. Enfin, au Japon,
on a établi aussi une base unique pour le calcul de la durée.
Elle est de trente ans, et court du jour de la première publication ; mais elle peut être portée à quarante-cinq ans [1].

Nous diviserons notre travail en trois chapitres. Le premier consacré à l'étude de la transmission des droits d'auteur
par succession, quelques difficultés sur les donations, qui
présentent un lien intime avec les successions, y trouveront
naturellement place. Le deuxième, aux transmissions qui
résultent des contrats. Un rapide examen de droit international remplira le troisième.

Il restera ensuite à examiner les critiques qui ont été dirigées contre la loi qui nous régit actuellement, et à la rapprocher des dispositions essentielles de quelques lois étrangères.

---

[1] Darras, *op. cit.*, p. 423 et s.

CHAPITRE Ier

DE LA TRANSMISSION DES DROITS D'AUTEUR PAR SUCCESSION

Historique. — Le décret de 1793 accordait le privilège de reproduction aux héritiers de l'auteur pendant dix ans (art. 2). Le décret du 5 février 1810, qui se substitua à la législation précédente, s'éloigna de la simplicité de la disposition qu'il remplaçait. Il créait d'abord un droit viager au profit de la veuve de l'écrivain sous certaines conditions; il accordait une jouissance de vingt ans aux enfants de l'auteur, à compter du décès de la veuve (art. 39). Les autres héritiers restaient donc sous l'empire du décret de 1793 : la durée du privilège était bornée pour eux à une durée de dix années à compter de la mort de l'auteur, ils étaient donc entièrement exclus si la veuve survivait dix ans à son mari.

La différence faite entre la veuve d'un auteur et le veuf d'une femme auteur, la variété dans la mesure du droit des héritiers soulevèrent de vives critiques et furent la source de sérieuses difficultés. Il y avait en outre, dans l'article 39, une petite phrase qui contenait une énigme : « Le droit de pro-« priété est garanti à l'auteur et à sa veuve pendant leur vie, « *si les conventions matrimoniales de celle-ci lui en don-« nent le droit.* » Le projet primitif accordait la même faveur à toutes les veuves ; on y fit deux objections : 1° c'était renverser l'économie des dispositions du code civil; on passa outre ; 2° c'était violer la loi du contrat, si les conventions matrimoniales excluaient la femme des gains de survie. L'article 39 fut modifié pour donner satisfaction à cette critique. Mais il n'était pas facile de découvrir la signification des termes équivoques qu'il employait. La jurisprudence se fixa pourtant sur ce point ; elle admit que les mots *« si les conventions matrimoniales lui en donnent le droit »*, signifiaient : si le privilège ne lui est pas dénié par les conventions matrimoniales, c'est-à-dire si elle est mariée en communauté et qu'elle accepte la communauté [1]. L'auteur de l'exposé des motifs de la loi du 19 avril 1854 acceptait cette interprétation : « Le « décret de 1810, disait-il, lui accorde cette jouissance pour « toute la durée de sa vie, pourvu que, par son contrat de « mariage, elle n'ait pas répudié le régime de la communauté « de biens [2]. »

Cette interprétation admise, une question se présentait aussitôt. Le privilège d'exploitation tombait-il dans la communauté légale ? Il y eut des discussions ; une partie de la jurisprudence, approuvée par un jurisconsulte alors très goûté [3], pensa que le décret de 1810 ne faisait point obstacle à ce que le droit d'exercer les profits pécuniaires de l'œuvre pût entrer dans la communauté. Il y avait là, suivant nous, une grave erreur. Le décret soustrayait si évidemment le droit de copie aux règles ordinaires, qui régissent la communauté légale, qu'au lieu d'une moitié en pleine propriété que la femme aurait eue par suite du partage, elle lui donnait un droit sur la totalité, mais borné à sa vie ; après la mort de la femme, le droit passait tout entier aux enfants.

La loi transformait donc le droit, qui aurait dû normalement résulter de l'adoption du régime de la communauté, en un avantage d'une autre nature et qui prenait naissance à la dissolution du mariage, en une sorte de gain de survie au profit de la veuve [4].

---

[1] Renouard Traité des droits d'auteurs, II, p. 255-56. — Dalloz. Répertoire de jurisprudence, v° propriété littéraire, n° 223.

[2] Duvergier. Collection des lois, 1854, p. 176, note 1.

[3] Troplong. Contrat de mariage, I, p. 489-492.

[4] Flourens. Origine et développement en France de la législation sur les droits d'auteurs (thèse), p. 233 et s.

Le décret de 1810 avait donc considéré le privilège de publication comme empreint d'un caractère trop marqué de personnalité pour qu'il pût être soumis aux règles ordinaires; il avait pris, en même temps, une mesure destinée à empêcher que cette dérogation aux principes de la communauté ne vînt à nuire à la femme. Dès lors, il échappait à la critique qu'on avait dirigée contre le projet, il ne bouleversait pas les dispositions du code civil, il ne faisait qu'apporter une heureuse modification aux conséquences d'une règle de droit commun (art. 1401, C. c.), pour écarter des inconvénients très réels.

Quelle était la nature du droit ainsi reconnu à la femme survivante ? M. le conseiller d'Etat Riché, dans la discussion de la loi de 1866, le caractérisait ainsi : « A l'heure qu'il est, « la femme n'a qu'un droit de jouissance ou d'usufruit, ou, si « l'on veut, une propriété grevée de substitution indisponible, « c'est absolument la même chose [1]. » Il semble bien téméraire d'assimiler l'usufruit à une propriété grevée de substitution, en face de l'article 899 du code civil. Mais l'orateur commettait une erreur plus évidente encore. Le décret de 1810 (qui était encore la législation en vigueur en 1866, la loi de 1854 n'ayant fait que prolonger la durée de la jouissance accordée aux enfants) disait : « *La propriété* est garantie à « *l'auteur et à sa veuve pendant leur vie...* » Ce n'était donc pas l'usufruit qui était donné à la femme, c'était le même droit qui appartenait à son mari, la propriété. D'autre part, le droit des enfants paraissait bien ne prendre naissance qu'à la mort de la femme; comment pourrait-elle donc avoir un simple usufruit sur une chose dont personne ne serait nu-propriétaire ? Le droit de la veuve ne pouvait davantage être qualifié propriété grevée de substitution. La substitution, en effet, est étrangère aux successions *ab intestat*. Elle est créée dans l'intérêt des appelés, la disposition du décret nuisait au contraire aux droits des prétendus appelés qu'elle suspendait. Une substitution est essentiellement caractérisée

---

[1] Duvergier, 1866, p. 299.

par cette idée que les appelés recueillent les biens grevés de substitution indirectement, par l'entremise des personnes gratifiées en premier ordre (art. 896, C. c.); or, le décret semble bien attribuer aux enfants un droit propre, qui naît, non par l'intermédiaire du conjoint, mais directement après l'extinction de son droit, créé par la toute puissance de la loi. Enfin, dans une substitution permise, on exige la conception des enfants, des appelés, seulement au décès du grevé (art. 1048, C. c.); ici, il s'agit d'enfants communs, ou d'enfants que l'auteur a eus d'un précédent mariage !

Il faut donc reconnaître que le décret de 1810 avait créé un droit sans précédent dans nos codes, une sorte de *propriété ad tempus*, expirant avec la veuve, pour que tout rentre dans l'ordre normal et le droit commun des successions.

Une loi du 3 août 1844 vint effacer une inégalité choquante dans la législation des droits d'auteur. Elle étendait le bénéfice du décret de 1810 aux veuves et aux enfants des auteurs d'ouvrages dramatiques, restés jusqu'à ce moment sous l'empire du décret du 19 janvier 1791 (art. 5), qui s'était borné à accorder aux héritiers la jouissance, pendant cinq ans, du droit d'autoriser les représentations de l'œuvre de leur auteur. La durée du droit de représentation et d'exécution publique sera donc désormais la même que celle du droit de publication.

Enfin la loi des 8-19 avril 1854 fixa à trente ans la durée de la jouissance accordée aux enfants de l'auteur.

Les prérogatives reconnues à cette époque aux écrivains, compositeurs et artistes, consistaient donc : dans la faculté exclusive pour l'auteur de percevoir les bénéfices de l'exploitation de son ouvrage; le même droit pour sa femme commune survivante, et pour ses enfants, pendant trente ans à compter de la mort de l'auteur ou du décès de la veuve; les héritiers autres que les enfants restaient régis par le décret de 1791 pour le droit de représentation, par le décret de 1793 pour le droit de copie ; la durée du monopole était bornée pour eux à cinq et à dix ans à partir de la mort de l'auteur. Il arrivait donc très souvent qu'ils fussent complètement exclus par le droit de la veuve.

La loi du 14 juillet 1866 vint enfin apporter un peu d'unité dans notre matière. Nous examinerons successivement la situation du conjoint survivant, celle des héritiers et enfin des successeurs irréguliers.

SECTION Ire

DU CONJOINT SURVIVANT

§ 1er. — *Innovations de la loi de 1866*

La loi nouvelle réalisait, dans son paragraphe deuxième, quatre innovations.

« Pendant cette période de cinquante ans, le conjoint sur-
« vivant, quel que soit le régime matrimonial, et indépendem-
« ment des droits qui peuvent résulter en faveur de ce con-
« joint du régime de la communauté, a la simple jouissance
« des droits dont l'auteur prédécédé n'a pas disposé par acte
« entre vifs ou par testament. »

Le bénéfice de la loi n'appartiendra plus seulement à la veuve, mais aussi au mari veuf d'une femme auteur ; et cela, quel qu'ait été le régime matrimonial des époux. L'avantage accordé au survivant n'est pas viager, il dure cinquante ans. La nature du droit est changée.

I. — *L'usufruit appartient au conjoint survivant*

Les lois antérieures ne parlant que de la veuve, il semblait difficile d'admettre que leurs dispositions pussent profiter au mari veuf. Aussi M. Renouard, s'appuyant sur la lettre de la loi, pensait-il que le veuf devait être écarté [1].

D'autres soutenaient l'opinion contraire, argumentant de

---

[1] *Op. cit.*, II, n° 135.

ce que la loi, en parlant de la veuve, avait envisagé le cas le plus ordinaire, le *plerumque fit*; mais qu'on ne pouvait lui prêter l'intention de priver le veuf du bénéfice qu'elle accordait à la veuve, puisque les considérations, qui avaient fait accorder cet avantage à la femme, devaient peser d'un aussi grand poids pour qu'on l'attribuât au mari. Le paragraphe premier de la loi de 1866 est venu mettre fin à toute discussion, il porte : « *Le conjoint survivant.* »

On ne peut que louer cette disposition; il y avait nécessité d'assurer la dignité du veuvage aussi bien du côté du mari que de la femme ; n'est-il pas sujet, lui aussi, aux maladies, aux infirmités et à la vieillesse ?

II. — *Le bénéfice de la loi n'est plus subordonné, pour le survivant, à la condition que « les conventions matrimoniales lui en donnent le droit. »*

Nous avons signalé les doutes que ces expressions obscures du décret de 1810 avaient fait naître. La loi de 1866, ici encore, a éteint une controverse; elle accorde l'usufruit au survivant « quel que soit le régime matrimonial ». Le droit n'est plus attaché à la qualité de femme commune, mais de conjoint survivant. Il devient dès lors évident que la femme qui a perdu, par sa renonciation, tout droit aux biens de la communauté, n'en conserve pas moins le privilège que lui accorde la loi.

Une question peut trouver place ici. Un mariage putatif donne-t-il au conjoint de bonne foi le bénéfice de la loi de 1866 ? Aucun doute sérieux ne peut s'élever dans le cas où l'époux de bonne foi ne voit annuler son mariage qu'après le décès de son conjoint. Il avait bien, à cette époque, la qualité d'époux survivant et la loi n'exige pas autre chose; il a un droit acquis à cette succession, il faut le respecter [1].

---

[1] C'est, en effet, la solution généralement admise dans l'hypothèse où il s'agit de la succession de droit commun. (Aubry et Rau, VI, p. 337. — Demolombe, XIV, n° 172, et III, n° 370.) On ne voit pas quelle pourrait être la raison de décider autrement dans le cas qui nous occupe.

7

On pourrait cependant être tenté d'aller plus loin et de dire : le conjoint de bonne foi doit conserver tous les avantages que lui eût conférés un mariage valable, alors même que le mariage a été déclaré nul avant le décès de son époux ; n'est-on pas d'accord pour reconnaître qu'il conserve sur les biens de ses enfants tous les droits attachés à la paternité ou à la maternité légitime [1] ? Donc, il doit conserver ce droit éventuel de succession. La vérité est que le bénéfice que la loi de 1866 assure au conjoint étant un droit de succession, il faut encore, pour recueillir la succession d'une personne, avoir vis-à-vis d'elle, au moment où elle meurt, la qualité à laquelle la loi attachait le droit de succéder. Or, nous avons supposé que le mariage a été annulé, dès lors les époux n'étaient plus conjoints au moment de la mort de l'auteur, et le survivant ne peut réclamer un avantage attaché à cette qualité. Le mariage a bien pu produire ses effets tant qu'il durait, on n'enlève pas au conjoint ce qui est pour lui un droit acquis, mais on ne saurait lui conserver ce qui était pour lui simple expectative, une espérance, si l'on peut s'exprimer ainsi, qui n'était pas encore réalisée au moment de la dissolution de son mariage.

En appelant, sans y mettre aucune condition, le conjoint survivant à ce droit de succession, la loi a soulevé les critiques les plus violentes. Nous ne nous occupons, pour le moment, que de fixer, le plus exactement possible, le sens du texte, et renvoyons à la fin de ce travail l'examen des critiques dirigées contre l'idée inspiratrice de la loi.

III. — Le droit du conjoint dure cinquante ans

Il peut arriver qu'il survive plus de cinquante ans à l'auteur. La loi va-t-elle le dépouiller, au moment où il en a le plus besoin, des ressources qui le font vivre ? Il faut reconnaître que les lois, qui avaient précédé celle de 1866, ne faisaient pas naître cette difficulté ; le privilège appartenait alors à la veuve

----

[1] V. Aubry et Rau, v, p. 52.

sa vie durant. Mais le cas est-il de nature à se présenter bien
fréquemment ?

Le rapporteur disait en 1866 : « La chambre comprend à
« quel point est éloignée l'hypothèse, suivant laquelle le droit,
« viagèrement possédé par l'auteur, se prolongerait encore,
« après sa mort, pendant plus de cinquante ans au profit de
« la veuve. Aussi n'a-t-on pas insisté sur cette objection qui
« ne nous semble pas avoir une gravité bien réelle [1]. » Ainsi,
l'objection avait été soulevée au sein de la commission, certains
membres auraient voulu qu'on reconnût un usufruit viager au
survivant ; il semble, d'après les déclarations du rapporteur,
que cette opinion fut repoussée, et que l'intention des auteurs
de la loi a été de fixer un délai uniforme de cinquante ans.

IV. — *Nature et étendue du droit du conjoint survivant.*

Nous avons déjà eu l'occasion de citer les mots, par lesquels
M. Riché caractérisait le droit du conjoint sous la législation
antérieure à 1866 ; il ajoutait : « Pendant qu'elle a son droit
« réduit à la jouissance, il y a, comme je le disais tout à
« l'heure, derrière elle, des nus-propriétaires qui sont les
« enfants. *Voilà la situation, elle ne sera pas changée* [2]. »

Autant de mots, autant d'erreurs. La femme n'avait pas,
sous l'empire du décret de 1810, un droit d'usufruit, mais bien
le même droit qu'avait eu son mari prédécédé. Si la loi nouvelle créait un usufruit, la situation allait être changée. Que,
dans notre matière, un droit de propriété limité à un temps
aboutisse, au point de vue pratique, au même résultat qu'un
usufruit, c'est à peu près exact ; mais dans la préparation d'une
loi, on doit s'attacher aussi à l'exactitude théorique ; or, à ce
point de vue, l'affirmation du commissaire du gouvernement
était erronée.

M. Gressier a bien vu l'erreur, il a cherché à montrer que
la loi nouvelle était basée sur des principes tout différents de
ceux qui ressortaient de la législation antérieure ; il faisait

---

[1] Worms, ii, p, 313.
[2] Duvergier, 1866, p. 299.

remarquer [1] qu'une simple lecture du décret de 1810 suffisait à réfuter les affirmations que la chambre venait d'entendre.

Au reste, les travaux préparatoires montrent surabondamment que l'intention des rédacteurs de la loi a été de créer un droit d'usufruit. « A la mort de l'auteur, le droit qu'il laisse « sur ses œuvres se divise en deux droits distincts et cepen- « dant coëxistants : le droit d'usufruit appartenant à la veuve, « le droit de nue-propriété appartenant aux héritiers [2]. »

M. Perras avait dit dans son rapport supplémentaire : « Une objection s'est produite sur les mots de simple jouis- « sance employés par la loi, pour caractériser le droit de la « femme; c'est l'expression dont se sert l'article 543 du code « Napoléon, quand il dénomme l'usufruit par opposition avec « la propriété et les services fonciers. Comme l'usufruit porte « sur un droit spécial et dont la disposition doit être dégagée « de toute entrave dans l'intérêt même des auteurs, ces expres- « sions ont paru préférables au conseil d'État et la commis- « sion a partagé son avis. Mais il ne peut exister aucun mal- « entendu ni sur la nature ni sur la durée de ce droit [3]. » Ces explications très nettes ne satisfirent pas tout le monde ; M. Picard répliqua : « Je voudrais savoir en droit ce qu'est la « simple jouissance. Je connais en cette matière deux droits « définis juridiquement par la loi, le droit d'usage et le droit « d'usufruit, pourquoi ne pas employer les mots usités ? »

« Vous le voyez, répond alors M. Perras, on a demandé si « par cette jouissance nous avons entendu l'usufruit. Oui, « nous avons entendu l'usufruit et nous l'avons dit très claire- « ment dans le rapport... Maintenant, ce sont des considéra- « rations fiscales et de forme qui ont fait mettre les mots *sim- « ple jouissance* à la place du mot *usufruit*. »

Et, à la fin de la discussion, l'orateur ajoute qu'il ne croit pas nécessaire d'insister plus longtemps sur des points qui ont, il

---

[1] Duvergier, *eod.*

[2] Duvergier, 1866, p. 298. (Paroles de M. Gressier dans la séance du 27 juin.)

[3] Worms, II, p. 312.

l'espère, été parfaitement compris par la Chambre. Le *Moniteur* constate qu'on a répondu : « Oui, oui [1]. »

Ainsi, il n'y a pas, dans l'avantage reconnu au survivant, une propriété grevée de substitution. Ce qu'il y a d'éventuel dans le droit des héritiers, ce n'est pas l'acquisition du privilège de publication lui-même, mais seulement le retour de l'usufruit à la nue-propriété. Les héritiers de l'auteur, venant à mourir avant le conjoint, transmettront leurs droits à leurs propres héritiers, ce qui ne saurait se produire dans l'hypothèse de la substitution ; car le droit de l'appelé est alors subordonné à la condition de sa survie au grevé, puisqu'il ne recueille que par l'entremise du premier gratifié [2].

La vérité est donc que la loi a créé un droit d'usufruit légal. Aucun doute n'est possible en présence des explications fournies par le rapporteur, et de l'assentiment donné par la chambre.

Il s'agit d'un droit de succession spécial ; non d'une libéralité que l'auteur aurait dû faire, et que la loi fait à sa place, en cas d'oubli ; non d'une sorte de gain de survie légal, car on ne comprendrait pas alors qu'il fut accordé indistinctement à toutes les veuves et non plus seulement à celles qui étaient mariées en communauté.

Nous sommes en présence d'un droit parfaitement connu et depuis longtemps défini par la loi, qu'on peut rapprocher de l'usufruit accordé au père ou à la mère par l'article 754 du code civil.

Reste à déterminer dans quel but on a employé le mot « *simple jouissance* [3] ». Ce sont, a dit le rapporteur, des

---

[1] Séance du 27 juin, Duvergier, 1866, p. 298.

[2] V. Aubry et Rau, VII, p. 302.

[3] On a remarqué que le mot « *jouissance* » était parfaitement exact ; car le *jus utendi* est abandonné au public, le *jus abutendi* reste aux héritiers. (Fliniaux. Législation et jurisprudence concernant la propriété artistique et littéraire, p. 69). A supposer que cette observation ait un intérêt, il faut remarquer que les rédacteurs de la loi n'ont pas été guidés par la préoccupation de l'exactitude rigoureuse du langage.

considérations fiscales et de forme qui ont fait écarter le mot
« *usufruit* ».

Considérations de forme : le mot usufruit appelle après lui
l'idée de propriété, et on ne voulait pas prendre parti sur la
nature théorique du droit de l'auteur. Peut-être aussi, voulait-
on exonérer l'usufruitier de l'obligation de fournir une caution,
qui cependant aurait présenté, quoique dans une mesure plus
restreinte que dans le droit commun, une garantie contre les
risques qui menacent les héritiers.

Les considérations fiscales sont plus faciles encore à découvrir : on a voulu écarter l'obligation pour le conjoint de payer
les droits de mutation perçus à propos des usufruits ordinaires.
M. Picard objectait au rapporteur, que « si l'administration
« s'en réfère au rapport, elle percevra les droits sur l'usu-
« fruit. » M. Perras répond que « le droit de l'auteur présen-
« tant un caractère de rémunération, il serait assez étrange
« qu'on exerçât des droits contre les rémunérés [1]. » Il est
évident que l'administration ne se paie pas de mots, et qu'elle
pourra percevoir un droit de transmission sur la jouissance ou
l'usufruit, car l'article 4 de la loi du 22 frimaire an VIII assi-
mile les deux choses. Il y a bien transmission d'un droit héré-
ditaire, frappée par le droit proportionnel, de même que l'usufruit de l'article 754 C. c. Au reste, les traités d'enregistrement ne prévoient pas la petite difficulté qui nous occupe [2];
et il ne semble pas que l'administration ait, jusqu'ici, élevé la
prétention de percevoir une taxe. Le vœu de M. Duvergier
s'est donc réalisé : « Peut-être, disait-il en 1866, la pensée
« bienveillante de la loi sera-t-elle prise en considération, et
« fera-t-elle renoncer à une perception qui ne peut avoir un
« grand intérêt pour le trésor, auquel on présenterait toujours
« des évaluations fantaisistes dont il serait bien difficile de
« vérifier l'exactitude. »

---

[1] Duvergier, p. 299.

[2] Demante. Principes de l'enregistrement, 2e édition, n° 748. —
Naquet. Traité des droits d'enregistrement, n° 896. Ils prévoient l'usufruit légal de l'art. 754, mais ne parlent pas de celui qui nous occupe.

Quelle est l'étendue du droit du conjoint? — Quels actes
peut-il faire?

Dans la discussion de la loi de 1866, M. Gressier avait
demandé qu'on réglât le mode et l'usage de l'usufruit qui
était reconnu au survivant; soutenant que, puisqu'il s'agissait
d'un usufruit sur un bien d'une nature spéciale, les principes
du code civil ne pouvaient suffire à résoudre toutes les questions de nature à se présenter dans la pratique; ajoutant que,
d'un autre côté, le passé ne pouvait fournir d'enseignements,
parce que la loi nouvelle était basée sur un principe nouveau.
Le commissaire du gouvernement répondit que la jurisprudence avait réglé ces points, qu'il ne s'était pas élevé de difficultés sérieuses dans la pratique, qu'il ne s'en éléverait pas
davantage dans l'avenir. Il ajoutait : « La femme ne peut
« disposer que dans la mesure de son usufruit, c'est-à-dire
« qu'elle peut faire des traités qui ont la durée de son usufruit
« lui-même; elle ne peut faire de traité qui survivrait à son
« usufruit; elle doit jouir en bon père de famille, et tout ce
« qu'elle fait de bonne foi, dans les limites de son droit d'usu-
« fruitière, est parfaitement respecté [1]. »

Il faudra donc résoudre les difficultés, qui pourraient se
présenter au sujet de la jouissance du conjoint, par l'application des règles de l'usufruit, des principes généraux du droit
et de l'équité.

Il faut donc, avant tout, reconnaître un large pouvoir d'appréciation aux tribunaux. Cependant, on peut poser quelques
règles générales, et on doit prendre parti tout d'abord sur une
question capitale.

On a soutenu que le survivant ne pouvait garder le bénéfice
des éditions faites pendant la durée de son usufruit, que ce
produit devait être considéré comme un capital dont l'usufruitier devra rendre compte à l'expiration de son droit [2]. Les

---

[1] Duvergier, 1866, p. 298.
[2] Bertauld. Questions pratiques de code Napoléon, I, p. 181.

arguments apportés à l'appui de ce système sont assez diffi-
ciles à saisir ; néanmoins la considération, qui paraît avoir fait
le plus d'impression sur l'esprit des partisans de cette théorie,
est tirée de la définition même qu'on donne des fruits. On
entend par-là les objets qu'une chose produit et reproduit
périodiquement, sans altération ou diminution de sa substance,
ainsi que les revenus périodiques qu'on peut retirer de la
cession de sa jouissance [1]. Les éditions de l'ouvrage ne sont
pas des fruits du privilège d'exploitation parce qu'elles n'ont
pas le caractère de périodicité ; d'un autre côté, une règle fon-
damentale de l'usufruit est que le droit doit rester entier
« *salvâ rerum substantiâ* » ; or, chaque édition diminue la
valeur du monopole, si bien qu'elle pourra être réduite à zéro
à l'expiration de l'usufruit. Il est, par conséquent, impossible
d'appliquer, en cette matière, les règles habituelles, et il faut
décider que le survivant n'a l'usufruit que du produit des
éditions.

Ce système ne saurait être admis ; il est, en effet, très généralement repoussé.

On peut remarquer d'abord que la loi parle de « *la jouissance des droits dont l'auteur.....* » ; pour adopter le système
précédent, il faut la corriger et lire « *la jouissance des
bénéfices que produisent les droits.....* » A l'objection tirée
de ce que les éditions ne sauraient être considérées comme
des fruits, parce que la périodicité leur manque, il est facile de
répondre que les produits des mines et carrières n'ont pas
non plus ce caractère de périodicité ; et cependant la loi les
considère comme des fruits, si les carrières ont été ouvertes
avant le jour où commence l'usufruit, et les attribue définitivement à l'usufruitier (art. 598 C. c.). Il suffit donc que,
d'après la destination de la chose, les produits aient le
caractère de revenus pour qu'on les attribue à l'usufruitier [2].

---

[1] Aubry et Rau, II, p. 186.

[2] Le caractère de fruits et revenus a été reconnu aux bénéfices pécuniaires, qui peuvent résulter de l'exploitation de l'œuvre littéraire, par
un arrêt de la cour de Paris du 18 mars 1877. Pataille. Annales de la
propriété industrielle, littéraire et artistique, 1879, p. 76.

Enfin, si chaque édition diminue la valeur du droit de copie, le même fait se produit pour l'usufruit qui porte sur les carrières, sur une rente viagère ou sur un droit d'usufruit ; et cependant, on est aujourd'hui d'accord pour attribuer à l'usufruitier, à titre définitif, tout le bénéfice des perceptions qu'il a régulièrement faites. Les arrérages de la rente viagère (art. 588 C. c.), les produits de l'usufruit [1], restent à l'usufruitier ; pourtant sa jouissance aura peut-être absorbé la valeur tout entière du bien qui y était soumis, c'est ce qui arrive si la rente viagère ou l'usufruit vient à s'éteindre avant la cessation des droits du sous-usufruitier. Pourquoi en serait-il autrement dans le cas qui nous occupe ? Si la jouissance du conjoint survivant vient à absorber la totalité du droit de l'auteur, c'est une conséquence nécessaire de la nature de ce droit et de la limitation que la loi a apportée à la durée du monopole ; il n'est pas possible d'y échapper. L'opinion que nous combattons n'est, en somme, qu'un souvenir lointain des doutes qu'avait fait naître, dans notre ancien droit, le défaut de distinction précise entre le droit à des prestations et les prestations elles-mêmes [2]. Les principes nouveaux posés par l'art. 588 C. c., ont effacé toute controverse pour la rente viagère et l'usufruit ; l'assimilation de notre hypothèse à celle que le législateur a prévue s'impose forcément.

Le droit de publication est ce qui constitue la substance de la chose, sur laquelle porte l'usufruit, le conjoint ne devra rendre que cela.

Il devient, dès lors, facile de dire quels seront les actes permis à l'usufruitier. Il ne peut céder le droit de reproduction tout entier, mais seulement ce qui lui appartient, c'est-à-dire la faculté de publier pendant un temps limité. Il ne peut donc éditer ou céder ce droit dans des conditions qui porteraient atteinte à la nue-propriété. Pour empêcher pareil résultat de se produire, on devra décider que le conjoint ne pourra céder

---

[1] Aubry et Rau, II, p. 482. — Demolombe, x, n⁰ˢ 328-329.
[2] V. Demolombe, x, n⁰ 327.

qu'une édition à la fois, consentir une nouvelle cession seulement après l'épuisement de l'édition précédente, et se conformer aux usages pour fixer le nombre d'exemplaires que comprendra chaque édition.

Que décider dans le cas où, au moment de la mort de l'usufruitier, un certain nombre d'exemplaires n'ont pas encore pu être écoulés par l'éditeur ? Le nu-propriétaire rentre-t-il dans la plénitude de ses droits ? Peut-il éditer lui-même ou céder une édition qui fera concurrence à celle que le conjoint avait autorisée ? L'affirmative semble bien résulter logiquement du principe que les actes de l'usufruitier ne sauraient nuire au nu-propriétaire. Cependant, on a dit, dans les travaux préparatoires, que tout ce que le survivant fait, dans la mesure de son droit, est parfaitement respecté. L'acte dont nous nous occupons a été accompli dans ces conditions, on ne peut l'annuler indirectement. En vain dit-on que l'éditeur ne saurait se plaindre, qu'il connaissait le titre précaire de son cédant, qu'il n'a pas été trompé [1]. Le cessionnaire avait le droit de compter sur le bénéfice d'un contrat loyalement fait ; et sous peine de rendre le droit de l'usufruitier inutile et sans valeur en ses mains, résultat auquel on aboutit en rendant les prérogatives que confère la cession complètement incertaines, en interdisant au titulaire de consentir des droits solides, il faut décider qu'il peut, en consentant une cession limitée, lier le nu-propriétaire, de même que la loi donne à l'usufruitier ordinaire (art. 595 C. c.) la faculté d'empiéter, dans une certaine mesure, sur les droits du propriétaire, en consentant un bail que ce dernier sera obligé de respecter.

Tout ce qu'on peut faire est de permettre aux héritiers de réclamer à la succession du conjoint une part du prix de l'édition en cours de vente, à fixer proportionnellement au nombre d'exemplaires qui restent en magasin au moment où le droit de publication leur a fait retour.

Il va sans dire que le conjoint survivant est libre de disposer

---

[1] Pouillet, p. 187.

de son usufruit, à titre gratuit ou onéreux, et même d'y renoncer. On a même admis, en se fondant sur ce que le droit de jouissance constitue une sorte de gain de survie, que l'époux pourrait y renoncer par contrat de mariage [1]. Si l'on pense avec nous que ce bénéfice constitue un véritable droit de succession, il faudra appliquer l'article 791 C. c. et décider que toute renonciation faite avant la mort de l'auteur devra être considérée comme nulle et non avenue.

Au reste, il arrivera souvent que les difficultés, pour le mode d'exploitation, ne se présenteront pas dans la pratique. Veuve et héritiers de l'auteur s'entendront pour vendre le droit de copie et partager le prix dans la proportion qu'ils jugeront convenable, ou laisser à la femme la jouissance du capital produit par la cession.

Il va de soi que le conjoint devra demander la délivrance aux héritiers de l'auteur, car il n'a pas la saisine et il semble tout naturel de le mettre sur le même pied que d'autres héritiers irréguliers, les enfants naturels, en concours avec les héritiers légitimes, et pour eux la solution est certaine [2].

§ 2. — *Des causes qui font perdre au conjoint survivant le bénéfice de la loi*

« ... Le conjoint survivant a la simple jouissance des droits « dont l'auteur prédécédé n'a pas disposé par acte entre vifs « ou par testament. » (Art. 1er, § 2, 1. 1866.)

« Cette jouissance n'a pas lieu lorsqu'il existe, au moment « du décès, une séparation de corps prononcée contre ce con- « joint ; elle cesse au cas où le conjoint contracte un nouveau « mariage. » (§ 4.)

Cette simple lecture montre que le droit du conjoint disparaît dans trois circonstances.

---

[1] Duvergier, 1866, p. 300.
[2] V. Aubry et Rau, VI, p. 690.

I. — *L'auteur a disposé de ses droits*

La loi a voulu laisser intacte à l'auteur la faculté d'apprécier s'il ne doit pas enlever son œuvre à des mains qui ne sauraient ni l'exploiter, ni en faire profiter le public. Il fallait, comme on l'a dit au Sénat, que l'auteur fût juge de la question de savoir s'il ne convenait pas de laisser son œuvre en des mains plus fermes [2]. Il reste donc maître de disposer de ses droits en tout ou en partie : il pourra même arriver qu'une disposition partielle ait pour résultat d'exclure entièrement le conjoint, il suffit de supposer que ce qui reste des droits d'auteur soit nécessaire pour parfaire la réserve légale.

Au reste, la loi aurait pu se dispenser de dire formellement que l'auteur pouvait disposer de son œuvre, cette faculté allait de soi, du moment qu'aucun texte n'accordait une réserve au conjoint. Peut-être la pensée était-elle venue de créer une réserve à son profit ; puis on a senti les raisons sérieuses qui s'y opposaient, et on a éprouvé le besoin de l'exclure formellement. L'établissement d'une nouvelle réserve, en face de celle qui existait déjà au profit des enfants et des ascendants, eut réduit à rien le pouvoir de disposer entre les mains de l'auteur. D'un autre côté, l'avantage que la loi fait au conjoint peut blesser des droits préférables au sien, et notamment exclure en tout ou en partie des enfants nés d'un précédent mariage, des ascendants âgés. Il fallait laisser à l'auteur le soin de corriger les effets de la loi, dans les circonstances où ils deviendraient injustes, et c'est ce qu'on a fait. La loi semble n'avoir prévu qu'une disposition à titre gratuit, il ne faut pas hésiter cependant à donner la même solution pour l'hypothèse d'une cession à titre onéreux : le conjoint ne pourra réclamer aucun droit de jouissance sur le prix de la cession ; il faut, pour qu'il obtienne l'usufruit, que l'œuvre se trouve encore dans le patrimoine de l'auteur au dernier moment de sa vie.

---

[2] Rapport de M. Sainte-Beuve au Sénat. Worms, II, p. 329.

Pour donner une véritable utilité à la disposition de la loi « ... droits dont l'auteur n'a pas disposé... », on pourrait être tenté de décider qu'en contractant des dettes, il a disposé indirectement de ses droits au profit de ses créanciers, en sorte que, alors même qu'il y aurait d'autres biens dans la succession, il faudrait commencer par priver le conjoint de son usufruit, sauf aux créanciers à s'attaquer ensuite aux autres biens. Cette solution serait erronée, la loi n'a pas prévu cette disposition indirecte (qui ne serait d'ailleurs jamais faite qu'à titre de gage général), qui résulte du fait de contracter des dettes. Le conjoint pourra donc réclamer aux héritiers l'usufruit des droits d'auteur, alors même que la succession serait grevée de dettes pour un chiffre égal à la valeur de cet usufruit.

Ce qui est incontestable, c'est que les créanciers impayés pourront faire vendre les œuvres de leur débiteur sans respecter le droit de jouissance du conjoint survivant, qui n'affecte en rien leurs droits sur le patrimoine de leur débiteur. La question des dettes s'agite donc uniquement entre les héritiers et le conjoint, il s'agit exclusivement d'une question de contribution aux dettes.

Si l'on place, tout d'abord, le conjoint en face d'héritiers réservataires, il souffrira des dettes, en supportera indirectement une part, puisque l'article 922 C. c. décide que la quotité disponible se calcule sur tous les biens *déduction faite des dettes.*

En présence d'héritiers non réservataires, le conjoint recueillera son usufruit sans être tenu de contribuer aux dettes. Il a, en effet, un usufruit légal, comparable à celui de l'article 754 C. c. ; la loi ne s'est pas occupée dans ce cas de la répartition des dettes ; mais on s'accorde pour appliquer ici les mêmes solutions que donnent les articles 611 et 612 pour l'usufruit constitué à titre gratuit par la volonté des intéressés [1]. Or, d'après ces dispositions, pour que l'usufruitier soit

---

[1] Aubry et Rau, § 232, texte et note 2 (II, p. 504); Demolombe, X. n° 546.

tenu de contribuer aux dettes, il faut que l'usufruit soit universel ou à titre universel, c'est-à-dire qu'il porte sur l'universalité ou sur une quotité de l'universalité du patrimoine ; celui qui nous occupe ne rentre pas dans ces termes et, par suite, le titulaire ne peut être obligé en aucune façon de supporter une portion quelconque des dettes.

II. — Séparation de corps prononcée contre le survivant

Le projet primitif ne contenait rien de semblable ; mais, disait le rapporteur, « la Chambre a paru frappée du scandale, « que produirait l'attribution d'une récompense légale au con- « joint qui aurait subi une condamnation en séparation de « corps [1]. » Devant cette impression de la Chambre, on a introduit dans la loi la disposition qui consacre une importante dérogation au droit commun. D'après le Code civil, en effet, la séparation de corps ne prive pas l'époux coupable de la succession de son conjoint. Il pourra donc arriver que, malgré la séparation de corps, le survivant coupable recueille les droits d'auteur de son conjoint prédécédé ; c'est ce qui se produira dans le cas où, à défaut d'héritiers légitimes et d'enfants naturels, il viendra recueillir la succession tout entière ; il aura le droit d'auteur comme les autres biens, mais il l'aura tout entier, ce n'est donc pas la « simple jouissance » accordée par la loi de 1866. D'ailleurs, les auteurs qui étendent l'article 299 C. c. à la séparation de corps, ne seront pas embarrassés pour justifier la loi de 1866 et condamner le Code civil : là, en effet, où la loi rencontre une manifestation expresse de la volonté, elle la supprime, et elle laisse subsister le testament présumé que fait le législateur !

Dans aucun cas le conjoint divorcé n'aura la jouissance des œuvres de son ex-conjoint.

On peut, quelle que soit l'opinion qu'on adopte sur l'article 299, rapprocher la disposition qui nous occupe de l'article 1518 qui prive l'époux, contre lequel la séparation a été pro-

---

[1] Duvergier, 1866, p. 297.

noncée, du bénéfice du préciput ; des lois des 11 et 18 avril
1834 (art. 20) sur les pensions des armées de terre et de mer,
de la loi du 9 juin 1853 (art. 13, § 3) sur les pensions civiles,
qui enlèvent à la femme, contre laquelle la séparation de corps
a été prononcée et qui devient veuve, le droit de prétendre à
aucune pension ; et enfin du projet modifiant l'article 767 du
Code civil, actuellement en discussion devant les Chambres,
qui exclut du bénéfice de ses dispositions bienveillantes le
conjoint survivant contre lequel il existe un jugement de séparation de corps.

III. — Le conjoint contracte un nouveau mariage

La loi semble voir, dans le fait du deuxième mariage, une
sorte d'ingratitude du survivant envers son premier conjoint,
elle l'en punit en lui retirant l'usufruit. Mais plus sérieuse-
ment, on peut dire, pour expliquer la loi, que le bénéfice de
l'usufruit étant destiné à assurer la dignité du veuvage de la
femme survivante, elle n'en a plus besoin si elle vient à se
remarier ; on ne veut pas non plus qu'elle aille porter à une
nouvelle famille les bénéfices du travail de son premier mari.
Mais ces raisons sont-elles concluantes si c'est le mari d'une
femme auteur qui lui survit et se remarie ? On rencontre
une disposition analogue dans le projet qui modifie l'article
767 C. c., avec cette différence qu'il ne suffit pas que le conjoint se remarie, il faut encore qu'il existe des enfants du
premier mariage.

Qu'adviendra-t-il si le conjoint survivant a cédé son usufruit
antérieurement à son deuxième mariage ? Le convol lui ferait
perdre son droit s'il l'avait encore entre les mains, suffira-t-il
qu'il l'ait cédé pour qu'il en conserve le profit ? Evidemment
non. Mais il semble que, le cessionnaire ne pouvant avoir
plus de droits que son cédant, le traité doit tomber entièrement. On a même proposé de décider que le cessionnaire
n'aurait droit à aucune indemnité, parce que donner une autre
solution aurait pour résultat d'entraver une faculté qui doit
demeurer entièrement libre, et que d'ailleurs le cessionnaire

devait connaître, au moment où il a traité, la chance d'éviction écrite dans la loi. Ces solutions nous semblent beaucoup trop rigoureuses. Si elles étaient admises, il arriverait rarement que la veuve d'un auteur pût trouver un éditeur assez téméraire pour lui acheter son droit d'usufruit. Si elle est âgée, la mort venant à la frapper mettra fin aux droits qu'elle a pu conférer. Si elle est jeune, la possibilité d'un deuxième mariage suffira à éloigner l'éditeur qui pourrait être tenté de traiter avec elle. Dans aucun cas elle ne pourra tirer un parti avantageux de la jouissance que la loi lui confère en en cédant l'exercice, il faudra qu'elle exploite à ses frais. Il semble donc préférable de décider que le cessionnaire pourra écouler les exemplaires de l'édition, en cours de vente au moment où le second mariage de la veuve met fin à son droit. Les héritiers du mari, rentrant en possession de l'usufruit, devront être admis à réclamer à la femme une somme représentant la valeur des exemplaires qui restent en librairie.

Au reste, il est à peine nécessaire de faire remarquer que, pour le cas de séparation de corps, aussi bien que pour celui que nous venons d'examiner, on ne saurait dénier à l'auteur la possibilité de détruire les effets de la loi, et de rendre ou d'assurer à son conjoint ce que le législateur lui avait ou lui aurait enlevé en l'absence de manifestation expresse de volonté. Il faut laisser au testateur le droit de pardonner, et aussi la liberté de préférer son conjoint, fût-il remarié, à des collatéraux qu'il ne connaît peut-être pas.

SECTION IIe

DES HÉRITIERS

Il faut prévoir et étudier séparément deux cas distincts : 1° l'auteur a gardé ses droits ; 2° il en a disposé.

§ 1er. — L'auteur n'a pas disposé de ses droits

Trois hypothèses peuvent alors se présenter : 1° le de cujus ne laisse pas de conjoint ; 2° un conjoint et des héritiers non réservataires ; 3° un conjoint et des héritiers réservataires.

Nous écarterons, pour le moment, les complications qui peuvent résulter de l'adoption par les époux du régime de la communauté; en supposant toujours que leur contrat de mariage excluait la communauté.

Ceci posé, les deux premières hypothèses ne présentent pas de difficulté sérieuse; dans la première, la plénitude des droits de l'auteur se transmet, à sa mort, sur la tête de ses héritiers; dans la deuxième, le droit de jouissance leur revient à la mort du conjoint, ils profitent du laps de temps qui reste à courir sur les cinquante ans de monopole accordés par la loi. Ils peuvent en disposer comme le *de cujus* l'aurait pu lui-même, et ils le transmettent à leurs propres héritiers, au même titre que tout autre bien. S'il y a plusieurs ayants-droits, l'article 815 C. c., règle d'ordre public destinée à mettre un terme aux contestations qui peuvent résulter de l'état d'indivision, s'applique sans difficulté. Les héritiers sont appelés, en effet, à recueillir les profits de l'exploitation commerciale de l'œuvre, leur droit est à peu près exclusivement pécuniaire, il ne saurait venir à la pensée de le soustraire aux règles ordinaires. S'il existe plusieurs ouvrages, le partage pourra se faire en nature; sinon l'œuvre sera attribuée à l'un des co-partageants, ou licitée.

En pratique, l'indivision est, paraît-il, le procédé le plus souvent employé [1]. Si l'indivision résulte de la simple inertie des ayants-droit, qui ont négligé de demander le partage du privilège de publication, on pourra toujours couper court aux difficultés qu'engendrerait le défaut d'entente sur le mode d'exploitation, au moyen de l'article 815. Si, au contraire, ils ont fait la convention prévue par le deuxième paragraphe du dit article, des difficultés se présenteront fréquemment. L'exercice du privilège est évidemment indivisible, chaque communiste pourra alors opposer son veto aux actes projetés par les autres; il faudra donc s'adresser aux tribunaux, qui statueront sur la manière dont sera faite l'exploitation; leurs

---

[1] V. Sorlin. Des droits des auteurs d'œuvres littéraires (thèse), p. 178.

décisions seront obligatoires pour le communiste récalcitrant.

Chacun pourra céder sa part et la transmettra à ses héritiers, au même titre que ses autres biens. La loi a, en effet, déclaré formellement (art. 1er, § 5, L. 1866) que les principes du Code civil seraient applicables à la règlementation des points qu'elle n'avait pas prévus spécialement.

Le cas où le conjoint survivant et les héritiers à réserve sont en présence, est beaucoup moins simple. Le paragraphe troisième de la loi de 1866 dispose : « Toutefois, si l'auteur « laisse des héritiers à réserve, cette jouissance est réduite, « au profit de ces héritiers, suivant les proportions et distinc- « tions établies par les articles 913 et 915 du Code civil. »

Il n'est pas de critique que cette phrase n'ait soulevée ; ce que le rapporteur disait du projet de loi peut s'appliquer entièrement à la loi elle-même. « Il semble bien, en vérité, « disait M. Perras devant la Chambre, que le projet soit « devenu une espèce de texte indéchiffrable, dans lequel on « cherche comme à plaisir, et avec une rare persistance, « toutes les objections. »

On a dit [1] : 1° la réserve n'atteint que les dispositions de l'homme ; dans notre espèce, il s'agit d'un usufruit déféré par la loi ; il est impossible de concevoir ce que l'idée de réserve vient faire en cette matière. Il est plaisant de voir une loi qui se réduit elle-même après avoir ordonné ! 2° s'il y avait une disposition, et par suite lieu d'appliquer une réserve, c'est l'article 1094 C. c. et non les articles 913 et 915 qui devraient en fixer la mesure ; 3° on a ajouté, enfin, qu'une telle libéralité affecterait plutôt le caractère d'une convention matrimoniale, autorisée sous le régime de la communauté ; que la loi établit en quelque sorte une clause légale du contrat de mariage. Dès lors, cet avantage devrait être protégé par les articles 1520 et 1525 C. c., et échapper, soit quant à la forme, soit quant au fond, aux règles qui régissent les donations et, par suite, à la réduction, comme s'il résultait d'une convention des époux, au

---

[1] V. notamment Fliniaux, *op. cit.*, p. 74-75.

lieu d'être attribué par la loi. Pour nous, il n'y a, dans cette argumentation, qu'une vaine discussion de mots, dont le résultat se borne à obscurcir un texte relativement clair. Ne demandons rien de plus que la clarté du texte et la facilité d'application dans une matière où l'on s'estimerait heureux de rencontrer ces qualités pratiques [1]. Voici, d'après nous, comment il faut entendre le paragraphe troisième.

Pour ne pas dépouiller les descendants et les ascendants, le décret de 1810 les avait appelés après le décès de la veuve. La loi nouvelle, en faisant naître leur droit à la mort de l'auteur, et en accordant l'usufruit au conjoint survivant, devait prendre un moyen pour pallier l'inconvénient qui en résultait pour les héritiers. Elle les a appelés à une part, du vivant même du conjoint. Cette mesure s'imposait surtout avec force pour le cas où le *de cujus* laissait des ascendants, le plus souvent âgés, peut-être près du tombeau; renvoyer l'ouverture de leur droit d'usufruit au décès du conjoint eut été, le plus souvent, les dépouiller entièrement : la loi ne l'a pas voulu, elle est revenue à l'esprit du Code, plein de sollicitude pour ces deux catégories d'héritiers.

Le législateur se proposait donc de partager l'usufruit dans une proportion équitable; il aurait pu incontestablement transporter dans la loi de 1866 la proportion établie par les articles 913 et 915, en copiant ces articles, et dire : l'usufruit que j'attribue au conjoint survivant, estimé eu égard à la totalité de la fortune du *de cujus*, ne pourra dépasser la moitié, le tiers ou le quart de la valeur totale de la succession, s'il existe un, deux ou trois enfants; la moitié ou les trois quarts si, à défaut d'enfant, il y a des ascendants dans les deux lignes ou seulement dans l'une d'elles. Le législateur a pensé qu'il était plus simple de renvoyer purement et simplement au tarif mentionné par les articles 913 et 915, et non pas à la

---

[1] S'il est assez facile de dire ce qu'a voulu la loi, l'application des règles qu'elle édicte présente malheureusement les plus graves difficultés.

matière qu'ils traitent, et voilà ce qui soulève de pareilles protestations !

La manière de procéder sera donc la suivante :

On fera une estimation totale de la fortune du *de cujus* telle qu'elle se comporte à son décès, on estimera ensuite l'usufruit des droits d'auteur ; s'il dépasse la quotité disponible, on le réduira à cette mesure. Supposons par exemple qu'il y ait deux enfants, des œuvres dont la valeur totale est égale à soixante mille francs, et pour soixante mille francs d'autres biens ; par suite du jeune âge du conjoint, l'usufruit qui lui est déféré serait évalué, si on le faisait porter sur tous les ouvrages laissés par le *de cujus*, à quarante-cinq mille francs ; il faudra lui faire subir une réduction de manière à ce que la valeur en tombe à quarante mille francs.

Cependant ce mode de procéder présente de très grandes incertitudes. Il est déjà très difficile d'évaluer le montant d'un droit d'auteur. Déterminer la valeur d'un ouvrage est une opération délicate, car il faudra supputer ses chances de vente, de succès ; les résultats de l'estimation ne deviendront-ils pas absolument problématiques, quand on en arrivera à fixer la valeur de l'usufruit portant sur ce bien dont la valeur est déjà par elle-même incertaine ?

Pour sortir de ces difficultés, il y aurait, pourrait-on dire, un moyen : appliquer l'article 917 C. c. Oui, mais on retomberait alors dans les plus grandes difficultés. L'article 917 évite toute évaluation quand le chiffre des arrérages de la rente viagère est dès à présent fixé. La quotité disponible est de dix mille, la rente viagère de mille, il y a lieu d'appliquer la solution de l'article 917. Dans notre hypothèse, au contraire, il faudra commencer par déterminer le revenu que pourra produire chaque année l'exploitation de l'œuvre, et s'il représente un capital supérieur à la quotité disponible, les enfants pourront s'affranchir de l'usufruit en abandonnant cette quotité. De sorte que pour éviter une évaluation, on va être conduit à en faire une autre, dont les résultats sont presque aussi sujets à inexactitude !

D'un autre côté, il faudrait, pour qu'on pût appliquer l'article 917, dire que l'usufruit déféré par la loi est une sorte de libéralité présumée de l'auteur, et que le législateur renvoie en bloc, pour en limiter l'étendue, aux principes mêmes de la réduction des dispositions de l'homme ; nous pensons au contraire que le paragraphe troisième de la loi contient un renvoi au tarif mentionné dans les articles 913 et 915 et non à la matière qu'ils traitent. Enfin ne serait-il pas étrange que la loi, en créant un usufruit, ait songé à renvoyer à une disposition (l'art. 917) qui aurait pour résultat de transformer la nature de l'avantage qu'elle faisait au conjoint, remplaçant un usufruit par de la pleine propriété ? En d'autres termes, la loi n'a pas voulu transporter les règles du disponible en notre matière, elle n'a pas songé à assimiler l'usufruit, qu'elle déférait, à un legs ou à une donation. Son système est beaucoup plus simple, le sens de ses dispositions très net ; elle signifie que :

Le droit du conjoint s'étend en principe, sur la totalité des œuvres littéraires ou artistiques laissées par le défunt. Néanmoins, si les avantages, que présente cette jouissance légale, excédent la quotité disponible, empiètent sur la réserve, cette jouissance sera restreinte, resserrée, *réduite*, dans une proportion qui laisse aux héritiers de l'auteur la portion de biens que leur assure le Code civil [1]. Le législateur a donc pris, pour la mesure de l'usufruit légal qu'il donnait au survivant, la limite qu'il impose aux libéralités de l'homme ; c'est tout ce qu'on peut lui reprocher.

La première critique qu'on a adressée à la loi porte donc

---

[1] En ce sens, Duvergier, 1866, p. 300. Pouillet, p. 205-206. Je ne conçois pas comment M. Flourens arrive (p. 299) à décider que le conjoint n'aura que 1/2, 1/3 ou 1/4 de l'usufruit des droits d'auteur, suivant qu'il existera 1, 2 ou 3 enfants. Ce système aboutit à un résultat absolument déraisonnable. Il suffit de supposer qu'un auteur très riche vienne à mourir en laissant un conjoint et des enfants, et un ouvrage d'une valeur minime. Va-t-on dire que l'usufruit du conjoint va être restreint par la présence des héritiers réservataires ? Est-ce à ce résultat que doit conduire l'esprit de la loi de 1866 ?

uniquement sur les mots. On pourrait la remplacer par une
autre beaucoup plus sérieuse. Pourquoi la loi, en traitant une
matière toute spéciale, à laquelle les règles ordinaires s'appliquent si mal, n'a-t-elle pas songé à nous indiquer un moyen
plus simple, que celui auquel nous sommes réduits à employer,
pour déterminer pratiquement dans quel cas et comment s'opérera le retranchement ? Il eut été si simple de décider qu'on
estimerait seulement la valeur des œuvres, et que l'usufruit
serait restreint à une portion des ouvrages, dont la *pleine
valeur* serait égale à la quotité disponible !

En se fondant sur un passage de la discussion devant la Chambre, où il a été dit qu'on renvoyait, pour la fixation de la quotité disponible, au droit commun du Code civil, on a soutenu
qu'il fallait appliquer l'article 1094 et non les articles 913 et
915. Le droit commun en matière de libéralités entre époux
est l'article 1094, a-t-on dit ; partant, il faut décider, malgré
le texte formel de la loi, que c'est dans la proportion établie
par cet article que l'usufruit devra être réduit [1]. Cependant,
ne voyons-nous pas, dans les travaux préparatoires, qu'un
membre de la Chambre avait demandé que l'article 1094 fût
visé et qu'on n'en tint pas compte [2] ? Ne savons-nous pas
aussi que, quand les travaux préparatoires auraient le sens
qu'on leur prête, ils ne sauraient prévaloir contre le texte
formel de la loi ? Enfin, l'auteur du système que nous repous-
sons se contredit ; car après avoir dit qu'il n'y avait pas de
libéralité, partant pas lieu de parler ici de réserve, il dément
sa première affirmation, en choisissant, pour établir son système, entre les deux quotités disponibles ; il admet donc alors
qu'il y a dans l'usufruit l'équivalent d'une disposition de
l'homme [3].

La dernière objection adressée à la loi est dépourvue de
toute importance. On a peine à comprendre ce que l'article
1520 vient faire en cette matière ; il faudra l'appliquer quand

---

[1] Fliniaux, p. 74.
[2] Duvergier. p. 300.
[3] V. Flourens, p. 300.

les époux auront fait, au sujet des droits d'auteur, la convention qu'il prévoit ; mais que vient-on parler de libéralité affectant le caractère de conventions matrimoniales en face d'un usufruit déféré par la loi ?

Il reste un point à examiner touchant la manière dont va s'opérer la réduction.

M. de Folleville, se résignant à contre-cœur à traiter l'usufruit légal comme une donation, en fixe la date à l'époque de la célébration du mariage [1]. Il faudra donc faire porter la réduction sur les donations postérieures au mariage avant d'atteindre l'usufruit.

Nous ne pensons pas que ce résultat soit celui que la loi a voulu, et ici encore nous persistons à croire que son système est beaucoup plus simple qu'il n'y paraît au premier abord. Le paragraphe second de la loi de 1866 « dont l'auteur n'a pas disposé... » ne peut guère s'expliquer, qu'en disant que toute disposition émanée de l'auteur est plus respectable que l'attribution faite par la loi à son conjoint survivant. C'est donc sur elle que devra porter tout d'abord la réduction ; sauf à attaquer ensuite les légataires et les donataires, si cela est nécessaire pour parfaire la réserve légale. Nous ne saurions même admettre que l'usufruit fût réduit au marc le franc avec les legs [2]. La loi tient à respecter la réserve ; mais elle ne s'occupe pas du point de savoir si le droit qu'elle confère au survivant des époux peut être assimilé à une libéralité de l'homme, donation ou legs ; elle décide simplement que l'usufruit sera limité par le respect dû à la réserve. On doit donc dire qu'il faudra commencer par réduire l'usufruit, puisqu'il porte sur une chose qui se trouve encore dans la succession. On ne peut admettre que les héritiers aillent s'attaquer aux biens qui sont sortis du patrimoine du *de cujus*, alors qu'ils trouvent encore dans la succession le droit d'usufruit sur les

---

[1] De Folleville. De la propriété littéraire, p. 24, cité par M. Pouillet, p. 206. Même solution dans Fliniaux, *op. cit.*, p. 73.

[2] En ce sens Riché. De la propriété littéraire (thèse), p. 61.

œuvres du défunt, pour parfaire la portion que la loi leur garantit.

En opérant de cette manière, il arrivera tantôt que l'usufruit de l'époux survivant sera restreint à un ou plusieurs ouvrages, les autres en demeurant complètement affranchis ; tantôt qu'un seul et même ouvrage sera soumis pour partie à la jouissance du conjoint, pour partie à l'usufruit que les dispositions de la loi ont conservé aux héritiers ; en d'autres termes, ces personnes se trouveront dans l'indivision relativement à la jouissance du droit de copie. Aucune difficulté ne s'élèvera dans le premier cas, relativement à l'exercice du monopole d'exploitation. Dans le second, ou bien les intéressés s'entendront pour vendre ou éditer, et se partager le prix ou les bénéfices dans la proportion qu'ils jugeront convenable ; ou bien cette entente ne pourra se faire ; que décider alors ? On a dit qu'en vertu de la faveur due aux réservataires, ils garderaient l'exercice du droit d'usufruit sur l'ouvrage tout entier, sauf à payer une certaine somme, sa vie durant, à l'époux privé de tout ou partie de sa jouissance [1]. Le malheur est qu'on n'aperçoit pas du tout le principe qui peut conduire à une pareille solution. La seule admissible est que l'ouvrage en question soit licité, pour que le prix en soit attribué aux intéressés proportionnellement à leurs droits respectifs.

Voilà donc les réservataires nantis, pendant la vie du conjoint, de la totalité des droits d'auteur en nue-propriété, et quelquefois aussi d'une partie de l'usufruit. Dans cette dernière hypothèse, on peut supposer que l'héritier vienne à mourir. D'après les principes du Code civil (art. 732), l'usufruit de l'œuvre artistique ou littéraire va, comme tous les autres biens, passer aux héritiers du défunt. La loi de 1866 n'a-t-elle pas, au reste, pris le soin de dire expressément : « Les droits des héritiers à réserve et des autres héritiers ou « successeurs, pendant cette période de cinquante ans, restent « d'ailleurs réglés conformément aux prescriptions du Code

---

[1] Sorlin, *op. cit.*, p. 183.

« Napoléon (§ 5)? » Il semble qu'il ne puisse naître l'ombre d'un doute sur ce point.

Cependant, des difficultés se sont produites dans la pratique. Il s'est trouvé un époux survivant qui, à la mort de l'héritier réservataire, est venu réclamer un droit de jouissance sur la part que cet héritier avait recueillie dans le privilège de reproduction. Et une ordonnance du juge des référés reconnut provisoirement la légitimité de cette prétention, le 27 février 1883 [1].

L'ordonnance fut frappée d'appel. Devant la Cour de Paris, la veuve donna, comme arguments à l'appui de ses prétentions, qu'elle avait en principe un droit intégral sur l'usufruit, que ce droit n'était que suspendu pendant la vie du réservataire et devait reprendre toute son extension après la mort de ce dernier. On essaya de tirer argument des mots « *au profit de ces héritiers* » employés par le paragraphe troisième de la loi; c'est au profit des réservataires, prétendit-on, et non d'autres que la jouissance du conjoint est réduite; s'ils disparaissent, la limitation n'a plus de raison d'être. Le conjoint, une fois en présence de personnes à l'égard desquelles il aurait eu, à l'origine, la totalité de l'usufruit, doit l'obtenir.

Mais la Cour (18 juin 1883) fit bonne justice de pareilles prétentions.

M. l'avocat général fit remarquer, dans ses conclusions, que, sauf la limitation qui lui est assignée par la loi, le droit d'auteur est un bien soumis aux mêmes règles que les autres; que la loi de 1866 avait formellement réservé l'application des principes du Code civil; que, d'ailleurs, en parlant de jouissance, on n'avait pas voulu créer un droit nouveau, ayant un caractère spécial, mais un simple usufruit. La thèse qui avait triomphé devant le Président du tribunal, aboutissait donc à

---

[1] V. Pataille, 1883, p. 265. A la mort de l'auteur, sa veuve était en présence d'un ascendant; elle fut donc réduite à la jouissance des trois quarts des droits d'auteur. Puis l'ascendant vint à mourir à son tour, et la veuve prétendit que ce décès opérait dévolution à son profit du dernier quart en jouissance.

un accroissement d'un usufruit à un autre usufruit; on pouvait se demander où il était possible de trouver rien de pareil. Enfin, à la mort de l'héritier réservataire, il ne s'agissait plus de la succession de l'auteur; or, le conjoint successible de l'auteur prétendait exercer des droits dans la succession d'une autre personne, aller arracher à ses héritiers un bien que la loi lui avait attribué et qui s'était confondu avec tous les autres qu'elle possédait!

La question, on le voit, n'avait pas d'intérêt pour la difficulté de la solution, mais elle présentait un intérêt capital à raison de l'importance des principes qui étaient attaqués, et qu'il importait de mettre au-dessus de toute controverse.

§ 2. — *L'auteur a disposé de son droit. — Réduction et rapport*

Les droits d'auteur peuvent être donnés entre vifs ou par testament, le paragraphe second de la loi de 1866 ne laisse place à aucun doute sur ce point. La libéralité portera sur une œuvre déjà publiée ou sur un manuscrit; elle pourra être faite à un étranger, au conjoint, à l'un des héritiers.

Les règles du Code civil, touchant les donations et les testaments, doivent être suivies et s'appliquent en général sans grandes difficultés.

I. — *L'auteur a donné son œuvre, entre vifs ou par testament, à un étranger*

La division d'une hérédité en réserve et en disponible est d'ordre public, dès lors le donataire doit, comme tout autre, être soumis à la réduction, s'il se trouve en face d'héritiers réservataires qui ne trouvent pas dans la succession la quotité que la loi leur assure. Il paraît qu'on en avait douté autrefois, sous le prétexte qu'il était très difficile d'évaluer le montant de la donation. Mais on a vite compris que des considérations, tirées des difficultés pratiques d'application, ne sauraient prévaloir contre un principe d'ordre public; aucun doute ne

paraît plus exister maintenant sur le droit, pour les réservataires, de demander la réduction [1].

La réduction s'opérera conformément aux articles 922, 923,
925 et suivants du Code civil.

Une petite difficulté peut se présenter. L'héritier a droit,
en principe, à sa réserve en biens héréditaires; par suite, la
réduction s'opère en nature même pour les meubles [2]; que va-
t-on décider si, par suite de la réduction, un ouvrage appartient partie au donataire et partie à l'héritier? Le droit de
publication ne peut être partagé en nature. Faut-il dire qu'en
vertu de la faveur due aux réservataires, ils reprendront
l'œuvre tout entière, sauf à payer au donataire une partie de
sa valeur? Mais, d'un autre côté, il est permis de croire que
de cujus a jugé son donataire plus capable d'exploiter son
œuvre et d'en faire profiter le public. En face de ces considérations rivales, il faut décider que l'ouvrage sera vendu et le
prix partagé entre les intéressés dans la proportion de leurs
droits.

Si l'auteur a donné ou légué tout ou partie de ses droits,
mais en usufruit seulement, il faudra appliquer l'article 917.
Il est bien vrai qu'on n'échappera pas complètement aux incertitudes des évaluations. L'article 917 s'applique, en effet,
quand la valeur du produit annuel du droit viager excède les
intérêts de la quotité disponible [3]. Il faudra donc commencer
par estimer le rendement annuel probable de l'usufruit légué,
opération assez délicate dans notre matière. Cependant, comme
l'on se trouve exactement dans les termes de la disposition de
l'article 917, il nous paraît impossible de ne pas l'appliquer.

II. — *L'auteur a disposé de son droit au profit de son conjoint*

L'auteur peut gratifier son époux au-delà de ce que la loi
lui accorde; il peut lui donner tout son droit, comme il aurait
pu l'en priver en totalité. On appliquera dans ce cas les arti-

---

[1] Flourens, p. 126.
[2] Aubry et Rau, VII, p. 224.
[3] Colmet de Santerre. Cours analytique de Code civil, IV, p. 121.

cles 1094 et 1098 C. c. ; il y a, dans l'espèce, une libéralité d'époux à époux qui doit être réduite suivant les règles édictées spécialement pour ce cas par le Code civil. C'est la confusion de cette hypothèse, avec celle dont s'occupe le troisième paragraphe de la loi de 1866, qui a donné naissance à une partie des difficultés qui se sont agitées sur ce texte, et engendré les erreurs qui se sont produites dans son interprétation.

III. — *La libéralité a été faite au profit de l'un des héritiers*

1° Donation. L'héritier pourra, dans tous les cas, la retenir en renonçant à la succession ; mais, bien entendu, dans les limites de la quotité disponible. S'il a bénéficié d'une clause de dispense de rapport, il pourra, tout en venant à la succession, conserver le bénéfice de la libéralité qui lui a été faite.

Dans le cas contraire, comment le rapport devra-t-il être effectué ? L'article 868 C. c. règle la manière dont se fait le rapport du mobilier ; il s'effectue en moins prenant. L'application de la première partie de cet article se fait sans difficulté à notre hypothèse : on peut même ajouter que le résultat en est entièrement satisfaisant. En effet, en décidant que le cohéritier donataire garde le droit de publication, sauf à moins prendre, on respecte à la fois la loi qui commande l'égalité entre cohéritiers, et la volonté de l'auteur qui avait pu donner son droit à celui de ses héritiers qu'il jugeait le plus capable de le bien administrer. Mais la seconde partie de l'article 868 veut que le rapport se fasse sur le pied de la valeur du bien donné au temps de la donation ; l'héritier n'aurait donc pas gagné le produit des éditions déjà faites, puisque chacune d'elles a, en réalité, diminué la valeur du privilège, réduit peut-être de moitié au moment où le rapport s'effectue ? Le donataire a donc dû capitaliser les sommes touchées pour les éditions qu'il a autorisées ; ou bien il a vécu plus largement en s'imaginant toucher des revenus, et la donation a été pour lui un piège et une cause de ruine !

Non. Il faut décider qu'on déduira de la valeur du droit de reproduction au temps de la donation, le montant total du prix des éditions dont le donataire a dû faire son profit ; car l'auteur a entendu disposer du droit de publication lui-même, et non des revenus qu'il pourrait produire, c'est donc le droit qui seul doit être rapporté.

Si une édition est en vente au moment de la mort du *de cujus*, le donataire devra rapporter à la succession les produits de la vente ultérieure des exemplaires, sauf indemnité pour les frais de l'édition, que la succession doit supporter proportionnellement à ce qu'elle reprend sur les bénéfices de la vente de cette édition.

Si l'on suppose que le donataire a aliéné le droit en totalité, il faudra comparer le temps, qui a couru depuis la cession, à celui qui reste à courir jusqu'au terme du droit du cessionnaire, et partager le prix dans cette proportion.

Au reste, il va sans dire qu'on doit reconnaître, dans une matière qui se prête mal à des règles inflexibles, un large pouvoir d'appréciation aux tribunaux saisis de contestations sur ces points.

2° Legs. Pas de difficultés s'il a été fait par préciput et hors part ; dans le cas contraire, il serait peut-être possible de décider que le droit d'auteur doit être mis dans le lot du légataire.

Sans dépouiller ses héritiers des œuvres qu'il laisse, l'auteur ne pourrait-il pas désigner un exécuteur testamentaire chargé de la gestion, de la publication de ces œuvres, qui en remettrait aux héritiers les bénéfices pécuniaires ?

La commission de 1861 avait admis un article qui semble consacrer la possibilité pour l'écrivain d'assurer ainsi l'avenir de ses productions littéraires, à condition qu'il ne porte pas atteinte à la réserve légale : « L'auteur peut... déterminer le « mode de publication de ses œuvres et désigner la personne « à laquelle il veut en confier le soin [1]. » Comme tant d'autres, le projet de 1861 n'a pas abouti ; et aucun éclaircissement n'a été donné en 1866 sur la question qui nous occupe. En faveur

---

[1] Duvergier, 1866, p. 300.

de l'affirmative, on a dit que c'était un moyen de concilier de la façon la plus heureuse le légitime désir de l'auteur d'assurer les destinées de son œuvre et le respect dû à la réserve [1]. Cependant, malgré la faveur qui est due aux mesures que prescrit un mourant dans l'espérance d'assurer sa réputation littéraire, il est difficile d'accepter cette opinion.

Si la question de réserve est en jeu, il semble hors de toute contestation qu'une disposition, qui limiterait les droits des héritiers sur la portion qu'il n'est pas permis de leur enlever, serait sans aucune espèce d'effets (art. 920 et 1004 combinés). La réserve est accordée par la loi à l'encontre même de la volonté des père et mère ou descendants, qui ne sauraient être admis à la grever de charges. Priver les réservataires de l'administration des biens réservés, les placer pour ainsi dire sous une tutelle perpétuelle, serait directement contraire aux règles d'ordre public inscrites dans le Code civil. Si l'on se trouve, au contraire, en face d'héritiers non réservataires, on pourrait croire que le *de cujus*, qui peut tout leur enlever, peut à plus forte raison leur imposer telles et telles conditions et charges qu'il juge convenable. Cependant, il ne faut pas hésiter, ici encore, à déclarer que la condition est contraire aux lois d'ordre public et tombe sous le coup de l'article 900 C. c. Charger l'exécuteur testamentaire de la publication des œuvres qu'on laisse à son décès, c'est lui accorder indirectement la saisine pendant cinquante ans. Or l'article 1026 C. c. déclare que la saisine conférée à l'exécuteur testamentaire ne peut durer au delà de l'an et jour ; l'article 1027 que l'héritier pourra la faire cesser immédiatement, en offrant à l'exécuteur somme suffisante pour acquitter les legs mobiliers, ou en justifiant qu'ils ont été payés. On ne peut donc autoriser une disposition par laquelle le testateur frapperait ses héritiers d'une sorte de peine, d'une déchéance perpétuelle.

Il en serait autrement si l'auteur s'était borné à prescrire

---

[1] Nion, *op. cit.*, p. 201. — Opinion rapportée par M. Flourens, p. 283. — V. aussi Thulliez, *op. cit.*, p. 283.

quelques mesures qui, dans sa pensée, devaient assurer le succès de ses ouvrages, en confiant à un de ses amis le soin de veiller à ce que les héritiers se conforment à ces prescriptions. Il paraît certain qu'une clause testamentaire conçue dans ces termes sera parfaitement valable.

SECTION IIIᵉ

DES SUCCESSEURS IRRÉGULIERS

1° Les enfants naturels recueillent, dans la proportion établie par la loi (art. 757 C. c.), le bénéfice du privilège d'exploitation commerciale de l'œuvre littéraire ou artistique. On ne conçoit pas que, même sous l'empire du décret de 1810, l'esprit si juste de M. Renouard se soit laissé entraîner à donner une autre solution et ait réduit l'enfant naturel au privilège décennal, sous prétexte qu'en parlant des enfants, le législateur n'avait eu en vue que les descendants légitimes [1]. L'enfant naturel a un droit, qui, pour être moindre que celui des enfants légitimes, n'en est pas moins de la même nature. Il a une part de ce qu'aurait un enfant légitime, ce dernier a la totalité du droit pendant vingt ans (M. Renouard écrit en 1838), l'enfant naturel doit avoir une partie du même droit pendant vingt ans, la totalité dans le cas où il n'existe pas de parents au degré successible (art. 758 C. c.).

Le texte de la loi de 1866, en parlant expressément des successeurs irréguliers, et en renvoyant aux principes du Code civil, a fait disparaître toute matière à controverse.

2° Le conjoint survivant, à défaut d'héritiers légitimes et d'enfants naturels, viendra à la succession du prédécédé pour les droits d'auteur comme pour tous les autres biens.

3° L'Etat. Jusqu'en 1866, le privilège de publication ou de reproduction suivait le sort de tous les autres biens; à défaut d'autres successibles, l'Etat en avait le bénéfice.

---

[1] *Op. cit.*, II, p. 261-262.

La doctrine protestait contre cette solution [1]. Le dernier paragraphe de la loi de 1866 donna satisfaction à ces réclamations et à ces critiques :

« Lorsque la succession est dévolue à l'Etat, le droit exclu-
« sif s'éteint, sans préjudice des droits des créanciers et de
« l'exécution des traités de cession qui ont pu être consentis
« par l'auteur ou par ses représentants. »

Cette disposition est sage. La gestion des droits d'auteur pourrait être pour l'Etat un embarras plus qu'une source de bénéfice. Il est bien évident, en outre, qu'il est de l'intérêt général que le monopole soit supprimé. Tout le monde étant libre d'éditer l'œuvre, on peut espérer que les livres seront moins chers ; le public sera donc plus largement admis à la jouissance intellectuelle d'un ouvrage qui peut être utile.

Quant aux droits des créanciers, il pourra n'être pas toujours facile d'en régler l'exercice. Ils auront d'abord la possibilité de se faire autoriser, par les tribunaux, à exploiter le privilège jusqu'à complet désintéressement de leurs créances ; mais ce procédé sera rarement employé. Les créanciers préféreront être payés immédiatement, et, pour obtenir ce résultat, feront vendre l'ouvrage. Seulement le chiffre de leur créance devant déterminer la durée et l'étendue de la cession nécessaire pour qu'ils soient payés, il faudra que le tribunal qui autorise la vente soit appelé à exercer un contrôle sur les conditions auxquelles elle devra être consentie.

Dans le cas où l'ouvrage a été cédé par l'auteur ou par ses représentants, l'Etat viendra naturellement recueillir les bénéfices du traité consenti à l'éditeur ; ce n'est pas, en effet, pour faire un cadeau aux libraires ou aux marchands d'objets d'art que la loi de 1866 a réservé l'exécution des traités de cession.

---

[1] V. notamment Renouard, II, p. 275.

APPENDICE AU CHAPITRE 1ᵉʳ

*Questions diverses sur le droit des héritiers et successeurs
de l'auteur*

Nous rangerons sous cette rubrique les quatre questions
suivantes :

1° Quelle est la durée des droits des héritiers de chaque
auteur en cas de collaboration ?

2° Qu'adviendra-t-il des manuscrits trouvés dans la succession ? *Quid* des œuvres d'art inédites ?

3° L'extension de la durée des droits, reconnus à l'auteur
et à l'artiste, résultant d'une loi nouvelle, profite-t-elle aux
héritiers alors même que l'œuvre a été cédée ?

4° Les héritiers ont-ils, outre leurs droits pécuniaires,
quelque part du droit moral qui appartenait à l'auteur sur ses
productions ?

I. — *Durée des droits des héritiers de chaque collaborateur*

Un ouvrage écrit en collaboration est indivisible ; la règle
de l'indivisibilité résulte de la nature des choses. L'œuvre
forme un tout inséparable, elle réunit des parties faites pour
se compléter et qui n'ont de raison d'être que par leur réunion.
On ne comprendrait donc pas qu'elle pût appartenir, pour une
part, au domaine privé et tomber pour le surplus dans le
domaine public [1]. Ces points sont généralement admis, les
contestations portent seulement sur l'étendue du principe [2].

Il faudra donc décider que, tant qu'il ne s'est pas écoulé
cinquante ans, à dater de la mort de celui des auteurs qui a
vécu le dernier, les héritiers de ce collaborateur pourront à
leur gré interdire ou autoriser la reproduction de l'ouvrage,
sans que le domaine public puisse y contredire [3]. Mais il est
nécessaire de régler les droits des héritiers de l'auteur mort
le premier.

---

[1] Pouillet, p. 128.
[2] Ainsi, M. Renouard (II, p. 216), admet qu'un opéra est divisible.
[3] Pouillet, p. 132.

Supposons que l'un des co-auteurs ait survécu à l'autre pendant trente ans, les héritiers de ce dernier vont-ils être admis à jouir de l'œuvre pendant quatre-vingts ans ? On doit distinguer deux hypothèses :

1º L'ouvrage a été cédé par les deux collaborateurs, ou par leurs représentants dans les cinquante ans qui ont suivi le décès de l'un des collaborateurs ; l'éditeur s'est engagé à leur servir une redevance. Puis la première période de cinquante ans expire. Si l'écrivain dont la mort a servi de point de départ à ce laps de cinquante ans eut été seul, le droit du cessionnaire s'évanouirait, l'œuvre tomberait dans le domaine public ; mais, par suite de la différence dans la durée de la vie des deux auteurs et du principe de l'indivisibilité, le privilège reste aux mains de l'éditeur ; devra-t-il, en l'absence de stipulation expresse du contrat, payer une part de la redevance aux héritiers dont le droit devrait être expiré, ou bien conservera-t-il cette portion, ou bien reviendra-t-elle aux représentants de l'auteur, grâce à la survie duquel le monopole d'exploitation subsiste encore ?

On ne voit guère à quel titre les héritiers, dont le droit existe encore, réclameraient au cessionnaire ce qu'il payait jadis aux héritiers dont le droit est maintenant éteint. Il y aurait là une sorte de droit d'accroissement dont on ne saisit pas la raison d'être.

Quant aux représentants du premier mourant des collaborateurs, on a dit qu'il n'était pas possible de concevoir à quel titre ils élèveraient la prétention de se faire payer quelque chose. Si l'éditeur conserve son droit, il le tient de la nature des choses, qui veut qu'on ne puisse faire tomber la moitié du droit de reproduction dans le domaine public. Mais si l'œuvre est indivisible, les produits de son exploitation sont parfaitement divisibles ; ils doivent tomber dans le domaine public pour la part des héritiers dont le droit est éteint [1]. Or, le

---

[1] Paris, 21 juin 1858. Pataille, 1859, p. 122.

domaine public c'est tout le monde ; c'est le premier occupant ; il faut donc laisser les bénéfices au cessionnaire.

Avec quelques auteurs [1], nous préférons trancher la difficulté en faveur des héritiers. Admettre la solution de la jurisprudence, c'est favoriser un commerçant, l'éditeur cessionnaire et non le domaine public.

2° La question est plus délicate encore, dans le cas où l'ouvrage n'a pas encore été cédé au moment où expirent les droits des représentants de l'un des auteurs. Il semble bien que les héritiers dont le droit subsiste aient seuls le droit de faire des éditions ou de consentir une cession, les autres ne pouvant s'opposer à l'exploitation ; mais alors ceux-ci n'auront aucun droit aux bénéfices qu'elle pourra produire, les premiers pouvant dire que le prix de cession est le produit d'un acte qu'eux seuls avaient le droit de faire. Ici encore, on se rendrait compte difficilement de la raison qui pousse à admettre ce droit d'accroissement. Mieux vaut décider que l'exploitation ou la cession exigeront le consentement de tous les intéressés qui s'en partageront les bénéfices.

A l'étranger, deux lois récentes : celle de la Colombie (art. 50), et celle que la Belgique s'est donnée le 26 mars 1886 [2] (art. 5), ont pris soin de décider formellement que l'œuvre écrite en collaboration est indivisible. L'une et l'autre ajoutent que le délai qu'elles assignent à la jouissance des héritiers (80 et 50 ans), ne commence à courir qu'à dater de la mort de celui des auteurs qui a vécu le dernier. La seconde décide que le droit d'exploitation existe *au profit de tous les ayants-droit*, pendant cette période de cinquante ans. *Tous les ayants-droit*, c'est-à-dire même les héritiers du premier mourant, dont le droit serait éteint si leur parent eût été seul auteur au lieu d'écrire en collaboration.

---

[1] V. notamment Renouard, II, p. 216 et 267. — Vaunois. De la propriété artistique (thèse), p. 254.

[2] Annuaire de législation étrangère, 1886, p. 456 et s.

II. — *Un manuscrit est trouvé dans la succession de l'auteur.*

Il est, si l'on veut, complètement achevé. Un point certain est que le manuscrit devra entrer dans le partage. On ne saurait admettre aujourd'hui l'opinion de Pothier qui, se conformant en cela à l'esprit de l'ancien droit sur l'attribution des souvenirs de famille, donnait le manuscrit à l'aîné. « Les « manuscrits qu'un homme d'esprit a composés, ne doivent « pas être compris dans l'inventaire. *Ce sont des choses ines-* « *timables qui ne sont pas censées faire partie d'une com-* « *munauté de biens ni même d'une succession ;* on doit les « laisser au survivant qui les a composés, et s'il est prédécédé, « à l'aîné de ses enfants, ou, à défaut d'enfants, à l'aîné de la « famille, quand même ces personnes auraient renoncé à la « succession [1]. »

Dans notre droit actuel, les manuscrits devront être attribués à l'un des héritiers ou partagés ; mais là n'est pas la difficulté.

Les créanciers, non intégralement payés, viennent dire aux héritiers : vous détenez un bien qui faisait partie de la succession de notre débiteur, nous demandons qu'il soit vendu comme tous les autres, pour que le prix nous en soit attribué. Les donataires, qu'on veut soumettre à réduction, prétendent que leur donation n'excède pas la quotité disponible, si l'on comprend, dans la masse active de la succession, l'évaluation de certains manuscrits laissés par le *de cujus*. Enfin, la veuve de l'auteur émet des prétentions analogues à celles des créanciers, elle veut forcer les héritiers à publier, afin de pouvoir exercer son usufruit. On s'accorde très généralement à trancher la question en faveur des héritiers.

Pour repousser le moyen de défense que les donataires opposent à la demande en réduction dirigée contre eux, on dit, et un raisonnement semblable peut être fait à l'encontre des créanciers : « Si les lois ont placé parmi nos biens la propriété

---

[1] Communauté, n° 682.

« littéraire, ce n'est que par l'effet de la publication. Jusque-
« là, cette propriété a quelque chose de trop intime pour que
« des tiers viennent y exercer des droits ; les héritiers de
« l'auteur succèdent à ses manuscrits plus comme parents que
« comme héritiers. Ils ont comme lui le droit de détruire
« l'ouvrage ; ils sont seuls juges de l'influence que cette publi-
« cation posthume exercerait sur la mémoire du défunt [1]. »

La veuve ne peut davantage, croyons-nous, exiger la publication ; vis à vis d'elle comme en face de personnes étrangères,
la famille de l'auteur doit rester juge de la question de savoir
s'il convient de publier l'œuvre inédite.

Cependant, si les créanciers, les donataires ou le conjoint
avaient en mains les moyens de prouver péremptoirement que
l'auteur destinait formellement son œuvre à la publication,
qu'elle était achevée complètement, il paraîtrait difficile d'admettre que les représentants du défunt pussent encore se
refuser à publier.

Faisons un pas de plus. Après avoir refusé de comprendre
les manuscrits dans l'évaluation des forces de la succession,
attaqué en réduction les donataires et repoussé les demandes
des créanciers, sous prétexte que les manuscrits ne seront pas
publiés, que partant ils ne constituent pas une valeur commerciale et doivent être considérés comme s'ils n'existaient pas,
les héritiers viennent à publier. M. Coin-Delisle maintient
dans ce cas, à l'égard des donataires et légataires, la solution
qu'il a donnée pour les manuscrits. « C'est par la volonté
« seule de l'héritier, dit-il, et par un fait postérieur au décès,
« que la propriété purement intellectuelle du défunt a pris, en
« la personne des héritiers, le caractère de propriété civile et
« commerciale ; et cela est si vrai que la durée de la propriété
« posthume se mesure non à partir du décès de l'auteur, mais
« sur la vie de celui qui a publié. » Le donataire ne pourra
donc exiger qu'on revienne sur la liquidation et qu'il lui soit

---

[1] Coin-Delisle. Traité des donations et des testaments, § 18, n° 3, sur
l'art. 922.

tenu compte d'une part du prix touché par les héritiers. Les mêmes raisons permettront à l'héritier, qui aura pris la précaution d'accepter sous bénéfice d'inventaire, de conserver, pour lui seul et à l'encontre des créanciers, les produits de l'exploitation de l'œuvre inédite à la mort du *de cujus*. Le droit de reproduction, peut-on dire ici encore, attaché aux manuscrits qui appartiennent aux héritiers, ne prend naissance qu'en leur personne ; il est la récompense d'un acte qui leur est propre, appartient au propriétaire de l'œuvre posthume qui la publie (Décret du 1er germinal, an XIII), partant il ne peut être compris dans la succession de l'auteur. Les héritiers pouvaient anéantir l'ouvrage inédit ; les créanciers, les donataires auraient dû subir cette volonté, comment le fait qu'il y a publication peut-il leur donner des droits ?

Malgré toutes ces raisons, nous croyons que le privilège de reproduction devra être compris dans l'évaluation de la succession. Il faut admettre que les créanciers et les donataires profiteront de la publication librement faite par les ayants-droit. Les premiers pourront exiger que le monopole soit vendu, pour le prix leur en être attribué ; les deuxièmes en demandant qu'on revienne sur la liquidation, comme on le ferait si on avait découvert une valeur non comprise dans la première répartition, et qu'il leur en soit proportionnellement tenu compte, devront être écoutés. En effet :

Il faut, tout d'abord, écarter résolument l'argument tiré du décret de l'an XIII. Cette disposition n'a eu pour but que d'encourager la publication des œuvres inédites, en accordant au publicateur un droit exclusif suffisamment rémunérateur. Si l'on veut dire absolument que la loi considère le publicateur comme un auteur, du moins conviendra-t-on qu'il y a là une fiction ; or, toute fiction doit être restreinte au but précis pour lequel elle a été imaginée : celle dont nous nous occupons a été faite pour donner, à celui qui publie, un avantage sérieux (car si on avait assimilé l'œuvre qu'il éditait à celles que le *de cujus* avait mises au jour, le privilège eût été limité à une durée de dix ans à compter de la mort de l'auteur) ; donc une fois ce résultat atteint, la réalité doit l'emporter sur la fiction. La réalité, c'est qu'on est en présence de personnes qui ont recueilli une valeur dans une succession grevée de dettes ; peut-on raisonnablement admettre que le fait qu'elles auraient pu laisser le droit improductif, doive conduire à penser qu'il est juste de le soustraire aux créanciers et aux donataires, alors que la publication en a fait une valeur pécuniaire ? Est-il juste de souffrir que les héritiers puissent ainsi s'enrichir de biens provenant d'une succession, au détriment des créanciers de cette succession ? Est-ce que l'auteur, en publiant son œuvre, aurait pu en soustraire les bénéfices à ses créanciers ? Comment admettre que ses représentants aient plus de droits que lui-même ? N'est-il pas permis de présumer que l'auteur destinait son manuscrit à la publication, comptant sur les profits pécuniaires qu'elle produirait pour payer ses créanciers et assurer le sort des donations qu'il avait faites ? Quelques jours, quelques heures de santé auraient suffi pour que la publication fût irrévocablement décidée et préparée, le paiement des dettes assuré ; la mort, une mort inattendue peut-être, va déranger tous ces calculs si dignes d'intérêts, ruiner la réputation de l'auteur qui mourra insolvable, grâce à l'habile cupidité de ses héritiers !

Les partisans de la théorie que nous combattons sont obligés de fermer les yeux sur ces considérations si puissantes ; ils ne peuvent évidemment faire de distinctions. Si le décret de l'an XIII est applicable, il l'est dans tous les cas. En vain l'auteur aurait-il déclaré qu'il entendait que son œuvre fût publiée, pour que les bénéfices en fussent employés à désintéresser ses créanciers ; si ces derniers ne prouvent pas qu'une cession a été consentie ou que l'autorisation de publier a été donnée par l'auteur à un éditeur, l'œuvre publiée par les héritiers sera une œuvre posthume, le droit naîtra dans la personne du publicateur qui seul et à l'exclusion de tous autres en recueillera l'émolument ! Est-il possible qu'une loi ait voulu consacrer de pareils résultats ?

Reste le droit d'usufruit de la veuve ; portera-t-il sur les ouvrages qui n'ont vu le jour qu'après la mort de son mari ?

On a dit : « Les manuscrits appartiennent aux héritiers en
« vertu d'un droit qui leur est propre, qui ne prend en réalité
« naissance qu'en eux ; et le droit de reproduction qui y est
« attaché est... la récompense d'un acte à eux personnels, la
« publication [1]. » L'auteur qui s'exprime ainsi se souvient-il
que, quelques pages plus haut [2], il avait repoussé l'argument
tiré du décret de l'an XIII, quand il s'était agi de régler les
droits des créanciers ? N'est-il pas contradictoire de dire que
le caractère d'œuvre posthume, reconnu à l'ouvrage, n'affecte
pas les droits des créanciers, tandis qu'il détruit celui du conjoint? Quant à dire que la jouissance de la veuve continue
celle du mari, qu'elle en est la suite et comme la conséquence ;
que la loi ne donne à la femme que l'usufruit des droits qui
étaient nés en la personne de son mari, dont il avait lui-même
joui pendant sa vie, c'est une simple affirmation. La loi donne
au conjoint l'usufruit « *des droits dont l'auteur prédécédé
n'a pas disposé* », or ces droits existaient pendant la vie de
l'auteur, depuis le moment où le manuscrit avait été achevé ;
ils existaient avant la publication, qui n'était nécessaire que
pour leur exercice ; les héritiers ont eux-mêmes, en publiant,
levé l'obstacle qui s'opposait à l'exercice de la jouissance du
conjoint, son droit doit être reconnu.

La même question se présente, mais dans des termes plus
simples, pour les œuvres musicales et artistiques. Les premières doivent être isolées et assimilées complètement aux
productions littéraires, car elles n'existent en réalité pour le
public que quand elles ont été reproduites en exemplaires
nombreux, elles engagent aussi, quoiqu'à un degré moindre,
la responsabilité morale de l'auteur ; ses créanciers ne pourront
forcer les héritiers à les publier, ceux-ci devant rester souve-
rains appréciateurs des raisons qui commandent de faire le
silence autour du nom de leur auteur ; mais, dès que les héritiers auront publié, les créanciers devront être admis à en
réclamer le profit.

---

[1] Pouillet, p. 203.
[2] Ibid., p. 164-165.

Quant à la statue, au tableau, à la gravure, on ne peut nous objecter l'argument tiré du décret de l'an XIII. « Chaque mot « du préambule de ce décret s'applique aux ouvrages littéraires « et ne peut s'appliquer qu'à cela [1]. » Il n'a donc pas visé les œuvres d'art.

On peut même dire que l'œuvre est éditée dès que l'auteur y a mis la dernière main. Elle est mise au jour, alors même qu'elle serait restée dans l'atelier de l'artiste. Les créanciers pourront donc exiger à la fois qu'elle soit vendue en tant qu'objet matériel, puis comme devant conférer à l'acquéreur le monopole de reproduction.

Il y a plus : du moment que l'auteur est mort, on admettra plus facilement que l'œuvre est achevée.

La veuve pourra demander la jouissance du monopole de l'exploitation commerciale de l'objet d'art.

Enfin, les donataires se défendront contre l'action en réduction, en alléguant que les droits de l'artiste doivent être évalués et entrer en ligne de compte pour le calcul de la quotité disponible.

Il ne faut cependant rien exagérer, on doit reconnaître sans hésitation la possibilité pour les héritiers de s'adresser aux tribunaux, pour obtenir que l'œuvre ne soit pas publiée. S'ils prouvent que l'objet d'art n'est pas arrivé à ce degré de perfection que comptait lui donner le défunt, qu'il est inachevé, incomplet, leur prétention devra être accueillie.

La loi belge du 26 mars 1886 n'a pas même admis ce tempérament. Son article 9 décide qu'à l'exception des œuvres musicales, les œuvres d'art pourront être saisies après la mort de l'auteur alors même qu'elles ne sont point achevées (argument a contrario des mots : « Sont insaisissables... et *du vivant* « *de l'auteur*, les autres œuvres d'art tant qu'elles ne sont « pas prêtes pour la vente ou la publication »). Il est, croyons-nous, permis de trouver bien rigoureuse pour les artistes une pareille disposition. A-t-on voulu couper court aux contesta-

---

[1] Pouillet, p. 339.

tions qui se seraient produites bien souvent dans la pratique
sur l'appréciation du degré de perfection de l'ouvrage ? Mais s'il
est de l'intérêt général de diminuer le nombre des procès, il
est d'un intérêt tout aussi supérieur que les destinées de l'art
ne soient point abandonnées, ne fut-ce que pour une faible
partie, à la merci de créanciers qui seront toujours peu sou-
cieux de la réputation artistique de leur débiteur.

III. — *Le bénéfice d'une loi extensive du privilège d'exploitation profite-t-il aux héritiers de l'auteur ?*

Cette question, qui a été vivement discutée dans les premières années qui ont suivi la loi de 1866, a perdu, depuis
1886, tout intérêt pratique, puisque la durée de la prolongation ne pouvait être que de vingt ans au plus au profit des
héritiers. Elle pourrait intéresser de nouveau la pratique,
dans le cas, assez improbable d'ailleurs, où une loi viendrait
apporter une nouvelle extension aux droits des auteurs, sans
édicter de disposition transitoire. Si le défaut d'importance
pratique de ces points commande de restreindre les longs
développements qu'ils comporteraient, l'intérêt considérable
qu'ils offrent au point de vue doctrinal et rétrospectif oblige
qu'on s'y arrête un instant.

Les héritiers d'un auteur mort depuis moins de cinquante
ans pouvaient-ils prétendre au bénéfice de la loi nouvelle ?
Sous le décret de 1810, un auteur dont le nom fait autorité en
ces matières, cherchait à démontrer que, d'après la rigueur
des principes, la prolongation ne devait s'appliquer qu'aux
ouvrages publiés postérieurement à la loi nouvelle [1]. La durée
du monopole a sa base dans un contrat, qui intervient au
moment de la publication entre l'auteur et la Société : cette
dernière récompense la création de l'ouvrage par un privilège,
donné par un certain nombre d'années; le contrat est immua-
ble. D'autres jurisconsultes ont, depuis cette époque, manifesté
les mêmes préférences pour le système qui n'appliquerait pas

---

[1] Renouard, II, p. 360.

la loi nouvelle aux œuvres déjà publiées, tout au moins à celles dont les auteurs seraient morts au moment de la promulgation[1]. Mais ils reconnaissent qu'en face des travaux préparatoires et de l'accord presqu'unanime des auteurs et des arrêts, toute discussion serait pratiquement stérile.

On peut dire, en faveur de la solution qui triomphe, que l'œuvre étant encore dans les mains des héritiers, le domaine public n'avait qu'une espérance, et non pas un droit acquis; la loi peut donc la supprimer sans encourir le reproche de rétroactivité.

Le cas où l'œuvre a déjà échappé aux mains des héritiers, qu'elle est tombée dans le domaine public et qu'ils demandent à la ressaisir pour tout le temps qui reste à courir sur les cinquante ans depuis la mort de l'auteur, est beaucoup plus douteux. On a soutenu énergiquement la prétention des héritiers[2].

Les travaux préparatoires, a-t-on dit, ne peuvent fournir aucun éclaircissement. En effet, le rejet du paragraphe additionnel à l'article 2 du projet de 1866, qui tranchait la question en faveur des héritiers, résulte de votes qu'il est bien difficile d'analyser; la discussion extrêmement confuse qui l'avait précédé avait mécontenté les partisans mêmes des droits de l'héritier, qui votèrent contre l'article parce que le gouvernement n'en avait pas suffisamment expliqué les dispositions. Toute la difficulté réside donc uniquement dans l'examen de la question suivante : Faire revivre le droit des héritiers, n'est-ce pas porter atteinte aux droits acquis par le domaine public et, par suite, violer le principe de la non rétroactivité des lois? Or, la réponse ne saurait être douteuse : le domaine public n'est pas un être moral ayant des droits ou pouvant en acquérir. C'est la communauté négative. Les choses du domaine public ne sont à personne, jusqu'au jour où un individu s'en est approprié une part. Celui-là a bien un droit acquis, on le

---

[1] Dalloz. Répertoire n° 326. — Labbé. Note dans Sirey, 1875, I, p. 329.
[2] V. Duvergier, 1866, p. 305-307. — Pouillet, p. 141 et s. — Pataille, 1867, p. 221.

respectera. Mais à tout autre, qui n'avait qu'une espérance, on peut défendre de s'approprier désormais ces choses. Il faudra donc permettre à celui qui a fait une édition, au moment où l'œuvre était dans le domaine public, de l'écouler, à celui qui aura fait jouer le drame ou l'opéra, de garder les bénéfices des représentations données avant la résurrection du droit de l'héritier; mais il leur sera désormais interdit de faire une nouvelle édition ou de donner des représentations.

Ce système, malgré le tempérament que ses auteurs y apportent, et peut-être à cause même de ce tempérament, n'est pas inattaquable. Il faudrait, semble-t-il, ou bien violer ouvertement les droits acquis, pour que les héritiers aient une prérogative sérieuse, ou les respecter complètement. Dès le moment où l'exploitation n'a plus été exclusive, n'y avait-il pas en réalité droit acquis pour chaque éditeur de reproduire l'œuvre et de la vendre? Ils se sont lancés dans des frais, considérables peut-être, pour préparer une édition; on va leur interdire, en faisant revivre le droit exclusif, d'arriver au recouvrement de leurs dépenses. Il paraît injuste de décider que l'éditeur qui a tout préparé, des presses duquel va sortir une édition, aura moins de droits que celui qui a déjà mis quelques exemplaires dans le commerce. Où s'arrêtera d'ailleurs la faculté donnée à celui qui a fait une édition, d'en écouler les exemplaires? Faudra-t-il la lui reconnaître entière alors même que ces exemplaires sont tellement nombreux qu'ils absorbent en réalité la presque totalité du droit? Si oui, l'avantage qu'on reconnaît à l'héritier est à peu près complètement imaginaire [1].

Dans le cas où l'œuvre a été cédée, l'extension de la durée du privilège profitera-t-elle aux héritiers ou au cessionnaire, qui détient encore le droit d'exploitation au moment où la limite fixée par la loi ancienne est atteinte?

Il est indispensable, tout d'abord, de dégager la question des éléments de fait. Il est bien évident que, les conventions

---

[1] Dans notre sens : Douai, 8 août 1865. — Pataille, 1869, p. 248.

étant la loi des parties qui les ont faites, leurs intentions même implicites devraient être suivies. La difficulté ne surgira donc que dans le cas où il est impossible de découvrir ces intentions dans les circonstances qui ont accompagné la cession.

Il y avait dans le projet de la loi de 1866, un article 2 qui tranchait la question ; il accordait aux héritiers le bénéfice de la prolongation « à l'expiration des traités de cession en « vigueur, et qui n'auraient pas réservé expressément pour le « cessionnaire le bénéfice de l'extension éventuelle du droit [1]. » On fit remarquer que c'était aux tribunaux à interpréter les conventions et on demanda la suppression du mot expressément. La Commission, tout en faisant remarquer que ce mot n'enlevait pas aux tribunaux l'appréciation des faits, consentit, par respect pour les scrupules de la Chambre, à le retrancher de l'article 2. Mais il fut bien entendu qu'on maintenait en principe le bénéfice de la prolongation aux héritiers.

L'article 2 contenait une autre disposition. Mus par des sentiments de générosité à l'égard des héritiers de deux noms illustres : Augustin Thierry et Alfred de Musset, dont les œuvres devaient tomber dans le domaine public avant la promulgation de la loi, les promoteurs du projet avaient proposé de faire remonter les effets de la loi au jour de sa présentation (19 février 1866) [2]. Une longue discussion, dont certains passages révèlent une extrême confusion, s'engagea sur cette partie du projet. Les uns repoussaient la rétroactivité proposée ; d'autres cherchaient à démontrer qu'il n'y avait pas, dans la proposition faite à la Chambre, une véritable rétroactivité, puisqu'on respectait les droits acquis, la rédaction même de l'article les mettant à l'abri de toute atteinte ; d'autres enfin, remarquaient que le principe de la non rétroactivité des lois, inscrit dans le Code civil et non dans la constitution, ne liait pas le législateur [3].

---

[1] Duvergier, 1866, p. 301.

[2] Rapport de M. Perras, Worms, ii, p. 289.

[3] V. Duvergier, p. 301 à 305.

L'article, repoussé dans ces termes, fut renvoyé à la Commission. On sait qu'à cette époque, pour qu'un amendement pût être introduit dans la loi, il fallait qu'il fût adopté par la Commission et accepté par le conseil d'Etat (art. 40 de la Constitution de 1852).

L'article renvoyé à la Commission, revenait devant la Chambre et le vote était définitif (art. 55. Décret du 31 décembre 1852) [1]. La disposition qui nous occupe revint à la Chambre sans avoir subi de modification; la Chambre ne pouvait plus qu'accepter en bloc l'article 2 ou le rejeter, elle opta pour la deuxième alternative.

Le rejet de cet article n'entraîne donc aucun préjugé défavorable aux héritiers; la Chambre voulait leur attribuer le bénéfice de la prolongation sous la réserve des circonstances de fait, dont on n'entendait pas enlever l'appréciation aux tribunaux; c'est une considération étrangère à notre question qui a fait repousser le texte qui consacrait formellement le droit des représentants de l'auteur à l'encontre du cessionnaire.

Malgré l'autorité des travaux préparatoires, on a soutenu pourtant que le cessionnaire bénéficierait de la prolongation. La loi a entendu étendre la durée des droits d'auteur au profit de ceux qui en jouissaient lors de sa promulgation; les cessionnaires sont en possession du privilège de publication, la prolongation vient s'y ajouter comme un accessoire au principal. L'art. 1602 du Code civil intervient à propos; il décide que c'est au vendeur à s'expliquer clairement, sinon les clauses ambiguës ou obscures s'interprètent contre lui. On a ajouté encore que, si la loi diminuait la durée de la jouissance, personne n'admettrait qu'il y ait lieu à réduction proportionnelle du prix de cession, si donc l'éditeur supporte les mauvaises chances, on doit lui reconnaître aussi le droit de profiter des bonnes. Enfin, le cessionnaire a pensé qu'après l'extinction de son droit privatif, il aurait la faculté d'éditer en con-

---

[1] V. Latour du Moulin. Lettres sur la Constitution de 1852, p. 153, 154 et 156.

currence avec tout le monde; il a cru que son habileté personnelle lui donnerait encore les moyens d'arriver, malgré les concurrents qui surgiraient alors, à se dédommager pleinement des sacrifices qu'il avait faits; tous ces calculs si légitimes vont être trompés [1].

En dépit de ces raisons, la majorité des auteurs et une jurisprudence constante se sont prononcées en faveur des héritiers.

Et d'abord, on ne peut admettre l'application, à un droit d'une nature particulière et limité dans sa durée, des règles écrites dans le Code civil relativement à l'accession; d'ailleurs la durée de l'extension n'est pas un accessoire qui va là où va le principal. C'est l'auteur même que la loi a voulu gratifier en la personne de ses héritiers, c'est par faveur pour eux qu'on a porté la durée du droit à cinquante ans, la prolongation doit leur profiter. Quant à l'article 1602, on dénature sa portée. Le point sur lequel le vendeur est tenu à s'expliquer clairement, c'est *ce à quoi il s'oblige*. Le vendeur ici s'oblige à livrer le droit d'auteur tel qu'il existe, or il n'existe jamais à un moment donné que dans la mesure de la loi qui le reconnaît. Quand le législateur vient à prolonger la durée, c'est un droit nouveau et indépendant du premier qu'il accorde; si l'éditeur entendait acquérir l'espérance de la prolongation, c'était une stipulation nouvelle qu'il faisait, il devait s'en expliquer formellement (Arg. art. 1162 C. c.).

Au reste, le bénéfice de l'extension ne saurait être considéré comme une chance commerciale; les chances sur lesquelles l'acquéreur pouvait compter étaient celles qui allaient se produire dans les limites de la loi sous l'empire de laquelle était passé le contrat; le vendeur n'a voulu céder, l'éditeur n'a pensé acquérir, quoi qu'il en dise, que le droit tel qu'il existait au moment où la convention est intervenue (Arg. art. 1163 C. c.). Enfin, si le cessionnaire a espéré jouir avec tout le monde, à l'expiration de son traité, du droit d'exploiter l'ou-

---

[1] Paris, 31 décembre 1874, et note approbative de M. Ch. Lyon-Caen, Sir., 1875, II, p. 65.

vrage, il n'y avait pas là un droit acquis, mais une simple expectative, il n'y a point d'injustice à l'en priver. On a d'ailleurs proposé des systèmes intermédiaires pour donner satisfaction à l'équité. On a dit : l'héritier étant garant ne peut évincer, donc le cessionnaire aura, concurremment avec lui, le droit de reproduction. D'autres ont imaginé de décider que les juges devraient rechercher si la perspective de la privation absolue du droit d'exploiter eût entraîné une diminution dans les offres de l'acheteur, et dans ce cas imposer une indemnité aux héritiers. Il est facile de répondre que l'éviction ou le préjudice résulte de la loi nouvelle et non du fait de l'héritier. Au reste, l'intention du législateur ne saurait être douteuse : M. Paul Dupont avait proposé un amendement, tendant à imposer aux héritiers « la charge d'indemniser le cessionnaire « de la valeur des clichés, planches, gravures et matériel, dont l'emploi spécial serait paralysé par la loi [1]. » Cet amendement fut repoussé. La loi, répondit-on, est faite dans l'intérêt des héritiers, le cessionnaire n'a dû compter sur l'exploitation que pendant le délai établi par la loi lors du traité, il a dû prendre ses mesures en conséquence [2].

Préoccupés des inconvénients que présente la doctrine que nous adoptons, en matière d'œuvres d'art, on a proposé un système intermédiaire. Les difficultés, que nous avons en vue, sont relatives au point de savoir par quels moyens les héritiers, rentrant en possession du droit de reproduction, pourront se procurer le modèle, le type destiné à être reproduit.

Sans aucun doute, ils ne pourront réclamer l'original à celui qui en a acquis la propriété. La difficulté ne se présente pas en matière littéraire, car il suffira de copier un exemplaire qu'on achètera dans le commerce. Elle n'est pas sérieuse pour

---

[1] Duvergier, 1866, p. 285.

[2] Sur l'ensemble de la discussion, voir : Pataille, 1867, p. 224. — Pouillet, p. 146 et suivantes. — Dalloz. Répertoire v° prop. litt. n° 267. — Cass., 28 mai 1875, et note de M. Labbé, Sir., 1875, I, p. 329. — Rouen, 25 février 1876, Pataille, 1876, p. 113. — Cass., 20 novembre 1877, Sir., 1877, I, 464. — Paris, 18 août 1879 et Cass., 20 février 1882, Pataille, 1882, p. 219.

l'art de la statuaire, car ici encore l'héritier achètera un exemplaire et fera opérer un surmoulage. S'il s'agit d'un tableau à reproduire par la gravure, les choses se passeront moins simplement, il faudra faire faire une nouvelle planche en copiant la gravure faite à l'origine ; le représentant de l'auteur aura donc ici encore en réalité les mêmes avantages que s'il possédait le type primitif.

Les inconvénients ne sont donc pas sérieux, et ne peuvent conduire à admettre un système qui, se basant sur l'article 1618 C. c., laisse au cessionnaire le droit de reproduction, en lui imposant l'obligation de payer aux ayants-droit un supplément de prix représentant le supplément de jouissance qu'il retire de la prolongation [1].

On s'est demandé enfin s'il fallait laisser au cessionnaire dépossédé la liberté d'écouler les exemplaires qu'il a confectionnés au temps où il était légitime détenteur des droits d'auteur. Il est bien évident que les principes conduisent à la négative. Le droit de l'auteur consiste dans la faculté exclusive de vendre, faire vendre et distribuer des exemplaires de l'œuvre. Si l'on admet que l'héritier l'a recouvré, on ne peut accorder au cessionnaire la possibilité d'écouler ses exemplaires, ce serait décider qu'il y a lieu à un partage du droit et contredire la première solution qu'on a donnée.

Cependant la solution est tellement rigoureuse qu'on a admis, en pratique, une dérogation aux principes pour donner satisfaction à l'équité [2].

Remarquons enfin, qu'en pratique, les choses se passeront d'une manière beaucoup plus simple. Les héritiers comprendront qu'il est de leur intérêt de traiter, pour l'exploitation du privilège que leur accorde la loi nouvelle, avec l'éditeur qui est en possession ; il est le mieux préparé, il a fait les premières mises de fonds ; d'un autre côté il doit désirer vivement que

---

[1] Rendu et Delorme. Traité pratique du droit industriel, n° 778. Cité par M. Pouillet, p, 152.

[2] Cass., 28 mai 1875, Pataille, 1875, p. 193.

10

ces frais lui profitent encore ; c'est lui, forcément, qui pourra payer le plus haut prix pour s'assurer la faculté d'exploiter pendant le nouveau délai.

A la différence de la loi de 1866, quelques législations étrangères ont pris soin de régler formellement les questions transitoires.

La loi suisse du 23 avril 1883 [1] (art. 20) statue : « la « prolongation est accordée en faveur de l'auteur ou de ses « héritiers, mais non en faveur de l'éditeur ou autre cession- « naire. » Il est assez difficile, pour qui ne connaît ni les travaux préparatoires, ni la jurisprudence indigène, de découvrir le sens de ces expressions. Celui qui se présente à l'esprit est que, si l'œuvre a été cédée, elle ne profite pas de la prolongation. C'est la solution qui est donnée formellement par l'article 39 de la loi belge ; ni le cessionnaire, ni les héritiers de l'auteur n'ont le bénéfice de l'extension. Si les œuvres n'ont pas été cédées, les *droits non épuisés*, c'est-à-dire qui ne sont pas encore tombés dans le domaine public, continuent à appartenir à l'auteur ou à ses représentants pendant toute la durée fixée par la loi nouvelle.

La loi colombienne, dans son article 18, décide que : la prolongation profite aux héritiers ou aux cessionnaires dont le droit n'a pas pris fin au jour de la prolongation, sans dire formellement qui, des héritiers ou des cessionnaires, bénéficie de l'extension, dans le silence du contrat de cession. Si le privilège est éteint d'après la loi ancienne, il revit [2] par suite de la loi nouvelle ; mais les éditeurs, qui ont imprimé pendant que l'œuvre faisait partie du domaine public, peuvent continuer à vendre les exemplaires déjà imprimés au moment où le droit des héritiers revit, à charge de remplir certaines formalités (art. 19).

---

[1] Pataille, 1886, p. 289.
[2] *Secus.* Loi italienne (art. 47.).

IV. — *Les héritiers ont-ils sur l'œuvre de leur auteur un certain droit moral?*

Après l'auteur, ses héritiers sont les gardiens naturels de sa réputation qui est leur patrimoine, de son honneur littéraire qui est leur gloire ; ils doivent pouvoir les défendre contre les atteintes qui tendraient à les amoindrir.

Appuyé sur ce principe, il faut reconnaître aux héritiers, lorsque l'œuvre a été cédée, le droit de s'opposer aux modifications que l'éditeur prétendrait lui faire subir ; on reconnaît ce droit à l'auteur, il est remplacé dans ses droits moraux par ses héritiers, ils peuvent s'opposer à ce que l'œuvre de celui qu'ils représentent soit défigurée, sa réputation amoindrie. S'il s'agit d'un objet artistique, ils pourront interdire à l'acquéreur qui l'a modifié, de l'exposer en public. C'est la solution de la loi belge (art. 8) et de la loi colombienne (art. 16).

Si l'œuvre était tombée dans le domaine public, il paraît difficile d'empêcher les additions et modifications, qui, aux yeux des intéressés, peuvent défigurer l'ouvrage ; mais du moins faut-il leur permettre d'exiger que ceux qui se livrent à ces fantaisies insèrent une note dans l'ouvrage, afin d'avertir clairement le public que des changements y ont été apportés par une main étrangère.

Ici encore, la loi étrangère la plus récente (Colombie) exprime formellement les règles qu'il faut déduire chez nous à l'aide du raisonnement. Son article 13 décide, en effet, que : « En cas d'œuvre tombée dans le domaine public, celui qui « l'imprime doit, s'il fait des interpolations, marquer claire- « ment la distinction entre le texte original et les modifications « ou additions qu'il lui a fait subir. »

C'est toujours pour les mêmes raisons qu'on a réclamé, pour les héritiers, le droit de poursuivre le contrefacteur de l'œuvre de leur auteur, alors même qu'ils n'auraient aucun intérêt pécuniaire à cette poursuite, et notamment à supposer que le droit de jouissance soit aux mains du conjoint survivant [1].

Dans le cas où les droits d'auteur auraient fait l'objet d'une donation, il ne paraît pas possible d'interdire au donataire de modifier l'œuvre. Il restera à l'héritier la possibilité d'informer le public des changements qui ont été apportés à l'ouvrage. Enfin, on peut supposer qu'un manuscrit ait été donné par le défunt avec le droit de le publier. Pourrait-on permettre aux héritiers d'empêcher le légitime possesseur du manuscrit de le publier? Il y a des raisons spéciales de décider contre eux. Le propriétaire d'une œuvre posthume, du moment qu'il prouve son titre, a le droit de publier. En vain les héritiers prétendraient-ils qu'il s'agit d'une œuvre indigne du défunt, peut-être même que c'est une œuvre de jeunesse amèrement regrettée plus tard; ils ne devront pas être écoutés. C'était à l'auteur à prévoir ce qui arrive; il devait détruire le manuscrit et ne le pas donner. Les héritiers ne sauraient avoir le droit d'empêcher une publication qu'il a prévue et autorisée [2].

---

[1] Pouillet, p. 496.
[2] Ibid. p. 332.

CHAPITRE II

TRANSMISSION CONVENTIONNELLE DES DROITS D'AUTEUR

A raison de leur connexité avec les successions, nous avons étudié, dans le chapitre précédent, les principales questions qui se présentent relativement aux donations.

Nous rangerons dans ce chapitre :

1° Les aliénations partielles des droits d'auteur qui résultent du contrat de mariage et de la communauté légale.

2° La vente volontaire ou cession ;

3° La vente forcée, faite à la requête des créanciers, et l'expropriation pour cause d'utilité publique.

SECTION Ire

COMMUNAUTÉ ET CONTRAT DE MARIAGE

§ 1er. — *Régime de la communauté légale*

Le régime de communauté confond les intérêts matériels des époux ; il a pour but d'empêcher que le survivant ne sente, à la dissolution du mariage, un changement trop considérable dans sa situation pécuniaire. La femme, qui s'est mariée sous ce régime pour obtenir une part des richesses acquises par son mari, qu'elle-même a conservées par ses vertus d'ordre et d'économie, peut-elle profiter de l'œuvre de l'auteur comme des autres biens ?

Nous avons essayé de démontrer que, sous l'empire du

décret de 1810, le droit d'auteur ne tombait pas en communauté, en est-il de même depuis la loi de 1866 ?

Deux points paraissent certains.

Les profits pécuniaires, retirés de l'exploitation de l'œuvre artistique ou littéraire pendant la durée de la vie commune, appartiennent à la communauté. Que le droit de publication ait été cédé entièrement moyennant une somme fixe, qu'il l'ait été moyennant une redevance déterminée suivant le nombre d'exemplaires vendus ou d'éditions publiées ; dans le premier cas la somme, dans le deuxième le droit à la redevance, droit purement pécuniaire, tombent dans la communauté.

Pas de doute, non plus, s'il s'agit d'une œuvre manuscrite. Tant qu'il n'a pas été publié, le manuscrit ne constitue pas une valeur pécuniaire et commerciale, il peut être anéanti par l'auteur ; ce droit ne peut lui être enlevé, ce serait le priver de sa liberté individuelle. Le manuscrit est, suivant l'expression de M. Renouard « la conversation de l'auteur avec lui-même, « le sanctuaire de sa conscience [1] ». Il ne peut être question de faire tomber dans la communauté un droit marqué d'un caractère aussi éminemment personnel. Il faut le mettre au nombre des papiers de famille, qui doivent rester aux héritiers. La communauté n'a pas droit aux choses qui sont sans valeur vénale et dont les souvenirs personnels font seuls tout le prix [2].

Supposons maintenant que l'œuvre ait été publiée, sans avoir été vendue ; tombera-t-elle en communauté ? C'est-à-dire après la dissolution de la communauté, le droit d'exercer les profits pécuniaires de l'œuvre restera-t-il propre au mari ou à ses héritiers, ou bien devra-t-on le partager comme tous les autres biens mobiliers pour en attribuer la moitié à la femme ou à ses représentants ? S'il s'agit d'un ouvrage de la femme, la mise en communauté aura une autre conséquence encore, c'est d'attribuer au mari le droit d'en disposer à son gré.

---

[1] II, p. 351.

[2] Troplong. Contrat de mariage, I, p. 494.

Les mêmes raisons s'appliquent, quoiqu'avec moins de force, à l'œuvre d'art inédite.

A ne consulter que les principes du Code civil, il semble bien que la réponse ne saurait être douteuse.

Le droit de l'auteur a pour objet les profits pécuniaires à retirer de l'exploitation de l'ouvrage, le paiement d'une somme d'argent, c'est-à-dire une chose essentiellement mobilière. Aucune analogie ne pourrait, au contraire, être relevée entre le privilège de publication et un droit immobilier. Or, la loi déclare que tous les biens sont meubles ou immeubles (art. 516 C. c.); il faut donc décider que celui dont nous nous occupons constitue une valeur mobilière. Aux termes de l'article 1401 du Code civil, tout le mobilier des époux tombe dans la communauté légale, quelles qu'en soient l'origine et la cause d'acquisition; une production de l'esprit, dès qu'elle est publiée, constitue un bien qui doit suivre le sort de tous les autres biens de la même nature, c'est-à-dire mobiliers, et comme eux tomber dans la communauté. Dès lors, envisagé dans son principe et comme source de produits, le droit de reproduction fait partie de la communauté, et ne saurait, quand celle-ci est dissoute, être considéré comme une valeur propre au conjoint auteur [1].

On ne conteste guère ce raisonnement; mais on soutient que le droit de l'auteur, bien que mobilier, est d'une nature tout à fait particulière, ayant des conditions d'existence spéciales et qu'on ne saurait plier à l'application des règles qui gouvernent le sort des autres droits mobiliers. Il répugne à la raison, disent les partisans de cette théorie, d'admettre qu'un auteur puisse, de son vivant, être dépouillé contre son gré de tout ou partie de ses œuvres. On essaye de démontrer que, dans cette voie, on est obligé de faire tomber le manuscrit lui-même dans la communauté, résultat absolument inadmissible [2]; à cette objection, nous répondrons immédiatement que la conséquence est loin d'être forcée, que la différence faite entre le manuscrit et l'œuvre publiée s'explique rationnelle-

---

[1] Tribunal civ. Seine, 10 janvier 1878, Pataille, 1880, p. 225.
[2] Pataille. Note sous le jugement du Tribunal de la Seine.

ment, parce que le premier a quelque chose d'intime et de personnel qui manque à la deuxième. Enfin l'opinion contraire arrive, dit-on, aux plus singulières conséquences : à la mort de l'auteur, sa veuve va avoir la moitié du droit en pleine propriété, la moitié en usufruit ; à son décès cet usufruit s'éteint pour revenir aux héritiers de l'auteur ; voilà donc le privilège d'exploitation partagé entre deux familles étrangères l'une à l'autre ! Il faut admettre que le mari d'une femme auteur acquiert le droit de disposer de son œuvre même contre son gré ; « c'est la puissance maritale transpor- « tée dans le domaine de la conscience, et la pouvant violen- « ter [1] ». Si l'on suppose que la communauté est dissoute par le prédécès de l'auteur, il va être dépossédé de son droit pour une moitié ; admettra-t-on qu'il pourra retenir le tout sauf à précompter sur sa part ? Alors, il faudra, si la communauté est pauvre, qu'il paie aux héritiers de la femme, qu'il paie peut-être même très cher pour avoir le droit de ne pas publier de nouvelles éditions ; et s'il n'a pas de fortune, les héritiers pourront faire vendre l'ouvrage dans lequel il a mis sa vie ! Est-ce possible, est-ce raisonnable ?

On pourrait remarquer tout d'abord que les tribunaux sont là pour tempérer ce que la solution peut avoir de rigoureux, par l'application des conseils de l'équité. S'agit-il d'une œuvre de la femme, les tribunaux lui reconnaîtront le droit d'opposer son *veto* à la publication, puisque le manuscrit est, de l'aveu de tous, à l'abri des prétentions de la communauté ; une fois l'œuvre publiée avec le libre consentement de la femme, il n'y a rien de choquant à ce que le mari puisse en disposer ; en autorisant la publication, la femme a dû prévoir ce qui arrive. A l'objection tirée des inconvénients qui résultent de la division du droit entre deux familles étrangères l'une à l'autre, il est facile de répondre que les mêmes inconvénients se présentent si l'auteur a donné ou légué une partie de ses droits ; a-t-on songé pour cela à lui en interdire la

---

[1] Pouillet, p. 174.

libre disposition? La dernière critique est plus grave ; cependant il est permis de faire observer encore que les tribunaux pourront accorder au mari, qui doit une indemnité aux héritiers de la femme pour avoir le droit de conserver la disposition de son œuvre, des délais pour se libérer par des prestations successives, à mesure que les bénéfices résultant de l'exercice de ses droits d'auteur rentreront.

Malgré cela, les inconvénients résultant de la mise en communauté sont, il faut le reconnaître, très sérieux. Il y a même une conséquence sur laquelle peu d'auteurs ont insisté et qui est purement et simplement insensée : Le conjoint survivant va être mieux traité que l'auteur lui-même. Ce dernier, s'il survit, n'a que la moitié du privilège d'exploitation, la femme, si elle survit, a en plus la moitié en usufruit.

On a dit, il est vrai, que toutes ces conséquences l'auteur les a acceptées en se mariant sous le régime de la communauté ; il a pour ainsi dire cédé à l'avance à son conjoint une part des droits d'auteur, comme il aurait pu le faire en s'associant avec un éditeur pour l'exploitation [1]. Comme celui du cessionnaire, le droit du conjoint commun émane de l'auteur lui-même qui a consenti à le concéder en adoptant le régime de communauté légale. La vérité est que la validité d'une cession en bloc, des œuvres qu'on pourra composer plus tard, est très problématique. Il faudrait donc pouvoir argumenter de la cession intervenue à propos d'un ouvrage déterminé à celle qui résulte du contrat de mariage ; or, la comparaison est impossible. En cédant un ouvrage déterminé, l'attention de l'auteur est spécialement appelée sur lui ; il doit comprendre alors que la cession est irrévocable et prévoir les regrets qu'elle lui inspirera peut-être dans l'avenir. Au contraire, en se mariant en communauté, il peut ne pas même songer aux ouvrages qu'il pourra composer dans l'avenir ; il ne manifeste en aucune façon, comme il le fait en les cédant, l'intention de les abandonner, de s'en désintéresser, au moins

____

[1] Vaunois, thèse, p. 259.

partiellement. Les conséquences de la mise en communauté sont donc excessivement regrettables.

Mais, apprécier un système d'après ses conséquences est affaire à celui qui fait la loi, non à celui qui est chargé de l'interpréter. Il est bien vrai que lorsque l'interprétation des textes nous conduit à un résultat pratique déplorable, nous devons être en garde contre elle ; mais la portée de cette observation se borne à établir qu'on doit alors examiner, avec plus de soin que d'habitude, si telle a bien été l'intention du législateur ; si le résultat de cette recherche conduit à l'affirmative, alors on doit se soumettre. Il s'agit donc uniquement de savoir si la loi de 1866 ne permet pas d'échapper aux solutions qui résultent de l'application des principes du code civil.

Les auteurs que nous combattons prétendent trouver, dans les hypothèses qu'ont faites les orateurs qui ont pris part à la discussion de la loi à propos de l'usufruit du conjoint et qui sont la négation du droit de la communauté, la preuve que le privilège de publication n'en fait pas partie. Des trois exemples cités par M. Pouillet, deux ne font aucune espèce d'allusion à la communauté ; il est donc bien vraisemblable que les orateurs ne prévoyaient pas les complications résultant de l'adoption de ce régime ; par suite, on ne peut tirer de là aucune induction relativement aux droits qu'il confère au survivant sur le privilège de l'auteur. Quant au troisième passage cité, il se borne à signaler l'une des anomalies de la loi. Dans le cas où l'œuvre a été cédée, le prix en tombe dans la communauté et les héritiers du mari en auront la moitié à la dissolution du mariage ; dans le cas contraire, la femme aura la jouissance de la totalité des droits d'auteur. L'orateur s'étonne de voir dans un cas les héritiers de l'auteur avoir une part des profits pécuniaires de l'œuvre, tandis que dans l'autre, ils sont entièrement primés par le droit d'usufruit de la veuve survivante. Mais cette exclusion est la conséquence de l'usufruit, elle se produit aussi bien que le droit tombe ou non en communauté. Ces objections écartées, on lit dans l'exposé des motifs : « Déjà la nature mo-

« bilière, qui a été reconnue au droit d'auteur, faisait entrer
« dans la communauté conjugale non seulement les produits
« du droit, mais le droit lui-même [1]. » La même idée se présente dans le rapport : « Si elle est commune, elle a droit à
« un usufruit viager spécial, indépendamment des avantages
« qui résultent du régime de la communauté [2]. » Enfin, M.
Paulmier avait déposé un amendement tendant à l'attribution
du droit d'auteur à la communauté ou à la société d'acquêts
stipulée par les époux; le rapporteur lui répond't : « C'était
« la jurisprudence, c'est encore le projet de loi [3]. »

Après cela, il nous importe assez peu qu'on ait déclaré à
satiété, dans la discussion, qu'on n'avait pas l'intention d'innover, qu'on voulait seulement étendre la durée du bénéfice
accordé aux représentants de l'auteur. La vérité est qu'on ne
croyait pas innover. On pensait que le décret de 1810 ne faisait
point obstacle à ce que le droit revînt à la communauté ; on
voulait maintenir cette solution, qu'une partie de la jurisprudence avait adoptée et qu'un jurisconsulte, alors illustre,
avait approuvée [4]. S'il n'avait pas, en effet, été bien entendu
et admis par tous qu'on voulait attribuer le privilège d'exploitation à la communauté, des discussions se seraient sans doute
produites sur ce point après les déclarations de l'exposé des
motifs et du rapport. Mais non, personne ne songea à repousser les conclusions du rapporteur; nous en avons la preuve
dans un passage du rapport supplémentaire. Après avoir
récapitulé quelques difficultés et indiqué la solution qu'elles
avaient reçue, sans mentionner qu'il se fût produit aucune discussion sur le point qui nous occupe, M. Perras ajoutait : « Là
« se réduisent les difficultés qu'il nous a été possible de pré-
« voir à l'occasion de l'article premier... *Mais la pensée du*
« *projet n'a pas subi d'altération sensible par suite de*
« *quelques précautions nouvelles destinées à en assurer*

---

[1] Worms, II, p. 229.
[2] Id., p. 276.
[3] Id., p. 292.
[4] Troplong. Contrat de mariage, I, p. 489-492.

« *l'exécution* [1]. » C'est donc dans l'assentiment résultant du silence de la Chambre en face des déclarations réitérées du commissaire du gouvernement et du rapporteur, plutôt que dans ces déclarations elles-mêmes, qui après tout, pourrait-on dire, n'engagent que leurs auteurs et la Commission au nom de laquelle ils concluent, que nous voyons la preuve irrécusable des intentions du législateur.

Il y a mieux encore, et le texte de la loi, malgré les tortures qu'on a essayé de lui faire subir, démontre clairement la pensée du législateur de 1866 :

«... Le conjoint survivant, quelque soit le régime matrimonial, *et indépendamment des droits qui peuvent résulter, en faveur de ce conjoint, du régime de la communauté, a la simple jouissance...* » En vain affirme-t-on que les mots soulignés ne font que développer, préciser, en les répétant sous une autre forme, le sens de ceux qui précèdent, pour bien marquer la différence qui existe entre le décret de 1810 qui n'accordait la jouissance qu'au conjoint commun, et la loi nouvelle qui l'accorde indépendamment du régime de la communauté. Cette formule, au contraire, a d'autant plus d'importance à nos yeux, qu'elle n'est que la reproduction d'une phrase du rapport par laquelle M. Perras, croyant que le droit tombait en communauté avant la loi nouvelle, caractérisait la législation ancienne : « Si elle est commune, elle a « droit à un usufruit viager spécial, *indépendamment des « avantages qui résultent du régime de la communauté.* » Le conjoint avait-il avant 1866 la jouissance du privilège « indépendamment du régime de la communauté ? » Faut-il torturer un texte pour arriver à prouver qu'il contient une répétition ? Ne doit-on pas appliquer aux dispositions de la loi une règle semblable à celle que l'article 1157 C. c. édicte pour les clauses des conventions, à savoir qu'elles doivent être entendues dans le sens qui peut produire quelqu'effet ? Il nous semble de la dernière évidence que dire que le

---

[1] Worms, II, p. 315.

conjoint a un usufruit indépendamment des droits que lui donne la communauté, c'est dire clairement qu'il a d'autres droits que cet usufruit résultant de la loi, des droits qui lui sont conférés par le régime de communauté ; et quels peuvent être ces droits si ce n'est la moitié du privilège de publication ?

Il reste une dernière objection qui paraît avoir fait jadis une grande impression sur l'esprit de M. Renouard, et qui, plus récemment, a probablement dicté la solution donnée par M. Bertauld [1]. Le décret de 1793 accorde à l'auteur, *pendant sa vie, un droit exclusif*, dès lors la communauté ne peut être admise à le partager, et l'auteur le garde tant qu'il vit ; ce n'est qu'à sa mort que la communauté pourra y prétendre. La solution est fausse depuis la loi de 1866. Les mots du décret s'expliquent naturellement par cette considération que la loi de 1793 a pour but de caractériser les effets du droit qu'elle reconnaît à l'auteur : c'est le droit exclusif, le privilège de la vente de l'ouvrage ; mais rien ne dit que ce privilège doive rester exclusivement attaché à sa personne, la preuve en est qu'il peut le céder. De plus le système proposé aboutit à faire entrer un bien dans la communauté, à un moment où rien ne peut plus y tomber, pour l'excellente raison que, depuis la mort de l'auteur, elle a cessé d'exister.

Ainsi les principes, les travaux préparatoires, le texte même de la loi sont d'accord, toute équivoque devient impossible.

On a critiqué les conséquences de notre solution, voyons celles qu'on est obligé d'admettre :

1° A la dissolution de la communauté.

Si elle survient par la mort du conjoint non auteur, il faut décider que l'auteur survivant devra être autorisé à garder son droit tout entier, à charge de payer aux héritiers de l'époux défunt la moitié de la valeur qu'il représente. C'est en effet la valeur vénale du privilège qui seule est tombée dans la communauté ; l'auteur est resté titulaire de ses droits, il ne

---

[1] Renouard, II, p. 254 ; Bertauld, I, p. 215.

faut pas l'en dépouiller, et puisque la communauté ne perdra rien, la solution n'est pas injuste. Si c'est le conjoint auteur qui vient à mourir, le survivant obtiendra, outre la moitié du privilège, la jouissance de l'autre moitié, à supposer que la question de réserve ne soit pas en jeu.

Le survivant ne pourrra être dépouillé de la part qui résulte pour lui de l'adoption de la communauté, au moyen d'un legs fait par l'auteur, tandis qu'il peut au contraire être privé de l'usufruit que lui accorde la loi. On pourra par contrat de mariage renoncer à cette moitié des droits d'auteur.

2° Pendant la communauté :

Le mari pourra vendre un ouvrage tombé dans la communauté du chef de la femme, en doter un enfant commun, le donner même à un étranger pourvu qu'il ne s'en réserve pas l'usufruit (art. 1421, 1422 et 1439 C. c.). On s'est fondé, il est vrai, sur le principe de l'inviolabilité de la volonté personnelle de l'auteur, pour repousser ces solutions ; on a dit qu'elles étaient contraires à ce droit de l'auteur vivant de garder la libre disposition de ses œuvres ; on a même ajouté que toute publication, étant la persévérance actuellement constatée de l'auteur dans sa pensée première, constitue en quelque sorte une œuvre nouvelle qui exige le fait personnel de l'auteur [1]. Cette dernière objection, si elle était fondée, irait jusqu'à dénier à un cessionnaire le droit de faire une deuxième édition sans le consentement de l'auteur, prétention qui aurait peu de chances de triompher. Au reste, nous avons admis que la publication ne saurait avoir lieu contre la volonté de la femme, c'est là que doit se borner l'inviolabilité de sa volonté. Si elle a autorisé la publication, elle a su ce qui en résulterait et a consenti à accepter les conséquences de son contrat de mariage.

Il va sans dire que les frais des éditions seront à la charge de la communauté tant qu'elle dure.

---

[1] Riché (thèse), p. 64. — Lebret. Du droit des auteurs et des artistes sur leurs œuvres (thèse), p. 180.

Telles sont les conséquences de l'attribution des droits d'auteur à la communauté légale [1]. Les résultats de la doctrine adverse ne sont pas tous conformes à la logique. N'y a-t-il pas inconséquence à faire tomber sans récompense dans la communauté le prix de cession d'un ouvrage, tandis qu'on y soustrait la valeur de l'œuvre qui n'a pas été cédée ? Le principe n'est-il pas que, toutes les fois qu'un propre a été aliéné pendant le mariage, la communauté doit récompense jusqu'à concurrence de ce dont elle a profité [2] ?

§ II. — *Autres régimes matrimoniaux.*

1° Communauté réduite aux acquêts.

Les droits d'auteur sur les œuvres composées par l'un des époux, pendant la durée de la vie commune, tombent dans la communauté comme biens provenant de l'industrie de l'un des conjoints (art. 1498 C. c.). Il faudra donc donner, quant aux droits du mari sur l'œuvre ainsi composée par la femme, les solutions précédemment admises, le mari ayant les mêmes pouvoirs sur les biens communs, qu'il s'agisse de communauté légale ou de communauté réduite aux acquêts.

2° Régime sans communauté.

Il n'y a pas à s'inquiéter des œuvres du mari.

Quant à celles que la femme a pu composer, on pourrait être tenté de les attribuer en propriété au mari, comme fruits des talents artistiques ou littéraires de la femme. En se plaçant au point de vue économique, il semble naturel de considérer l'industrie et l'intelligence comme un capital dont les produits constituent de véritables fruits. Si l'industrie est un bien, le mari a le droit d'en percevoir les fruits, qui lui appar-

---

[1] En notre sens : Aubry et Rau, § 507, note 11 (v. p. 294) ; Laurent, v. n° 512 ; Demolombe, IX, n° 439. Paris. 13 mars, 1880, Pataille, 1880, p. 225 ; Cass. 16 août, 1880, Sir. 1881. I, 25 et note approbative de M. Lyon-Caen ; Contra : Paris, 3 avril 1884, Pataille, 1884, p. 350. Arrêt qui se borne d'ailleurs à affirmer ce qu'il faudrait prouver.

[2] Aubry et Rau, v. p. 351.

tiendront comme ceux de tous les autres biens (art. 1530 C. c.)[1].

Cependant la thèse contraire a prévalu[2] : au point de vue de l'application des règles de droit civil et de l'interprétation des conventions, il n'est pas exact de dire que l'industrie est un bien ; c'est une chose essentiellement personnelle, une source de biens mais non pas un bien ; les produits n'en sont donc pas de simples fruits ou revenus et on ne saurait les attribuer au mari. Ce qui prouve que telle est la pensée du code civil, c'est la distinction, qu'il prend soin de faire dans l'article 1498, entre les acquêts provenant de l'industrie des époux, et les économies faites sur les fruits et revenus ; si la thèse contraire était vraie, il n'aurait pas été besoin de parler expressément des produits de l'industrie, qui seraient naturellement rentrés dans les mots « *économies faites sur les fruits et revenus* ». Ils devront donc être considérés comme des capitaux ; le mari en aura l'administration, c'est-à-dire qu'il ne pourra seul et sans l'autorisation de la femme aliéner une des œuvres de celle-ci ; il pourra au contraire, sans prendre son conseil, passer un traité temporaire pour l'exploitation de l'ouvrage ; il en aura la jouissance, c'est-à-dire qu'il recueillera le profit des éditions faites pendant le mariage, sans être tenu d'en rendre compte à la femme quand le droit d'usufruit que lui confère le contrat de mariage aura pris fin[3]. Si la femme vend totalement son œuvre avec le consentement de son mari, ce dernier aura la jouissance du prix produit par la cession.

3° Séparation de biens.

La femme recouvre ou garde tous ses droits. Elle pourra donc, non-seulement passer des traités temporaires pour l'exploitation de ses œuvres et en toucher les bénéfices, mais même aliéner complètement son privilège et en recevoir le prix sans l'autorisation de son mari (art. 1538 et 1449 C. c.).

---

[1] Marcadé, art. 1532, n° 2 (VI, p. 5) ; Troplong, III, p. 733.

[2] Demolombe, IV, n° 316 ; Aubry et Rau, § 531, note 18 (v. p. 515).

[3] V. Paris, 18 mars 1877, Pataille, 1879, p. 76.

L'opinion de certains auteurs qui admettent l'annulabilité des ventes faites par la femme, lorsque par leur importance elles ne présentent plus le caractère d'actes d'administration [1], ne saurait pas même s'appliquer ici, parce qu'une cession, dispensant l'auteur des frais d'exploitation et des risques pécuniaires de non réussite de l'ouvrage, pourra, dans l'immense majorité des cas, être considérée comme un acte de bonne administration.

4° Régime dotal.

Les raisons que nous avons développées à propos du régime exclusif de communauté s'appliquent toutes pour exclure d'une constitution de dot, portant sur tous les biens présents et à venir, l'industrie et l'intelligence de la femme. La constitution de dot est une sorte d'aliénation, on ne peut aliéner son intelligence.

Par conséquent, il ne faudra pas dire que les œuvres de la femme devront être considérées comme des fruits et attribuées à ce titre au mari sans obligation de restitution. Mais alors faut-il aller jusqu'à dire, comme on l'a fait [2], que l'industrie de la femme ou son intelligence sont attachées d'une manière si intime à sa personnalité, que les produits n'en sauraient être compris dans une constitution générale de dot, et partant doivent être rangés dans la classe des biens paraphernaux ? Quelque personnelle que puisse être la faculté créatrice, il n'en est pas moins vrai que ces créations, envisagées comme valeur commerciale et susceptible de produits pécuniaires, peuvent être l'objet de conventions. L'auteur, qui soutient ici l'opinion contraire, admet lui-même ce raisonnement pour le régime sans communauté, il n'existe aucune bonne raison pour le repousser sous le régime dotal. Les œuvres de la femme seront donc comprises dans une constitution générale de dot, par cela seul qu'elles n'en auront pas été exceptées.

---

[1] V. auteurs cités par MM. Aubry et Rau, § 516, note 56 (v. p. 403).
[2] Demolombe, IV, n° 315.

On connaît la jurisprudence sur l'inaliénabilité de la dot mobilière. La dot mobilière est inaliénable; mais la règle de l'inaliénabilité doit être entendue en ce sens qu'elle a pour effet de rendre la femme incapable de contracter des obligations sur cette dot et de renoncer à son recours contre le mari et à l'hypothèque qui y est attachée, mais non d'empêcher le mari de disposer du mobilier ou du capital qui la constituent [1]. Les auteurs, qui admettent que le droit de l'auteur sur son œuvre, durant sa vie, est marqué d'un caractère trop évident de personnalité pour ne pas être soustrait à l'application des règles qui régissent les droits pécuniaires, ne sont pas embarrassés pour échapper à certaines des conséquences de la solution jurisprudentielle. Pour nous, qui n'avons pas pensé qu'une œuvre, une fois publiée, pût être soustraite aux règles du droit commun, nous devons reconnaître que la solution donnée par la Cour de cassation doit s'appliquer à l'œuvre de la femme. Elle ne pourra renoncer à la créance en restitution qu'elle a contre son mari, relativement à la valeur de son ouvrage; mais le mari pourra en disposer seul et sans le consentement de sa femme, pourvu qu'elle ait autorisé la publication.

Une autre conséquence de la solution de la jurisprudence est, qu'après la séparation de biens, la dot mobilière reste inaliénable, le mari ne peut plus en disposer puisqu'il n'a plus l'administration; la femme ne recouvre qu'un droit d'administration limité par le principe de l'inaliénabilité [2]. C'est donc à ce moment que l'œuvre de la femme va devenir réellement inaliénable. Tout ce que la femme pourra faire sera de passer des traités temporaires pour l'exploitation de son privilège.

Si la constitution de dot ne s'étend pas aux droits d'auteur ils restent dans la classe des biens paraphernaux; la femme

---

[1] Cass. 4 août 1856, Dal. 1856, 1, 335. Cass. 6 décembre 1859, Dal., 1859, 1, 501.

[2] Cass. 4 juillet 1881, Dal., 1882, 1, 194.

en conservera l'administration et la jouissance et même le droit de les céder sans l'autorisation de son mari.

SECTION IIe

DE LA CESSION

Dans le domaine de la théorie pure, un philosophe a pu écrire : « Un livre n'est pas pour l'auteur un objet de « commerce, c'est un usage de ses forces « opera » qu'il « peut concéder à d'autres, mais qu'il ne saurait aliéner [1]. » Plus récemment, on a dit : « L'auteur qui vend son livre ou sa toile ne se dessaisit pas, il garde son intelligence et le type idéal qu'elle a conçu [2]. »

Il faut se garder de confondre deux choses : la paternité et la propriété de l'ouvrage. L'auteur ne peut pas perdre sa qualité d'auteur de l'œuvre, parce qu'elle résulte d'un fait indestructible, mais il peut très bien cesser d'en être propriétaire. En d'autres termes, l'œuvre, une fois créée, a une valeur, une existence indépendante de la personne de l'auteur, il doit pouvoir la céder. L'écrivain, l'artiste crée un ouvrage qui est le produit de ses forces plutôt qu'il n'en est l'usage ; le livre ou l'objet d'art sera-t-il incessible parce que nulle part l'homme ne met plus du sien dans ses œuvres, parce qu'il s'incarne pour ainsi dire dans ce qu'il fait ? Pourquoi alors ne pas défendre à l'inventeur, qui a employé toutes les forces de son intelligence et usé sa vie à chercher une combinaison nouvelle, de vendre sa découverte ? Si une création renferme quelque mérite, l'honneur en reviendra naturellement à son auteur, il pourra vendre son œuvre sans diminuer en quoi que ce soit le mérite de l'avoir mise au jour. De ce que l'œuvre artistique ou littéraire est attachée à celui qui l'a faite par des liens intimes, en tant que valeur spirituelle, il n'est pas logique de conclure que l'auteur

---

[1] Kant, cité par Thulliez, p. 108.
[2] Bertauld. Questions pratiques, I, p. 210.

ne peut en céder l'exploitation commerciale ; on doit en déduire seulement qu'une telle vente n'aura pas tous les caractères d'une vente ordinaire, transmettant à l'acheteur le domaine plein et entier de l'objet avec le droit de le mutiler ou de le détruire. Puisque l'auteur doit retirer de son œuvre tout l'honneur et toute la réputation qu'il mérite, ce sera une clause tacite du contrat que son nom reste sur l'ouvrage, et que l'acquéreur ne puisse y apporter des modifications qui, en dénaturant la pensée primitive ou la forme qu'elle a revêtue, feraient porter à l'écrivain ou à l'artiste le poids de la responsabilité d'une œuvre qui ne serait plus la sienne.

Au point de vue du droit positif, il est certain que l'œuvre artistique ou littéraire est cessible. L'article 1598 du code civil pose le principe : Tout droit, portant sur une chose qui est dans le commerce, peut être cédé. Pour qu'il en fût autrement du privilège de publication, il faudrait (c'est encore l'article 1598 qui le dit) qu'une loi particulière en eût prohibé l'aliénation. Or, le décret de 1793 supposait bien que le droit de reproduction pouvait être cédé, puisque son article 2 décidait que le cessionnaire jouirait du droit exclusif pendant dix ans après la mort de l'auteur. Le décret de 1810 est plus formel encore : « Les auteurs de tout ouvrage... « peuvent céder leur droit à un imprimeur ou libraire, ou à « toute autre personne *qui est alors substituée en leur lieu* « *et place.* » On voit combien un pareil résultat est loin du système de la gestion d'affaires imaginé par Kant, et quelle frappante analogie il présente avec une véritable vente, puisque le cessionnaire a en somme toutes les prérogatives utiles qu'avaient l'auteur ou ses ayants-cause. Il est tenu seulement de respecter le texte, et d'inscrire le nom de l'auteur sur l'ouvrage. C'est une clause tacite de la vente, résultant de la nature des choses, du fait que l'auteur, malgré la cession, reste moralement responsable devant l'opinion et devant la critique, et que, d'autre part, on ne doit pas pré-

sumer qu'il ait consentit à aliéner l'espoir de la réputation
que peut lui donner la publicité.

Depuis 1810, dans toutes les tentatives qui ont été faites
pour règlementer les droits d'auteur, les commissions ont été
d'accord pour admettre que le privilège de publication est
cessible. Enfin, dans la discussion de la loi de 1866, il a été
bien entendu que le délai de cinquante ans servirait à mesurer
les droits du cessionnaire comme ceux des héritiers. L'auteur
peut donc aliéner entièrement le privilège de l'exploitation de
son ouvrage, mais il peut également n'en céder qu'une partie,
consentir une aliénation temporaire ; dans tous les cas, il
conserve sur son œuvre une sorte de souveraineté morale, qui
se traduit dans la pratique par la faculté d'empêcher que
l'éditeur n'apporte des modifications au texte de l'ouvrage
qu'il a acheté.

Toutes les législations reconnaissent que les droits d'auteur
sont cessibles. Les plus récentes ont même pris soin de s'en
expliquer formellement. C'est ce qu'on peut voir dans les lois
italienne (art. 16), belge (art. 3), et colombienne (art. 14).

Cependant cette dernière, à l'exemple de la loi espagnole
(art. 6), apporte, dans son article 15, une limitation impérative
à la possibilité pour l'auteur de transmettre à un cessionnaire
les droits qu'il a sur son œuvre. Si l'auteur laisse des héritiers nécessaires, le droit cédé leur reviendra vingt-cinq ans
après sa mort.

En Norwège et en Danemark, le légataire d'un droit de
reproduction ne peut en disposer à son tour que s'il n'existe
ni conjoint, ni héritier de l'auteur [1].

§ Ier. — *De la capacité requise du cédant.*
Caractère, formes et preuve de la cession.

1° Capacité.

Au point de vue purement pécuniaire, il faut se référer
purement et simplement aux principes ordinaires. Mais sou-

---

[1] Darras, *op. cit.*, p. 418 note.

vent il arrive que la cession porte sur un ouvrage inédit.
Dans ce cas, des difficultés naissent de ce que la publication
d'une œuvre littéraire, voire même d'une œuvre d'art, entraîne
pour l'auteur une grave responsabilité morale.

Le mineur ne peut rien publier sans le consentement de
ses père et mère qui sont les gardiens de la réputation de
leur enfant, les seuls chargés de faire son éducation et de
diriger sa conduite. La volonté du père suffira pour la
validité de l'aliénation. La loi du 27 février 1880 ne s'applique pas, en effet, au père administrateur légal. A défaut des
père et mère, le droit de consentir une cession appartiendra
au tuteur autorisé par le conseil de famille (art. 1er, loi 1880);
il faudra l'homologation du tribunal si l'intérêt en jeu est de
plus de quinze cents francs (art. 2). S'il s'agit de passer
un traité temporaire, acte d'administration, il faudra cependant, selon nous, que le conseil de famille intervienne. La
publication d'un ouvrage engendre, pour celui qui en est
l'auteur, des conséquences dont le tuteur ne doit pas être
laissé seul juge, elle intéresse la famille tout entière, il faut
que celle-ci soit appelée à y consentir. Le mineur émancipé
devra se conformer aux mêmes formalités (art. 4, loi 1880).
Toutefois, s'il s'agit simplement de publier et de percevoir
les produits d'éditions successives, comme il n'y a dans ce fait
qu'un acte d'administration, et que, d'un autre côté, le
mineur émancipé est maître de sa personne et seul chargé
de se conduire, on devra décider qu'aucune assistance ni
autorisation ne sera requise.

Les règles de la minorité s'appliquent à l'interdiction (art.
509 C. c. et 1er loi 1880), qu'elle soit judiciaire ou légale [1].

Pour le prodigue, il faudra faire une distinction entre la
concession d'une édition, qu'il pourra consentir valablement
comme acte d'administration, à condition de se conformer
aux usages pour le nombre des exemplaires; et la cession

---

[1] Paris, 7 août 1837, Sir., 1838, 2, 268.

totale qui exigera l'assistance de conseil judiciaire (art. 513 C. c.).

La femme mariée, même séparée de biens, doit obtenir le consentement de son mari : il est le gardien de l'honneur du nom qu'elle porte, il peut s'opposer à ce qu'il soit compromis par une publication dont la femme ne sait peut-être pas mesurer toute la portée. Aussi ne croyons-nous pas qu'en pareille matière, l'autorisation de la justice puisse suppléer celle du mari. Il a le droit de régler souverainement le genre de vie de sa femme, la direction morale de la famille [1]. Il n'est pas même possible d'admettre que la justice pourra autoriser la femme à publier sous un nom autre que celui de son mari, sous un pseudonyme ; car ce changement de nom, en réalité, ne tromperait personne et ne ferait qu'exciter la curiosité et la malignité publiques. Ce n'est qu'au cas de séparation de corps qu'il sera possible de se contenter de l'autorisation de justice.

Doit-on maintenir la même solution, dans le cas où il s'agit de rééditer une œuvre publiée par la femme avant son mariage ? Le mari était averti, il savait qu'il épousait une femme auteur, il devait connaître les ouvrages qu'elle avait publiés et en a accepté les conséquences morales. La femme a, en quelque sorte, le bénéfice d'une situation acquise ; il faudra que le mari montre qu'il a de bonnes raisons, des raisons nouvelles pour défendre une réédition ; la justice sera appelée à les apprécier.

Le failli pourra-t-il passer un traité pour la publication ou la cession d'une œuvre jusqu'alors manuscrite ? Il semble que, pouvant détruire entièrement son manuscrit, il doit être admis à le céder. Cependant, nous croyons qu'il y a lieu de distinguer : l'auteur, jusqu'à la publication, a sur son œuvre un droit moral tellement personnel et pour ainsi dire intime, qu'elle ne saurait être séparée de lui malgré sa volonté ; mais une fois qu'il a autorisé la publication, l'ouvrage devient une

---

[1] Demolombe, IV, n° 248 bis.

valeur pécuniaire. On conciliera donc les intérêts opposés en décidant que l'œuvre du failli, une fois qu'il aura consenti à la publication, sera cédée ou exploitée par le syndic, suivant les règles exprimées dans l'article 486 du code de commerce ; mais elle ne pourra être publiée malgré lui.

Si l'on suppose un ouvrage composé en collaboration, il est bien évident qu'il ne pourra faire l'objet d'une cession que si tous les collaborateurs sont capables ou habilités pour la cession et y consentent. En effet, l'œuvre étant indivisible, aucun des collaborateurs ne peut, séparément et sans le consentement des autres, autoriser la publication. La vente faite par l'un des auteurs serait valable, mais à son égard seulement ; l'acheteur, substitué aux droits de son cédant, ne pourrait entreprendre la publication sans l'aveu des collaborateurs avec qui il n'aurait pas traité, sauf la faculté pour lui de s'adresser aux tribunaux pour vider le différend, la présomption étant qu'une œuvre a été faite pour être livrée à la publicité [1]. On a proposé de décider que la cession faite par l'un des collaborateurs, auteur apparent de l'ouvrage, à un acquéreur de bonne foi et non en faute devrait être validée, sauf le recours des collaborateurs, qui n'ont pas consenti, contre le cédant [2]. Cette solution, d'une utilité pratique incontestable, ne va pas sans quelques difficultés.

2° Caractères de la cession.

Deux droits distincts appartiennent à l'auteur. La propriété de son manuscrit, de son tableau ou de sa statue ; la faculté exclusive d'en autoriser des éditions et reproductions, de les vendre et les faire vendre.

La vente se rapporte à l'objet matériel, la cession à ce qui concerne la faculté de reproduire la conception de l'auteur, fruit de son génie.

La cession d'une œuvre littéraire ne donne pas à l'éditeur d'autres droits que d'imprimer et de vendre les exemplaires ;

---

[1] V. Pouillet, p. 105.
[2] Dalloz. Répertoire, v° prop. lit., n° 315 ; Renouard, II, p. 331.

elle ne comprend pas la vente de la propriété du manuscrit. L'auteur doit seulement fournir à son cessionnaire une copie lisible qui lui permette d'éditer [1].

Pour l'œuvre d'art, la nature même du contrat emporte, dans le silence des parties, la vente de l'objet matériel.

A l'inverse, doit-on décider que la vente d'un objet artistique entraine, de la part de l'auteur, l'aliénation du droit de reproduction ?

Il faut, bien entendu, écarter le cas où les parties se sont formellement expliquées. On doit mettre à part également les contrats dans lesquels l'intention commune des parties ne saurait être douteuse : par exemple, la vente est faite à un industriel qui fait profession de graver ou reproduire des objets d'art, il est bien évident qu'il a entendu acquérir le privilège de reproduction. A l'inverse, le privilège resterait incontestablement dans les mains de l'auteur, s'il existait, avant la vente de l'objet, des reproductions dont l'acheteur connaissait l'existence.

On doit donc supposer, pour que la question de droit se pose, que les juges ne trouvent pas dans les faits de la cause les éléments nécessaires pour décider que l'intention des parties a été telle ou telle.

La solution ne fait plus de doute pour la jurisprudence : la vente qui est faite d'une œuvre d'art en transmet à l'acquéreur le domaine plein et entier, avec tous les accessoires qui y sont attachés. Ayant, comme propriétaire, le droit de disposer de la chose de la manière la plus absolue, l'acheteur ne fait qu'user d'une faculté légitime quand il fait reproduire ou concède à un tiers l'autorisation de reproduire l'œuvre dont il a acquis la propriété [2].

---

[1] Paris, 29 mars 1878, et Cass., 28 décembre 1880, Pataille, 1881, p. 129.

[2] Paris, 18 août 1879, Pataille 1882, p. 219. V. aussi : Cass. 27 mai 1842, Dal. 1842. ı, 297 ; Paris, 12 décembre 1861, Pataille, 1862, p. 61 ; Trib. civ. Seine, 27 juillet 1883, Pataille, 1887, p. 238, qui pose en thèse générale que la vente, faite sans réserves par l'artiste, entraîne aliénation du droit de reproduction.

La plupart des auteurs repoussent cette solution. La renonciation à un droit ne doit pas être facilement supposée. On ne peut donc s'autoriser du défaut de clarté de l'acte de cession, pour présumer que le vendeur a renoncé au privilège de reproduction. Il est d'ailleurs absolument faux de dire que ce droit est un accessoire de l'objet matériel ; il en est absolument distinct, et porte sur une prérogative immatérielle qui résulte de la création de l'œuvre. Si quelque chose est accessoire, c'est bien l'objet matériel ; le tableau, la statue n'est « que la copie la plus parfaite de l'œuvre intellectuelle de « l'artiste par l'artiste lui-même[1] ; » dès lors, décider que l'aliénation du droit de copie résulte de la vente de l'objet matériel, c'est faire passer l'accessoire devant le principal et confondre l'œuvre intellectuelle de l'artiste avec sa copie. On ne peut appliquer l'article 1615 C. c., car le droit de reproduction n'est pas destiné à l'usage perpétuel de l'œuvre d'art ; l'amateur n'achète qu'un ornement, une œuvre qu'il prend plaisir à voir et à montrer. Au point de vue des textes spéciaux à notre matière : la loi de 1793 distingue le tableau original de sa gravure et en fait deux droits distincts «... *les peintres et dessinateurs qui feront graver des tableaux ou desseins...* » ; comment soutenir que du droit de propriété sur le tableau découle le droit de reproduction. Enfin, si on attache la faculté de reproduction à la possession de l'objet d'art, il faut la reconnaître à tous les acquéreurs successifs ; l'auteur verra ainsi reproduits à l'infini une œuvre dont il n'est peut-être pas entièrement satisfait ; des mains malhabiles viendront défigurer sa conception, en créant de mauvaises copies, qui iront par le monde entier déshonorer la réputation du créateur de l'original[2]. Il faudrait peut-être même aller jusqu'à donner aussi à l'auteur, qui a conservé une esquisse de son ouvrage, la faculté de la reproduire, car ici encore on pourrait dire : la propriété est absolue ; ayant

---

[1] Thulliez, p. 128.
[2] Rapport de Lamartine, Worms, II, p. 163.

comme propriétaire le droit de disposer de la chose de la manière absolue, l'auteur ne fait qu'user d'une faculté légitime quand il fait reproduire.

Nous n'admettrons donc pas que l'acheteur ait la liberté de faire reproduire l'objet d'art qu'il a acquis [1]. Mais l'auteur a-t-il gardé ce droit, ou plutôt peut-il l'exercer sans le consentement de l'acquéreur ? M. Pouillet répond négativement : Par son contrat, l'artiste s'interdit d'user de la faculté de reproduction qui, même lorsqu'elle s'exercerait par un art différent, aurait pour effet de répandre la composition, de lui ôter de son originalité, de lui faire perdre de son prix. Nous pensons que l'artiste n'ayant aliéné que l'objet matériel, ayant gardé le droit de reproduction, demeure libre de l'exercer. Sans doute il doit garantie à l'acquéreur, il ne peut, par son fait, diminuer les avantages que celui-ci se proposait de retirer du contrat ; il ne pourra donc exécuter une copie de l'œuvre qu'il a cédée, mais pourra la reproduire par un art différent : ainsi le peintre qui a vendu un tableau est libre de le faire graver. La loi de 1793 suppose bien que le peintre fait graver son tableau bien que, d'ordinaire, il le vende. Est-il vrai qu'en agissant ainsi il porte atteinte à la propriété qu'il a cédée ? Il nous semble qu'il n'enlève rien à la valeur de l'œuvre primitive, mais ne fait, au contraire, qu'accroître, en en répandant la connaissance, la valeur de l'original resté aux mains de l'heureux possesseur. Cependant nous n'admettrons pas que celui qui a fait un portrait puisse en exécuter à son gré des copies ou reproductions ; chacun doit conserver le droit d'interdire, même après une première autorisation par lui donnée, qu'on reproduise ses traits. Il va sans dire, au reste, que, sous prétexte d'exercer son droit, l'artiste ne

---

[1] En ce sens : Pataille, 1887, p. 238 et s. ; Pouillet, p. 294 ; Dalloz, répertoire, n° 281 ; Gastambide, traité théorique et pratique des contrefaçons, p. 312 et 403. — Vœu du congrès artistique tenu à Paris en 1878 et projet de loi déposé à la chambre des députés le 24 juillet 1879 ; v. Deschamps, des cessions en matière de propriété industrielle (thèse), p. 113 et s. Résolution du congrès artistique de Paris en 1889.

saurait forcer l'acquéreur à lui délaisser l'original pour lui permettre de le copier. L'acheteur a sur l'objet matériel un droit exclusif et il peut, s'il le veut, le soustraire à tous les regards. Mais, dans la pratique, l'auteur aura conservé une esquisse, une étude de son tableau, une ébauche de sa statue, qui lui serviront à exercer le privilège de reproduction.

Il y a des hypothèses cependant, dans lesquelles il faut décider que le droit de reproduction passe à l'acquéreur. Tel est le cas de la vente d'une planche gravée. Cet objet n'ayant par lui-même aucune utilité pour l'acquéreur, et l'auteur ne pouvant par aucun moyen exercer la faculté de reproduction, on doit nécessairement supposer qu'il a entendu la transmettre à son acheteur.

La même question a été très discutée pour le cas où la vente d'une œuvre d'art est faite à l'Etat. Il n'est pourtant pas très difficile de découvrir les éléments de la solution. Un avis du conseil d'Etat du 2 avril 1823 décide que l'Etat, acquéreur d'une œuvre d'art, a le droit de la reproduire. Dans le silence du contrat, les artistes, en vendant leurs œuvres à l'Etat, doivent être censés avoir consulté les conditions prescrites par le conseil d'Etat pour ces sortes de ventes et en avoir accepté toutes les conséquences [1].

L'Etat pourra alors faire ou autoriser des reproductions, ou bien abandonner au public le droit qu'il a acquis. Les monuments publics, dont les aspects extérieurs sont livrés au regard et à l'étude du public, sont par cela même susceptibles d'être reproduits par tous et de toute manière. Le tribunal de commerce de la Seine [2] avait fait une application de ces principes, à propos des reproductions du palais élevé pour l'exposition universelle de 1867. En pareil cas, l'Etat abandonne gratuitement au public les droits qui lui appartiennent. Les mêmes principes ont été mis en jeu tout récemment, dans

---

[1] Gastanbide, p, 314.
[2] 7 nov. 1867, Pataille, 1867, p. 361.

une contestation survenue à propos du droit de reproduction de la fameuse tour due à M. l'ingénieur Eiffel.

Aux termes d'une convention du 8 janvier 1887, M. Eiffel s'est engagé à construire, en qualité d'entrepreneur, une tour en fer de 300 mètres dont il avait lui-même exécuté les plans. Des clauses du contrat, il résultait clairement que la tour serait la propriété de l'Etat pendant la durée de l'Exposition et qu'elle devait passer ensuite à la ville de Paris. Le traité accordait à M. Eiffel, pour prix de ses travaux, une certaine somme et de plus la jouissance de l'exploitation de la tour pendant un certain temps, en limitant l'exploitation à l'ascension du public et à l'installation de divers établissements dans les constructions de la tour.

M. Eiffel, pensant que le droit exclusif de reproduction de la tour lui appartenait [1], en consentit la cession à M. Jaluzot pour une période de six années. M. du Pasquier, architecte, ayant fait exécuter un plan en relief de la tour pour l'exhiber en Amérique, M. Jaluzot engagea contre lui un procès en contrefaçon. Le gouvernement français intervint à l'instance. Le tribunal civil de la Seine rejeta la demande en contrefaçon le 18 avril 1889 [2]. Ce jugement pose en thèse générale que la cession sans réserves d'une œuvre d'art transmet à l'acquéreur le droit de reproduction. Or l'ingénieur Eiffel avait cédé à l'Etat la propriété des dessins et plans de la tour. La jouissance de l'exploitation de la tour concédée à son constructeur ne comprenait pas le droit de reproduction ; il n'est pas d'ailleurs supposable que l'Etat ait voulu priver le public du droit de se procurer librement l'image de cette tour qui devait être une des curiosités de l'Exposition. Par consé-

---

[1] Dans ce procès, on n'a pas mis en doute que l'architecte pût bénéficier des droits que la loi de 1793 réserve aux auteurs d'œuvres d'art et notamment du droit de reproduction ; ce point est généralement reconnu en doctrine. V. Pouillet, p. 86 et s.

[2] V. *Le Droit d'auteur*, organe officiel du bureau de l'Union internationale pour la protection des œuvres littéraires et artistiques, 1889, p. 56.

quent la vente a porté sur la chose d'autrui, elle est nulle aux termes de l'article 1599 C. c. ; et le droit de reproduction n'a pas cessé d'appartenir à l'Etat [1].

En conséquence, le défendeur fut renvoyé des fins de la demande en contrefaçon.

La très grande majorité des lois étrangères ont voulu que l'auteur d'une œuvre d'art, venant à en aliéner la propriété, ne transmette pas par cela même la faculté de reprodution à l'acquéreur [2]. Elles doivent être partagées en deux groupes. Les unes, au nombre desquelles figure notamment la loi belge (art. 19), ne disent pas expressément si l'auteur peut exercer le droit de copie qui n'a pas passé à l'acquéreur. Il semble cependant résulter des travaux préparatoires de cette loi que l'auteur peut reproduire par un art différent [3]. On peut même tirer, en faveur de cette opinion, un argument *a contrario* de l'article 20 : personne n'a le droit de reproduction en cas de portrait, donc, dans les autres cas, il appartient à l'auteur.

D'autres législations ont été plus explicites. La loi allemande du 9 janvier 1876, concernant le droit d'auteur sur les œuvres des arts figuratifs [4], décide (art. 8) que la cession de l'œuvre d'art n'implique pas transmission du droit de reproduction, sauf quand il s'agit de portraits ou bustes commandés. Le propriétaire de l'objet matériel n'est pas obligé de le mettre à la disposition de l'auteur pour lui permettre d'en faire des reproductions.

La loi hongroise du 1er juillet 1884 [5] statue (§ 64) que le

---

[1] Le Conseil d'Etat, consulté par le Ministre du commerce et de l'industrie, avait émis un avis dans le même sens le 9 mars 1889. — V. *Le Droit d'auteur*, 1889, p. 76.

[2] Darras, p. 422. La loi colombienne contient une disposition obscure : « Le peintre ou le sculpteur ne peut, en général, reproduire l'œuvre qu'il a aliénée » (art. 62).

[3] V. Annuaire de législ. étrang., 1886, p. 456 et s., note sous l'art. 19.

[4] V. *Le Droit d'auteur*, 1889, p. 6.

[5] Revue de droit internat. et de lég. comp., 1885, p. 487 et s.

droit de reproduction appartient à l'auteur ; mais sans qu'il puisse exiger du propriétaire de l'œuvre d'art qu'il la lui abandonne en vue de la reproduction. En cas de portraits et bustes commandés, le propriétaire peut exercer le droit de copie. La loi suisse contient une disposition semblable en tous points (art. 5).

Quand il s'agira d'une œuvre dramatique, l'auteur cèdera à un théâtre le droit de représentation, à un éditeur le privilège de publication ; il y aura ainsi deux cessions indépendantes l'une de l'autre. Il en sera de même pour l'œuvre musicale ; la cession du droit d'impression n'entraînera pas aliénation du droit d'exécution publique ; il y a là pour l'auteur deux prérogatives, deux moyens de tirer parti de son œuvre essentiellement indépendants l'un de l'autre, il conserve tous les droits qu'il n'a pas formellement aliénés [1].

Nous avons supposé jusqu'ici que la cession comprenait le privilège de publication tout entier, pour toute la durée concédée par la loi. Certains jurisconsultes ont admis qu'il était nécessaire qu'on se fût formellement expliqué sur ce point, soutenant que, dans le silence du contrat, l'acheteur n'aurait droit qu'à une seule édition [2]. C'est bien le cas d'appliquer ici l'article 1602 C. c. ; l'auteur est vendeur dans toute la rigueur du mot, il n'a pas expliqué clairement ce à quoi il s'obligeait, par suite doit être censé avoir voulu aliéner tous les droits qu'il possédait [3].

Il est manifeste, cependant, que la convention pourrait limiter l'objet et l'étendue de la cession. On ne peut évidemment prévoir toutes les stipulations qui peuvent se produire dans la pratique. Il est permis pourtant de citer quelques clauses intéressantes :

Il peut se faire qu'il intervienne entre l'auteur et un éditeur

---

[1] V. Paris, 13 mai 1887, Pataille, 1887, p, 311.

[2] Renouard, II, p. 283-284.

[3] C'est ce que décide l'article 14 de la loi colombienne. La loi italienne, au contraire, statue (art. 19) que l'aliénation n'est pas indéfinie, le juge fixe un délai à l'exploitation du cessionnaire.

un traité, aux termes duquel celui-ci s'engage à imprimer l'ouvrage à un nombre déterminé d'exemplaires, moyennant partage des bénéfices de la vente et prélèvement fait, au profit de l'éditeur, des frais d'impression sur les bénéfices. Il a été jugé qu'un pareil traité établit entre les parties une société en participation, qui a le caractère commercial au regard de l'éditeur [1].

On pourrait céder le droit de faire une édition, d'exploiter pendant un certain temps, par exemple durant la vie de l'auteur. Celui qui fournit des articles à un journal ne lui donne, en général, que le droit de les publier une fois ; il garde ses droits d'auteur et aura par conséquent la liberté de réunir en un corps d'ouvrage ses articles disséminés. Il sera seulement tenu d'observer un délai suffisant pour que la publication qu'il entreprend ne nuise pas à son cessionnaire. Il semblerait naturel de donner la même solution pour l'écrivain qui a fait des articles destinés à entrer dans la composition d'un recueil, d'une compilation. Cependant il y a, dans cette hypothèse, moins une cession qu'un louage d'industrie ; en réalité le collaborateur perd ses droits, il les vend moyennant une rémunération convenue ; le véritable et principal auteur est celui qui a conçu et dirigé l'ensemble et qui en a réuni toutes les parties [2]. Il en est autrement dans la majeure partie des législations étrangères. Non seulement les écrivains qui travaillent pour un journal peuvent reproduire leurs œuvres dans la forme qui leur convient (art. 20 loi espagnole, art. 51 loi colombienne), mais d'autres lois vont plus loin. En Allemagne, l'auteur qui a collaboré à un recueil conserve ses droits sur son article, il peut le reproduire ; il lui suffira d'observer un délai de deux ans à partir de l'expiration de l'année de la publication, dans le cas où le recueil qui a inséré l'article est une publication périodique. Dans les Etats scandinaves, même solution, mais le délai est restreint à un

---

[1] V. Paris, 16 février 1844, Sir. 1845, ii, 612.
[2] Pouillet, p. 111-112 ; Paris, 6 juin 1883, Pataille, 1885, p. 87.

an. En Russie, en Portugal, au Mexique, l'écrivain conserve
tous ses droits, il ne vend que la faculté de publier une fois,
et peut lui-même publier immédiatement [1]. En Italie (art. 26
l. 1882), il suffit que l'écrivain déclare qu'il entend conserver
ses droits d'auteur ; s'il ne le fait pas, il les perd complètement
et ce n'est pas le directeur du recueil qui en devient titulaire,
car tout le monde peut reproduire, en indiquant la source.

Une clause, par laquelle l'auteur cèderait les œuvres qu'il
pourra composer, serait nulle comme tombant sous le coup
de l'article 1174 C. c. La condition est potestative de la part
de celui qui s'oblige. Pareille convention tend d'ailleurs à
enchaîner la liberté personnelle de l'auteur, elle est contraire
à l'ordre public. Serait nulle, pour les mêmes raisons, la
cession du produit des œuvres qu'un auteur pourra composer [2].
Mais l'écrivain ou l'artiste pourrait céder une œuvre qu'il
s'engage à composer (art. 1130 C. c.). Il contracte alors une
obligation de faire, qui se résout *forcément* en dommages-
intérêts si elle n'est pas exécutée (art. 1142). Il ne parait
guère possible, en effet, d'appliquer en l'espèce le mode
d'exécution offert par l'article 1144. Si l'auteur s'engage sur
commande à faire un ouvrage littéraire ou artistique, d'après
un plan déterminé et un objet précis, il y a louage d'industrie ; si celui qui a commandé l'œuvre la signe, c'est lui qui
en sera réputé auteur, c'est sur sa vie que sera mesurée la
durée du privilège d'exploitation.

L'objet du contrat de cession, pour l'acheteur, est le prix
qu'il s'engage à payer. Tantôt ce sera une somme fixe, tantôt
elle sera calculée sur le nombre des exemplaires ou des
éditions qu'on parviendra à écouler. Il se pourrait même qu'il
n'y eût aucun prix de stipulé sans que, pour cela, le traité
perdît son caractère de contrat à titre onéreux. On peut
concevoir, en effet, que l'auteur trop pauvre pour faire les
frais de l'édition, mais comptant que son œuvre fera sa

---

[1] Darras, p. 407-408.
[2] Paris, 31 janvier 1854, Sir. 1854, ii, 734.

réputation, la cède à un éditeur, qui fera les frais de l'impression ou de la reproduction et recevra en échange les bénéfices que pourra produire la vente des exemplaires.

3° Formes et preuves de la cession.

Deux textes sembleraient démontrer que la loi exige un acte écrit pour la validité de la cession. Ce sont les articles 3 du décret de 1791 pour le droit de représentation, et du décret de 1793 pour la publication. Cependant ces textes ne sont pas suffisants pour entraîner une dérogation au droit commun. Le décret de 1791 a voulu seulement exprimer que le consentement de l'auteur était absolument nécessaire ; il n'a pas attaché de nullité à l'absence d'écrit et les nullités ne doivent pas être présumées ; tout ce qu'on peut conclure de cette disposition est qu'il faut le consentement préalable de l'auteur. Quant à l'article 3 du décret de 1793, il est vrai qu'il parle d'un acte écrit. Mais il prévoit le cas où un éditeur veut se défendre de la saisie ; il doit produire une permission par écrit émanée de l'auteur ou de ses ayants-cause. Cette disposition est destinée à servir de règle aux agents chargés d'opérer la saisie, elle n'a aucun rapport avec notre question. La cession peut donc être faite sans formes, par le seul effet du consentement.

Si le contrat est nié par l'auteur, la preuve pourra être faite par les modes ordinaires du droit commun. C'est ainsi qu'il a été jugé que l'éditeur peut établir la cession par des reçus constatant le paiement à l'auteur [1]. Une lettre missive sera une preuve suffisante ; de même encore, des présomptions graves, précises et concordantes appuyées d'un commencement de preuve par écrit. On a même dit [2] que la publication d'une édition, au vu et au su de l'auteur, sans réclamation de sa part, est une présomption qui équivaut à une preuve de cession pour cette édition. C'est aller trop loin.

---

[1] Angers, 19 et 26 janvier 1880, Pataille, 1880, p. 204 ; Trib. civ. Seine, 18 mars 1882, Pataille, 1882, p. 116.

[2] Renouard, II, p. 287.

L'auteur, en vendant son œuvre, ne fait pas acte de commerce, l'acte doit donc rester sous l'empire du code civil ; or
une présomption, la présomption d'un aveu extrajudiciaire
ne saurait constituer une preuve suffisante contre lui [1].

Il en serait tout autrement si l'auteur voulait prouver la
cession contre son éditeur, dans le but par exemple de se
faire payer : en achetant un ouvrage pour l'imprimer et le
vendre, le libraire a fait un acte de commerce, dès lors un
acte écrit n'est plus nécessaire et tous les modes de preuve
admis par la loi commerciale peuvent être invoqués contre
lui. La preuve testimoniale et les présomptions de l'homme
devraient également être admises, dans les contestations
entre éditeurs qui tous deux se prétendraient cessionnaires
du même droit. La plupart des jurisconsultes reconnaissent
que si la possession du manuscrit, de la planche gravée, de
la statue ou du tableau n'est pas pour le cessionnaire une
preuve complète de son droit, c'est du moins une présomption
tellement sérieuse qu'elle impose à ceux qui la contestent
l'obligation de prouver que la détention est irrégulière ou
illicite [2]. Ici encore nous croyons qu'il y a lieu de faire une
distinction : la maxime de l'article 2279 s'applique au manuscrit ou à l'objet d'art, en tant qu'objet corporels ; mais, quant
au droit de reproduction, la possession n'engendre qu'une
présomption de fait. Le droit de reproduction est présumé
appartenir à l'auteur, tant que celui contre lequel il le réclame
ne justifie pas d'un droit contraire, et contre l'auteur ou ses
représentants il ne peut le faire que par les moyens de preuve
du droit civil, il faut donc qu'à la présomption qui résulte
pour lui de la possession il ajoute un commencement de
preuve par écrit [3]. Au regard de tous autres l'éditeur, étant

---

[1] V. Bonnier. Traité des preuves, p. 321.

[2] Pouillet, p. 244 ; Gastambide, p. 131 ; Renouard, II, p. 286.

[3] De Folleville. Traité de la possession des meubles, p. 135 ; Trib.
civ. Seine, 13 mai 1882, Pataille, 1882, p. 74, qui dégage très exactement ces principes.
Il existe entre l'article 2279 et la théorie des dons manuels, une
corrélation intime. L'article 2279 n'édicte sa règle que pour les
meubles pouvant être transférés par la simple tradition ; le don

censé avoir fait un acte de commerce, pourra invoquer les modes de preuve admis au commerce et notamment les présomptions.

Quelles règles doit-on appliquer en cas de cessions successives ? On a dit : Il faut appliquer l'article 1328 C. c., le

---

manuel suppose nécessairement la tradition ; il faut que les choses, qui sont données de cette manière, soient susceptibles d'être aliénées par la simple remise de la possession. Les seuls meubles susceptibles de faire l'objet d'un don manuel sont donc ceux auxquels s'applique l'article 2279. Ceci posé, il devient facile de résoudre la question de savoir si l'œuvre artistique ou littéraire peut être donnée de la main à la main. Il paraît incontestable que l'objet d'art ou le manuscrit peuvent faire l'objet d'un don manuel (Aubry et Rau, § 659, note 23 [VII, p. 83-84] ; Demolombe, Donations, III, n° 71). Mais on est loin d'être d'accord sur le point de savoir si la donation ainsi faite entraînera, pour le donataire, la faculté de reproduire le tableau ou d'éditer l'ouvrage littéraire. La question ne s'est pas encore présentée dans la pratique pour l'œuvre d'art ; mais la jurisprudence voyant dans le droit de reproduire une œuvre d'art la conséquence et comme l'accessoire du droit de propriété sur l'objet matériel (Paris, 18 août 1879, Pataille, 1882, p. 219), il est probable qu'elle n'hésiterait pas à reconnaître le monopole de reproduction à celui qui a reçu, à titre de don manuel, un tableau ou une statue. Pour l'hypothèse de la donation d'un manuscrit, il existe quelques décisions déjà anciennes, jugeant qu'elle ne transmet pas nécessairement au donataire le droit de publication (v. Pouillet, p. 308). Les auteurs suivent en général cette solution. La donation d'un objet d'art n'entraîne pas forcément transmission du droit de le reproduire ; le droit de publication, prérogative immatérielle, n'est pas une conséquence nécessaire du don du manuscrit (De Folleville. Possession des meubles, p. 133-135). Mais l'auteur, dont nous citons l'opinion, voit dans la possession une présomption grave en faveur du possesseur, qui pourrait, en appuyant cette présomption d'un commencement de preuve par écrit, retenir le droit de publication comme conséquence d'un don manuel. Cette opinion est erronée. Il faut voir dans le manuscrit deux choses distinctes : le droit de propriété sur l'objet matériel et le droit de publication. Ce dernier, loin d'être l'accessoire du premier, est le droit le plus important, le droit principal ; il n'est pas susceptible de don manuel parce que c'est une prérogative essentiellement incorporelle. Dès lors la présomption, résultant de la possession du manuscrit, est complètement inutile au prétendu donataire. La faculté de publier l'ouvrage ne saurait exister pour lui s'il n'est pas en mesure de présenter l'acte notarié qui l'a investi de ce droit (En ce sens, Aubry et Rau, II, p. 115, et § 659, note 23 [VII, p. 83]). La même solution devrait être appliquée au droit de reproduire un objet d'art, qui a été transmis à titre de don manuel. (*Contra* : Demolombe. Donations, III, n° 72, qui décide que le privilège de publication peut faire l'objet d'un don manuel.)

cessionnaire qui sera préféré sera celui dont le titre a le premier acquis date certaine, car ils sont bien des tiers vis à vis l'un de l'autre [1]. Ce raisonnement ne tient pas compte de la tradition constante qui rejette la théorie de la date certaine, formulée par l'art. 1328, quand il s'agit des actes de commerce [2]. Les deux éditeurs, qui ont acheté pour revendre, ont fait incontestablement un acte de commerce. L'un d'eux pourra donc prouver par écrit non enregistré, par ses livres et même par témoins, l'antériorité de son titre. La difficulté n'est pas là ; elle vient de ce que la formalité, prescrite par l'article 1690 C. c., est inapplicable à l'achat d'un privilège de publication ; celui qui vient traiter avec l'auteur n'a donc aucun moyen de s'assurer que le droit qu'il se propose d'acquérir est encore entre les mains de celui qui va le lui vendre. Supposons qu'il voie entre les mains de son cédant le manuscrit de l'ouvrage ; il croit trouver dans ce fait toute la certitude qui est désirable, pour montrer que l'auteur n'a pas aliéné ; il se fait remettre le manuscrit, aucune faute ne peut donc lui être reprochée. Le premier cessionnaire au contraire a commis une faute en ne se faisant pas remettre le manuscrit, ce fait a permis au deuxième de traiter, l'a trompé et l'induirait en préjudice s'il était évincé. Ne pourrait-on pas décider que le premier cessionnaire qui a ainsi causé un préjudice au deuxième doit le réparer (art. 1382 C. c.); et comme le meilleur moyen de le faire est de ne pas évincer l'éditeur qui est venu après lui, se résigner à dire que c'est la deuxième cession qui est la bonne? La solution, nous n'en doutons pas, est un peu hardie ; mais, puisqu'au commerce l'équité doit jouer un rôle prépondérant, n'est-il pas permis de donner toute latitude au juge pour appliquer les règles qu'elle dicte, quand les principes ordinaires viennent à manquer? Du reste, il y aurait un moyen bien simple pour le législateur de mettre fin à ces difficultés, ce serait de créer un registre semblable à

---

[1] Pouillet, p. 244.
[2] V. Lyon-Caen. Précis de droit commercial, édit. 1884, I, p. 327.

celui qui existe en certains pays, et de prescrire que toute transmission des droits d'auteur n'aura d'effet, à l'égard des tiers, que du jour où l'acte qui la constate aura été inscrit sur ce registre.

La majorité des législations étrangères n'exigent pas de formes spéciales pour la cession, il faut donc s'en référer aux dispositions générales de chaque peuple sur la transmission des droits par l'effet des conventions. Cependant, il existe des exceptions.

La jurisprudence anglaise exige, pour que le cessionnaire soit protégé, qu'il produise un écrit enregistré [1]. Aux Etats-Unis, il n'y a pas de conditions pour la cession antérieure à la publication ; pour celle qui est postérieure, il faut rédiger un écrit et en donner avis à la bibliothèque du Congrès dans un délai de soixante jours. En Turquie, le traité doit être communiqué au conseil d'instruction publique [2]. En Espagne, l'aliénation doit être mentionnée sur le grand registre de la propriété (règlement du 3 septembre 1880). La loi la plus récente, celle de la Colombie, édicte dans son article 32 une disposition analogue : Toute transmission des droits d'auteur devra être constatée par acte public, qui sera inscrit sur un registre ouvert en vertu de l'article 27 au ministère de l'Instruction publique et dans les secrétariats des gouvernements départementaux ; à défaut d'avoir accompli cette formalité, l'acquéreur ne pourra faire valoir aucun droit.

Pour les représentations et l'exécution publique : En Italie et en Espagne [3] les directeurs de théâtres doivent fournir aux autorités compétentes la preuve écrite du consentement de l'auteur avant toute exécution ; c'est le système de l'autorisation préalable. La cession du droit de représentation et d'exécution publique ne pourra donc avoir lieu que par écrit.

---

[1] Pataille et Huguet. Code international de la propriété industrielle, p. 117 et 200.

[2] et [3] Darras, p. 418-419 et 411-415. V. aussi ordonnance du 2 janvier 1889 en Espagne, dans *Le Droit d'auteur*, 1889, p. 18.

§ II. — *Obligations du cédant*

L'article 1603 C. c., qui détermine les obligations communes à tous les vendeurs, est applicable à notre matière. Le cédant doit délivrer la chose vendue et procurer au cessionnaire tous les avantages que ce dernier est en droit d'attendre du contrat. Il faudra, avant tout, consulter avec soin les clauses du traité intervenu pour déterminer, dans chaque espèce, l'étendue des droits et la limite des obligations de chacun. Mais il existe aussi des règles générales.

1° De la délivrance.

L'auteur doit, avant toute chose, livrer sinon son manuscrit, du moins une copie lisible. Cette obligation passe à ses héritiers, lorsqu'il est mort en laissant achevé le manuscrit d'une œuvre qu'il avait cédée de son vivant. Il doit remettre son manuscrit complet. Souvent, dans la pratique, cette règle n'est pas observée ; un journal publie même quelquefois un roman feuilleton, que l'auteur écrit au jour le jour ; mais l'éditeur pourrait toujours se refuser à faire la publication avant la remise du manuscrit complet. A défaut pour l'auteur de remplir cette première obligation, il sera condamné à des dommages-intérêts. L'éditeur pourrait même, dans certaines circonstances, se faire mettre en possession, par autorité de justice, des moyens d'exercer le droit qu'il a acheté. Cela sera possible pour la cession du droit de copie d'une œuvre dramatique ; le tribunal pourra autoriser le cessionnaire à faire recueillir la pièce aux représentations par la sténographie [1].

Dans la majeure partie des cas, les contractants ont indiqué le terme auquel le manuscrit doit être livré. S'il n'en a pas été fixé, l'éditeur, après avoir fait sommation de livrer, s'adressera à la justice qui fixera un délai raisonnable. Dans la pratique, surtout lorsqu'il s'agit d'ouvrage à composer ou que l'éditeur savait qu'il achetait un ouvrage inachevé, les tribunaux accorderont largement un répit au cédant.

---

[1] Gastambide, p. 249.

2° De la garantie.

Comme tout vendeur, l'auteur doit garantir à son cessionnaire la possession paisible et la jouissance utile de la chose
vendue. Dans le cas où il aurait cédé une œuvre dont il a
fait l'abandon au domaine public, ou bien une copie d'un
ouvrage appartenant à autrui, il devra rembourser le prix
qu'il a touché, et même payer des dommages et intérêts à
l'acheteur de bonne foi (art. 1599 C. c.). Il doit s'abstenir de
tout ce qui pourrait nuire à son acheteur. Ainsi, il ne peut
faire des changements qui diminueraient les chances de vente
ou accroîtraient les dépenses du cessionnaire ; il ne peut plus
publier lui-même à peine, outre les dommages-intérêts, d'être
réputé contrefacteur et puni comme tel [1]. Si l'on suppose
qu'il ait cédé un à un tous ses ouvrages, il ne peut les comprendre ensuite dans une publication d'œuvres complètes, à
moins de s'en être formellement réservé la faculté ; même
dans cette hypothèse, il faut qu'il s'abstienne de publier
dans des conditions qui seraient de nature à faire concurrence
au cessionnaire, par exemple en une édition qui pourrait se
vendre par ouvrage séparé.

C'est encore par une application directe de l'obligation de
garantie que l'auteur a le devoir, alors qu'il n'a cédé qu'une
édition, et à défaut pour lui de s'être expliqué sur l'époque à
laquelle il pourra publier de son côté, d'attendre que l'édition
qu'il a cédée soit entièrement vendue. Cela est l'évidence
même. Mais la solution ne devrait pas être maintenue, si la
lenteur du débit de l'édition tenait à la mauvaise volonté de
l'éditeur, si par exemple il avait élevé systématiquement le
prix des exemplaires de l'ouvrage ; la fraude fait exception à
toutes les règles, même à celles de la garantie, et l'auteur
pourra s'adresser aux tribunaux pour faire déclarer, contra-

---

[1] Gastambide, p. 141 ; Pouillet, p. 302. En effet l'auteur ayant cédé
ses droits à un éditeur, ce dernier lui est substitué (art. 40, décret de
1810), et par conséquent il peut exercer tous ces droits même contre
l'auteur, qui est devenu un tiers au point de vue de l'exploitation de
l'ouvrage.

dictoirement avec son acheteur, qu'il a recouvré le droit de publication. Il faudrait même aller jusqu'à lui reconnaître le même droit en cas de simple négligence du cessionnaire, sauf que les tribunaux accorderaient facilement un délai à ce dernier, pour lui permettre d'écouler les exemplaires qu'il a encore en magasin.

La loi française comme d'ailleurs toutes les lois étrangères sauf la loi belge, dans les travaux préparatoires de laquelle il a été dit qu'il y avait là une question de mesure et de délicatesse [1], a négligé de s'occuper de la question si importante du droit pour l'auteur de se répéter. Nous avons vu, il est vrai, dans quelques lois de l'Europe, que le collaborateur d'un journal ou d'un recueil peut reproduire les articles qu'il y a insérés, mais c'est parce que, dans ces circonstances, on considère qu'il n'a pas ou pas entièrement aliéné ses droits. Notre question est différente. Nous cherchons à savoir si l'auteur peut reprendre un sujet qu'il a déjà traité, en modifiant plus ou moins complètement la forme de son ouvrage artistique ou littéraire. Il y là surtout une question de fait pour la solution de laquelle le *criterium* sera : Examiner si l'œuvre nouvelle peut faire concurrence à l'ancienne ; sinon elle est parfaitement loyale, l'auteur n'a pas empiété sur les prérogatives de son acheteur. A plus forte raison doit-on interdire la copie d'un tableau vendu. On comprend facilement que l'acheteur du tableau a entendu acquérir une œuvre unique, et que sa valeur est diminuée si elle est refaite par l'auteur.

3° L'auteur garde le droit et a le devoir de corriger les épreuves.

C'est là un usage constant de la librairie ; or les clauses d'usage sont sous-entendues dans les contrats (art. 1160 C. c.). Au reste, il est de l'intérêt commun de l'auteur et de l'éditeur qu'il en soit ainsi. La difficulté est de déterminer le point où s'arrête le droit pour l'auteur de retoucher son œuvre. Le

---

[1] Ann. lég. étr., 1886, p. 456 et s., note sous l'art. 19.

plus souvent, les corrections portent sur la forme extérieure ;
elles ont pour but d'éliminer les fautes typographiques, les
locutio ns vicieuses, les erreurs de plume qui ont pu échapper
à l'auteur dans le courant de la rédaction. Mais qu'arrivera-
t-il si l'auteur, sous prétexte de corrections, s'avise de modifier son ouvrage ? Ce sera aux tribunaux à décider si les
modifications ont changé le caractère ou les dimensions de
l'ouvrage. En supposant que cette première question soit
résolue par l'affirmative, l'auteur n'aura pas le droit d'exiger
la publication de l'œuvre nouvelle. Mais devra-t-il subir la
publication de l'œuvre ancienne ? Pour nous, la réponse ne
saurait être douteuse. L'auteur en cédant son œuvre a dû
savoir à quoi il s'engageait, mesurer l'étendue des responsabilités qu'elle lui faisait encourir ; il ne peut se soustraire
aux conséquences d'un contrat qu'il a librement consenti. On
doit lui reconnaître seulement la possibilité, s'il s'agit d'un
livre immoral ou qui contient l'exposé d'opinions subversives,
de faire annuler son obligation comme ayant un objet illicite.
Il pourra, dans tous les cas, cela va sans dire, publier séparément les modifications, qu'il a fait subir à son ouvrage à la
suite de changement d'opinions.

§ III. — *Obligations du cessionnaire*

L'acheteur n'acquiert pas le droit absolu de disposer de
l'ouvrage comme bon lui semble, mais seulement de le
publier, de le reproduire et de recueillir les bénéfices de
l'exploitation commerciale qu'il va entreprendre. Il a deux
obligations principales : il doit payer son prix, à défaut de
quoi l'auteur pourra faire résoudre le contrat, et publier
l'ouvrage.

On s'accorde généralement à reconnaître que l'éditeur doit
publier. L'auteur, outre le profit matériel qu'il a retiré de la
cession, a compté sur la réputation qu'elle lui donnerait ;
l'éditeur s'est engagé implicitement à lui procurer cet avantage, il ne peut se soustraire à sa promesse. L'imprimeur
pourrait seulement, s'il découvrait que l'œuvre est immorale,

faire annuler son obligation et par suite le contrat comme reposant sur une cause illicite. Ces solutions ne paraissent guère contestables dans le cas où le contrat a pour objet un ouvrage littéraire. Mais, quand une personne a fait l'acquisition d'un objet d'art avec le droit de le reproduire, sans toutefois s'engager formellement à le faire, doit-on décider qu'elle est tenue de faire reproduire et vendre, en d'autres termes qu'elle est obligée de publier? Il y a là, croyons-nous, une question de fait, d'appréciation, à résoudre dans chaque espèce particulière. Il pourrait résulter des circonstances, par exemple dans l'hypothèse où la vente d'un tableau a été faite à un graveur de profession, que l'auteur a pu légitimement compter sur la publication ; il ne doit pas alors être privé des avantages, notamment de la réputation, qu'il comptait retirer de la divulgation de son œuvre. Si au contraire la vente a été faite à un particulier, on doit décider qu'il n'est pas tenu d'exercer le droit qu'il a acquis de reproduire l'ouvrage, à moins qu'il ne s'y soit formellement engagé.

Dans le cas où l'acheteur est tenu de publier, il doit le faire à peine de résolution du contrat et de dommages et intérêts. Mais une première édition suffit-elle à remplir complètement cette obligation ? Malgré l'opinion d'autorités considérables, il faut répondre affirmativement. On a dit que, chaque fois qu'une édition est épuisée, l'écrivain peut exiger une réimpression, sauf toutefois la possibilité pour l'éditeur de s'adresser aux tribunaux, pour faire décider qu'en se refusant à une réimpression actuelle, il use raisonnablement du droit qu'il a de choisir le moment opportun de lancer les exemplaires dans le public [1]. Sans doute on pourra trouver, dans les faits de la cause, la preuve que le cessionnaire s'est engagé à donner une nouvelle édition chaque fois que la précédente serait épuisée ; mais, en l'absence de ces indices, il faut dire que l'éditeur qui a acquis un droit de publication,

---

[1] Renouard, II, p. 328 ; Gastambide, p. 137 ; Dalloz, répertoire, v° prop. litt. n° 311.

est libre de l'exercer à son gré. Sans doute il s'est obligé à publier, mais il a rempli cette obligation en publiant une fois ; c'est l'auteur qui dans l'espèce jouait le rôle de stipulant, c'était à lui, s'il voulait acquérir le droit d'exiger plusieurs éditions, à le dire formellement : dans le doute, la convention doit être interprétée contre lui (art 1162 C. c.).

Le cessionnaire doit publier sous le nom de l'auteur, à moins que l'intention commune des parties n'ait été qu'il ait la faculté de disposer de l'œuvre comme il l'entendrait, pour le plus grand intérêt de son exploitation.

L'acquéreur d'un objet d'art, portant la signature de son auteur, contracte implicitement l'obligation de ne l'exposer et mettre en vente que sous la signature de l'auteur ; cette obligation se transmet aux acquéreurs successifs de l'objet. L'auteur, en effet, a le droit de compter sur la réputation que lui donnera le mérite de son œuvre ; il doit être investi, pour atteindre ce but, de la faculté de se faire reconnaître l'auteur de l'ouvrage, et par conséquent peut forcer l'éditeur ou le marchand à apposer son nom sur l'ouvrage qu'il lui a vendu et à plus forte raison sur les reproductions qui ont pu en être faites [1].

A l'inverse, l'éditeur a le droit de mettre le nom de l'auteur sur l'œuvre qu'il a achetée ; c'est peut-être sur ce nom célèbre qu'il comptait, pour réussir dans sa spéculation ; il y a là un avantage sur lequel il pouvait très légitimement compter en contractant, on ne saurait l'en priver.

Le cessionnaire doit, en principe, publier l'œuvre telle qu'elle est ; il ne peut faire, sans le consentement de l'auteur, c'est-à-dire sans une nouvelle convention, des changements, additions ou suppressions [2]. L'auteur ne saurait être tenu d'endosser la responsabilité d'une œuvre qu'il n'a pas faite. On pourrait trouver seulement dans les circonstances du con-

---

[1] Paris, 14 janvier 1885, Pataille, 1885, p. 205, et observation à la suite de cet arrêt.

[2] Paris, 24 avril 1879, Pataille, 1879, p. 380, reconnaît à la fois le principe et l'exception.

trat, par exemple il s'agit d'un écrivain qui a collaboré à une encyclopédie, la preuve que l'auteur a reconnu d'avance, dans une certaine mesure, le droit pour celui qui dirige l'ensemble du travail de faire subir aux articles qui lui sont fournis des modifications.

De plus, tout en reconnaissant le principe, il ne faut pas l'exagérer. Le peu d'importance des modifications, joint à l'absence de préjudice pour l'auteur, est une raison suffisante pour que l'éditeur soit à l'abri de tout reproche [1].

Les mêmes solutions sont-elles applicables à l'achat d'une œuvre d'art ? La propriété de l'objet matériel, étant absolue, donne à celui qui en est le titulaire, le droit incontestable d'anéantir l'œuvre et à plus forte raison de la modifier. Toutefois, si l'acquéreur s'avise d'exposer en public l'ouvrage auquel il a fait subir des changements, on doit tenir pour certain que l'auteur pourra s'adresser aux tribunaux afin qu'ils interdisent cette exhibition. Il y a dans la conduite de l'acquéreur un fait contraire aux principes les plus élémentaires de l'honnêteté artistique, de nature à porter un grave préjudice à la réputation de l'auteur et que celui-ci doit pouvoir faire cesser. Mais il ne peut se plaindre que du jour où il subit un préjudice moral, du jour où l'œuvre mutilée est exposée en public. Quant au degré de publicité requise pour donner ouverture à l'action du vendeur, il est évident que c'est une question d'appréciation qu'on devra résoudre dans chaque cas particulier.

La loi belge décide (art. 8) que le cessionnaire du droit d'auteur ou de l'objet qui matérialise une œuvre littéraire ou artistique ne peut la modifier, ni exposer publiquement l'œuvre modifiée sans le consentement de l'auteur ou de ses ayants cause. La loi colombienne (art. 16) édicte une disposition semblable.

L'acheteur ne peut, d'une manière quelconque, porter atteinte aux droits que l'auteur s'est réservés. Il a le devoir

---

[1] V. Paris, 18 juin 1883, Pataille, 1885, p. 294.

de se renfermer strictement dans les limites du droit qu'il a acquis. Le cessionnaire d'une édition, comprenant un nombre déterminé d'exemplaires, ne peut dépasser le nombre fixé, sans s'exposer à des dommages et intérêts et même à la résolution du contrat. Les usages confèrent cependant à l'éditeur la faculté d'imprimer et de conserver pour lui un nombre d'exemplaires, correspondant à une proportion de dix pour cent du chiffre fixé, et qu'on appelle « mains de passe »[1]. Le contrat doit être exécuté de bonne foi ; toute manœuvre, qui aurait pour but ou pour effet de diminuer les droits retenus par le cédant, donnerait à celui-ci le droit d'obtenir des dommages-intérêts.

En règle générale, on ne peut se substituer quelqu'un dans l'accomplissement de ses obligations, alors surtout que le contrat a été fait en vue de l'habileté ou des qualités que présentait l'obligé. D'un autre côté, on peut en général céder ses droits à un tiers. Du conflit de ces deux principes naît une grave difficulté sur le point de savoir si le cessionnaire d'un ouvrage peut le céder à son tour. Quelques-uns lui interdisent cette faculté, sous prétexte que la cession est un contrat fait *intuitu personæ*, aussi bien pour le cédant que pour le cessionnaire [2]. D'autres décident que la sous-cession est possible, à moins qu'elle n'ait été interdite par le contrat [3]. A notre avis, il y a lieu de faire la distinction suivante : 1° la cession a été faite pour un prix unique. L'auteur, dessaisi alors de tous ses droits pécuniaires, ne peut en général se plaindre si l'acheteur les aliène à son tour. Dans la grande majorité des cas, peu importe au cédant que la publication soit faite par tel ou tel éditeur, puisque le premier reste tenu de pourvoir à l'exécution des obligations qu'il a contractées. Mais il faut réserver aux tribunaux la possibilité de reconnaître, à raison des circonstances, que l'auteur a

---

[1] Paris, 20 décembre 1880, Dal., 1882, II, 272.
[2] Sorlin (thèse), p. 158.
[3] Gastambide, p. 138 ; Pouillet. p. 287.

entendu que la publication fût faite par l'éditeur avec qui il a traité ; 2° le cédant s'est réservé le droit de toucher une somme fixe par chaque exemplaire vendu : il y a là un contrat qui ressemble à une société, l'auteur apportant son œuvre, l'éditeur ses soins et ses peines [1] ; on ne peut, dans ces conditions, permettre que ce dernier cède à un tiers sa part de société, car l'auteur en contractant avec lui, dans les conditions que nous avons prévues, a eu très probablement en vue son habileté personnelle, c'est donc bien le cas de voir ici l' « *intuitus personæ* ».

§ IV. — *Nullité et résolution de la cession.*

La cession est soumise aux règles générales des contrats. Nous avons déjà eu l'occasion de signaler quelques-unes des causes de nullité qui peuvent l'atteindre. Il est possible qu'elle soit : 1° nulle, parce que l'obligation de l'auteur est purement potestative, c'est le cas où il cède les œuvres qu'il pourra composer ; 2° elle est nulle si elle a pour objet une chose hors du commerce, c'est-à-dire un ouvrage tombé dans le domaine public ; nulle également si elle porte sur une œuvre qui n'appartient pas au cédant ; 3° elle peut être nulle comme ayant un objet ou reposant sur une cause illicite, dans le cas où elle s'applique à un ouvrage immoral ou qui émet des opinions subversives. L'auteur peut faire annuler son obligation qui a pour objet ce fait illicite : fournir une œuvre immorale. L'éditeur peut demander la nullité de son obligation (payer une somme d'argent) parce qu'elle a pour cause ce fait illicite ; 4° si le contrat renferme une condition illicite, s'il stipule une fraude, il sera annulé (art. 1172 C. c.).

De même qu'un contrat synallagmatique quelconque, la cession est régie par l'article 1184 C. c. Lorsque l'une des parties ne remplira pas ses engagements, l'autre pourra l'y

---

[1] La législation allemande admet qu'il y a, dans cette hypothèse, une association en participation. V. Journal de droit internat privé, 1888, p. 623 et s.

contraindre et à défaut demandera la résolution. On peut faire l'application de ce principe : 1º au refus de livrer par l'auteur ; 2º refus d'imprimer par l'éditeur ; 3º au cas ou le cédant ou le cessionnaire porte une atteinte grave aux droits que l'autre partie a acquis ou s'est réservés par le contrat. Mais d'autres faits peuvent se produire : dans le cas de cession d'une œuvre dramatique, le refus de la pièce par la censure constitue un cas de force majeure qui délie le théâtre de l'obligation qu'il avait prise de la faire jouer [1]. Que décider pour l'hypothèse où l'auteur vient à se suicider après avoir vendu son œuvre ? La première période du monopole d'exploitation étant calculée sur la durée de la vie de l'auteur, son suicide fait périr en partie le droit cédé ; il réduit par son fait les droits de son acheteur, dont l'engagement était fondé sur les chances de vie qu'offrait le cédant ; venant à être privé, par la faute de celui avec qui il avait contracté ; d'une partie des avantages sur lesquels il avait compté, le cessionnaire peut demander la réduction de ses engagements ou la résolution du contrat.

Du reste, la question, on le comprend facilement, n'est pas de nature à se présenter souvent dans la pratique.

Très souvent, au contraire, il peut se faire que la mort naturelle de l'auteur se présente dans des conditions telles qu'on puisse se demander si le contrat qu'il a consenti ne doit pas s'évanouir. Il suffit de supposer, pour que la question se pose, que l'auteur vienne à mourir après avoir cédé un ouvrage qui n'était pas encore achevé. L'éditeur sera-t-il en droit de demander la résolution de ses engagements, avec remboursement des dépenses qu'il a faites, si la publication était commencée ; ou bien les héritiers pourront-ils lui imposer et lui-même pourra-t-il exiger des héritiers le maintien du contrat, sauf à s'adresser à un tiers pour l'achèvement de l'ouvrage ? M. Pouillet [2] pense qu'il y a là avant tout une

---

[1] Paris, 29 décembre 1835, Sir. 1836, ii, 82.
[2] P. 256.

question de fait. On maintiendra le contrat si l'ouvrage est très avancé, les documents nécessaires à son achèvement entièrement réunis ; ni l'éditeur cessionnaire, ni les héritiers ne pourront se refuser au désir manifesté par l'autre partie de faire terminer l'œuvre par un tiers. Nous ne pensons pas qu'on doive admettre cette solution. L'éditeur a traité évidemment en vue d'un ouvrage fait par un auteur déterminé, en vue du mérite personnel de sa contre-partie ; les héritiers ne peuvent lui imposer l'achèvement de l'ouvrage par un tiers, ce ne serait plus l'objet que les parties ont eu en vue en contractant. D'un autre côté, l'éditeur qui a acheté un ouvrage à faire, ne peut exiger non plus l'achèvement par un tiers. Les héritiers succèdent ordinairement à l'obligation de faire contractée par leur auteur, mais s'ils ne peuvent plus l'exécuter, c'est un cas de force majeure qui les délie de l'engagement pris par celui qu'ils représentent.

Dans les circonstances de la cause, on pourra seulement trouver les éléments nécessaires pour imposer ou exempter les héritiers des dommages et intérêts. Ils y échapperont quand l'éditeur a su qu'il achetait un ouvrage non terminé ; il a consenti dans ce cas à courir les chances de vie de l'auteur ; ils en seront passibles quand l'auteur était en retard ou en demeure de livrer son manuscrit, c'est bien alors par la faute de son débiteur que le cessionnaire souffre un préjudice, les héritiers en doivent réparation.

A l'inverse, il arrivera que l'éditeur vienne à mourir pendant que l'ouvrage est en cours de publication. L'article 1122 C. c. décide qu'on traite pour soi et ses ayants-cause, à moins que le contraire ne résulte de la nature de la convention. Un point à peu près certain est que les héritiers de l'éditeur sont tenus de continuer la publication. Mais l'auteur ne peut-il pas soutenir qu'il a traité avec tel ou tel cessionnaire en vue de son habileté personnelle, comptant sur son expérience pour le succès de sa publication ? Ces prétentions devront être écoutées si le contrat présente le caractère d'une société, si la cession a été consentie moyennant une somme déterminée par le nombre d'exemplaires vendus. D'un autre côté, les tribunaux auront toujours le droit de décider, en fait, que l'auteur a entendu que la publication ne soit entreprise et terminée que par l'éditeur avec lequel il a traité, et par suite qu'il reprend tous ses droits si ce dernier vient à mourir. Mais dans la majorité des cas, peu importera au vendeur que la publication soit accomplie par telle ou telle personne ; le contrat devra être maintenu, en réservant toujours pour le cédant la faculté d'en demander la résolution, s'il prouve que les conditions du contrat ne sont pas remplies.

Que faut-il décider dans le cas où l'éditeur vient à tomber en faillite, avant toute publication ou alors qu'elle est déjà commencée? En règle générale, la faillite ne résout pas les contrats et notamment les achats faits par le failli. Les syndics peuvent toujours exiger le maintien du contrat, même dans le cas des articles 576 et 577 C. de com., pourvu qu'ils payent le prix stipulé par la contre-partie du failli. On a soutenu qu'une dérogation devait être apportée au droit commun, dans le cas où la chose vendue est un droit d'auteur. On a dit que l'auteur ne saurait être tenu de remettre son manuscrit aux syndics, quand même ils en paieraient le prix, qu'il pourrait même le reprendre en rendant ce qu'il a touché, car, outre les avantages purement matériels, la cession a été faite en vue des conditions personnelles qu'offrait l'éditeur pour assurer le succès de l'œuvre, et la position cesse quand les affaires de l'éditeur ne sont plus administrées par lui [1]. Nous croyons qu'il faut se prononcer pour l'application, en principe, du droit commun. A moins de prouver qu'il a fait le contrat dans l'intention de n'avoir de rapports qu'avec son cessionnaire, l'auteur ne peut se plaindre du moment que le syndic lui offre toutes les garanties désirables. Au reste, comme dans la plupart des cas il faudra revendre l'ouvrage au profit de la masse, on retombe dans l'hypothèse de la sous-cession.

L'auteur qui aura livré son manuscrit au moment de la

---

[1] Renouard, II, p. 325.

faillite, sera réduit à un dividende. Nous n'apercevons d'ailleurs aucune bonne raison pour refuser d'appliquer l'article 577, ni même l'article 576 dans les hypothèses exceptionnelles où le cas qu'il prévoit viendra à se présenter en notre matière.

Il existe deux législations étrangères, qui ont pris le soin d'édicter une règlementation assez détaillée du contrat d'édition, ce sont celles de la Hongrie et de la Suisse. D'après la loi hongroise [1], l'auteur doit livrer son œuvre en la forme promise et en temps voulu. S'il ne le fait pas, le cessionnaire peut poursuivre l'exécution du contrat ou en demander la résolution avec des dommages et intérêts. Le cédant ne peut publier une nouvelle édition, tant que les exemplaires de celle qu'il a concédée ne sont pas écoulés. L'éditeur doit reproduire l'œuvre sans modifications. Dans le doute, le contrat ne lui donne le droit de faire qu'une édition. S'il a acquis la faculté d'en faire plusieurs, il doit rééditer chaque fois qu'une édition est épuisée. Ces obligations sont sanctionnées par le droit pour l'auteur de forcer sa contre-partie à exécuter la convention ou d'en demander la résolution avec dommages et intérêts.

Le contrat est dissous : si l'objet était une œuvre achevée, par la perte par cas fortuit, survenue chez l'auteur. Dans le cas contraire, lorsque l'auteur meurt avant d'avoir achevé l'ouvrage, en est empêché par cas fortuit ou devient incapable de l'exécuter ; l'auteur ou ses héritiers sont libérés de leurs obligations, mais perdent ce qu'ils ont reçu ou qu'ils devaient recevoir.

En cas de faillite de l'éditeur, l'auteur a le droit de résilier le contrat. Si toutefois la reproduction a été commencée, le syndicat de la faillite peut maintenir le contrat, en donnant des garanties à l'auteur.

Le Code fédéral suisse des obligations contient aussi, dans

---

[1] V. *Le Droit d'Auteur*, organe officiel du bureau de l'Union internaiionale pour la protection des œuvres littéraires et artistiques, 1889, p. 70.

son titre treizième, une réglementation détaillée du contrat d'édition.

Si le contrat ne précise pas le nombre d'éditions à faire, l'éditeur n'a le droit d'en publier qu'une seule. L'éditeur est tenu de reproduire l'œuvre sans aucune abréviation, modification ou addition, qui n'ait été consentie par l'autre partie. L'auteur peut apporter à son œuvre les corrections et améliorations qu'il juge nécessaire; mais l'éditeur peut s'opposer aux changements qui porteraient atteinte à ses intérêts commerciaux. Si la convention donne à l'éditeur le droit de faire plusieurs éditions, la justice fixe un délai pour la publication d'une nouvelle édition, quand la première est épuisée et que l'éditeur néglige d'en préparer une nouvelle.

Le contrat s'éteint par la mort ou l'incapacité de l'auteur, survenue avant que l'œuvre ne soit achevée. Cependant le juge peut, dans des cas exceptionnels, ordonner le maintien total ou partiel du contrat. La faillite de l'éditeur ne met pas fin au contrat; il subsiste pourvu que l'auteur reçoive des garanties pour l'accomplissement des obligations du failli.

La plupart de ces solutions sont équitables; elles ont, de plus, l'avantage très appréciable d'éviter beaucoup de discussions, sur un terrain où l'on parviendra difficilement à s'entendre, et des contestations pratiques, pour la solution desquelles la loi française ne donne pas aux juges de principes arrêtés.

Certaines nations commencent à sentir le besoin d'une codification du droit relatif au contrat d'édition. L'association des écrivains allemands a adressé dans ce sens, le 24 décembre 1888, une requête au chancelier de l'Empire; la société *Berliner Presse* a appuyé cette requête. On fait remarquer avec raison que les dispositions générales concernant les obligations ne s'appliquent guère au contrat intervenant entre le créateur d'une œuvre et celui qui est chargé de la multiplier et de la débiter; il faudrait donc des dispositions spéciales pour déterminer la nature particulière des rapports entre auteurs et éditeurs [1].

---

[1] V. *Le Droit d'Auteur*, 1889, p. 72.

Le congrès de l'association littéraire et artistique internationale réuni à Venise, du 15 au 22 septembre 1888, a émis
également le vœu que les rapports entre auteurs et éditeurs
fussent réglés par une loi spéciale [1]. Il a pris soin de faire
porter, par la voie de la presse, à la connaissance des
diverses nations, une série de propositions tirées en grande
partie des lois déjà existantes et dont l'adoption par les divers
pays supprimerait bien des difficultés. Mais le Congrès littéraire international de Paris a repoussé ces idées en 1889.

SECTION IIIᵉ

VENTE FORCÉE

§ Iᵉʳ. — *Droits des créanciers*

Quelques points sont à l'abri de contestations sérieuses.

Les créanciers ont le droit de faire pratiquer une saisie-
exécution sur les exemplaires d'un ouvrage de leur débiteur
qu'ils trouvent chez lui. Ce sont des objets certains et déterminés, qui doivent suivre le sort de tous les meubles non
déclarés insaisissables par la loi.

Ils peuvent de même saisir l'objet matériel, dans lequel
s'incarne l'œuvre d'art, dès qu'il est achevé. Il y a mieux :
comme la publication d'une œuvre d'art n'entraîne pas après
elle la même responsabilité que celle d'une œuvre littéraire,
et que d'autre part, dès qu'une œuvre artistique est terminée,
on peut dire qu'elle est éditée, mise au jour, on reconnaît en
général que les tribunaux pourront autoriser les créanciers à
faire vendre le droit de reproduction, en même temps que
l'objet matériel [2]. Le juge aura à apprécier si l'œuvre est
terminée, il devra prescrire les mesures nécessaires pour que
le droit de reproduction ne tombe pas dans les mains d'un

---

[1] *Le Droit d'Auteur*, 1888, p. 72.
[2] Colmet-Daage. Leçons de procédure civile, édit. 1879, ii, p 249 ;
Trib. civ. Seine, 30 décembre 1859, Pataille, 1860, p. 69.

homme incapable ou peu scrupuleux, qui livrerait au public des reproductions imparfaites, de nature à nuire à la réputation de l'artiste.

Les créanciers peuvent saisir-arrêter, entre les mains d'un cessionnaire du droit de publication, les sommes qui pourraient être dues à l'auteur, leur débiteur.

Un auteur pourrait céder à l'un de ses créanciers ses droits à percevoir par une société chargée d'exercer le privilège que la loi lui accorde. Le créancier ne serait pas alors cessionnaire du droit d'auteur. Il reçoit délégation des sommes touchées pour son débiteur, et perçoit ce qui est dû à ce dernier, en son lieu et place ; c'est un créancier muni de certaines garanties [1].

Les difficultés commencent sur le point de savoir si l'œuvre artistique ou littéraire peut être donnée en nantissement, et quelles seront les formalités nécessaires pour atteindre ce résultat.

La question s'est présentée dans la pratique pour les compositions musicales. On a jugé, et la solution semble parfaitement exacte, que la remise, avec les formalités requises, des planches ou des pierres lithographiques, sur lesquels l'œuvre est gravée, suffit à constituer le gage [2].

Si l'on suppose la mise en gage d'une œuvre d'art, il faudrait décider, si l'on considère avec la jurisprudence que le droit de reproduction est un accessoire de l'objet matériel, que la remise de cet objet doit suffire, pourvu que l'article 2074 ait été observé, à constituer le gage sur le droit de reproduction.

Pour nous qui voyons dans ce privilège un droit essentiellement indépendant de la possession de l'objet matériel, il n'y a pas de distinction à faire entre la mise en gage du droit de

---

[1] Trib. civ. Seine, 15 décembre 1883, Pataille, 1887, p. 232.

[2] V. Trib. civ. Seine, 2 mai 1848, cité par M. Pouillet, p. 187 ; Paris 15 janvier 1874, Pataille, 1876, p. 76.

reproduction et celle du droit de publication. La difficulté est sérieuse.

La rédaction d'un acte écrit et enregistré sera exigée conformément à l'article 2075 C. c. La formalité de la signification au débiteur est inapplicable, puisqu'il ne s'agit pas d'un droit de créance. Mais le gage sur une créance ou tout autre objet incorporel ne peut se réaliser sans que l'acte, qui en établit l'existence, ait été remis au créancier ou au tiers convenu entre lui et le débiteur. Un droit qui n'est constaté par aucun titre n'est donc pas susceptible d'être donné en gage [1]. Or, le droit de l'auteur sur son œuvre résulte de sa création, si on ne peut pas dire très exactement qu'il est constaté par l'objet matériel ou le manuscrit, du moins en est-il la conséquence. Il faut donc décider : ou bien que le nantissement n'est pas possible, ou bien, et c'est la solution que nous croyons fondée, que l'acte écrit et enregistré, accompagné de la remise de l'objet d'art ou de manuscrit, pourra le réaliser.

Ces questions tranchées, arrivons à la grosse difficulté. Les créanciers d'un auteur d'œuvre littéraire ou musicale peuvent-ils demander à la justice l'autorisation de faire vendre l'œuvre de leur débiteur, ou se faire autoriser à exercer eux-mêmes le droit de publication ? Il ne s'agit pas d'une saisie, comme on le dit quelquefois improprement ; la saisie exécution ne s'applique qu'aux meubles corporels. Mais les créanciers demandent au tribunal l'autorisation d'exercer le droit de leur débiteur, conformément à l'article 1166 C. c. Cette autorisation obtenue devant leur permettre d'éditer eux-mêmes, ou de faire vendre le droit d'éditer par le ministère d'un notaire [2].

Si l'œuvre est inédite, tous s'accordent à repousser la prétention des créanciers [3]. On ne peut autoriser, malgré

---

[1] Aubry et Rau, § 432, texte lettre *d* et note 20 (IV, p. 705).

[2] Colmet-Daage, II, p. 246 et s.

[3] Gastambide, p. 149 ; Colmet-Daage, *loc. cit.* ; Flourens, p. 308 ; Dijon, 18 février 1870, Pataille, 1870, p. 107 ; *contra* : Trib. civ., Seine, décembre 1826.

l'auteur, la publication d'un livre qui contient plutôt l'esquisse de sa pensée que sa pensée elle-même ; tant que l'ouvrage n'a pas été publié, il constitue un simple projet. « Un manuscrit « est la pensée écrite de l'auteur, c'est sa conversation avec « lui-même, c'est le sanctuaire de sa conscience [1]. » Il ne devient un bien, une chose, un objet de droits, que quand l'auteur, maître absolu de le modifier ou de le détruire, a voulu qu'il devînt un livre et fût communiqué au public. Admettre que les créanciers peuvent dépouiller l'écrivain du droit d'anéantir l'œuvre qu'il n'a pas publiée, c'est dire qu'ils peuvent lui enlever sa liberté, car si quelque chose est libre dans l'homme c'est bien sa pensée ; or, si l'auteur a donné ses biens en gage à ses créanciers, il ne leur a pas donné sa liberté ! Ce sont là des considérations qui s'appliquent à tous les ouvrages. Mais allons plus loin ; supposons que le manuscrit ait été composé par un homme politique, qui désavoue formellement aujourd'hui les opinions qu'il exprimait autrefois ; voit-on le joli scandale que causera la publication de ses anciennes opinions ? Quelle bonne aubaine pour ses adversaires ! On peut aller plus loin encore : supposer qu'il s'agit d'une œuvre immorale ; on va publier malgré l'auteur : il ne pourra être poursuivi, parce que la loi condamne non les pensées coupables, mais leur manifestation par la voie de la presse, et ici la divulgation n'est pas le fait de l'auteur ; mais échappera-t-il aux rigueurs de l'opinion publique ?

Arrivons à l'hypothèse qui divise profondément les jurisconsultes : La publication du manuscrit a été autorisée par l'auteur, ou bien l'œuvre a déjà été éditée [2]. Les créanciers s'adressent à la justice pour obtenir l'autorisation d'exercer à leur profit le privilège de publication ou de le faire vendre.

Un point sur lequel il ne saurait y avoir de doute est que l'œuvre éditée qui, à la mort de l'auteur, se trouve dans sa succession est le gage de ses créanciers. Ceux-ci pourront

---

[1] Renouard, II, p. 351.

[2] On ne saurait évidemment assimiler à la publication la circonstance que l'auteur a donné lecture de son œuvre ; v. Pouillet, p. 163.

exiger que le droit de reproduction soit vendu pour les payer.
Le paragraphe sixième de la loi de 1866 leur réserve ce droit
quand leur débiteur meurt sans héritiers, à plus forte raison
doit-il en être ainsi quand leurs droits ne sont pas en conflit
avec ceux du domaine public, mais des héritiers.

Il y a déjà longtemps qu'on a soutenu que le droit des
créanciers devait s'arrêter là. Le caractère pécuniaire du droit
de l'auteur, a-t-on dit, est très subordonné, très accessoire en
face de l'élément moral ; les créanciers ne peuvent l'exercer,
le mettre en vente malgré la volonté de l'intéressé, qui pourra
interdire, même pour le temps où il ne sera plus, que son
ouvrage soit l'objet d'une nouvelle publication [1]. Cette argumentation a été reprise et développée avec un rare bonheur
d'expressions. Supposant que le livre a déjà vu ou doit certainement voir le jour, M. Morillot accorde à l'auteur le droit
de se refuser à publier ou à rééditer [2]. Le droit de copie est
un de ceux dont parle la deuxième phrase de l'article 1166.
L'argumentation juridique repose sur l'impossibilité de faire
rentrer le privilège de publication dans l'une des divisions des
droits qui composent le patrimoine. Il n'est ni réel, ni personnel, ni mobilier, ni immobilier ; c'est le droit de défendre
ses idées contre l'agression d'autrui, le droit à sa liberté personnelle, à l'exercice indépendant de ses facultés. Il y aurait
atteinte à la liberté, à l'inviolabilité de la personne de l'auteur,
dans le fait de publier ou de rééditer malgré lui ses pensées.
Il ne faut pas objecter que le droit n'est pas exclusivement
attaché à la personne, parce qu'il est cessible. En cédant son
œuvre, l'auteur se retire d'elle et la laisse tomber dans le
commerce ; tandis que, dans le cas contraire, il manifeste l'intention de rester en communication avec elle, de l'animer de
son souffle. Enfin, à ces arguments se joignent des considérations morales dont on ne saurait méconnaître la haute impor-

---

[1] Bertauld, I, p. 205.
[2] De la personnalité du droit de publication, Revue de législation,
1872, p. 29-47.

tance : « Il y a certains hommes pour qui une œuvre n'est
« jamais parfaite, étant toujours inférieure à leur conception...
« Les grands auteurs ont toujours usé du droit incontestable
« de corriger leurs ouvrages, ne s'en déclarant jamais satis-
« faits. » On doit donc conserver à l'écrivain, qui a des
créanciers, le droit d'interdire la publication d'un ouvrage
qu'il regrette, qui peut-être le fera rougir et le déshonorera [1].

Voyons d'abord si quelque analogie peut être relevée entre
le privilège de publication et les droits attachés à la personne,
dont parle l'article 1166. D'après Merlin, pour qu'un droit soit
considéré comme exclusivement attaché à la personne, il faut
qu'il ne passe pas aux héritiers et qu'il ne soit pas cessible.
Les jurisconsultes qui rapportent cette opinion montrent ce
qu'elle a de trop absolu [2]. On est d'accord pour mettre à l'abri
des atteintes des créanciers les droits purement moraux ; la
discussion se donne libre carrière sur ceux qui présentent à la
fois un caractère moral et pécuniaire. En pratique, on a proposé
de dire que les droits à considérer comme exclusivement
attachés à la personne seraient : « Ceux qui, soit d'après une
« disposition spéciale de la loi ou l'analogie résultant d'une
« pareille disposition, soit d'après le motif ou le but en vue
« desquels l'action ou le droit a été concédé, ne peuvent être
« exercés que par le débiteur [3]. » La formule est d'une application relativement facile à notre hypothèse : La disposition
de la loi n'existe pas ; nulle part le monopole de reproduction
n'est déclaré à l'abri des atteintes des créanciers [4]. Où trouver
l'analogie avec un cas prévu par la loi ? Le motif de la reconnaissance du droit de l'auteur est le même qui pousse la loi à

---

[1] Lamartine disait en 1841, dans son rapport à la Chambre : « Le
« projet de loi et la commission ont été d'accord pour déclarer que la
« propriété de l'écrivain sur son œuvre, pendant sa vie, était quelque
« chose... d'insaisissable sur la personne, qui se refusait à toute alté-
« ration de son libre et plein exercice sur cette œuvre. » Worms, II,
p. 151.

[2] Aubry et Rau, § 312, texte et note 23 (IV, p. 123).

[3] Aubry et Rau, *loc. cit.*

[4] Renouard, II, p. 350.

reconnaître, à celui qui a confectionné un objet mobilier, la propriété de cet objet. Le but est avant tout d'enrichir l'écrivain, ou du moins de lui permettre de vivre ; s'il avait été simplement de permettre à l'écrivain de défendre ses idées contre l'agression d'autrui, pas n'était besoin de créer un monopole ; il suffisait de lui donner la faculté de se faire reconnaître, envers et contre tous, l'auteur de l'ouvrage qu'il aurait mis au jour, mais en laissant à tous la faculté de le reproduire ; la loi lui ayant reconnu un droit qui présente une utilité pécuniaire, ses créanciers doivent être admis à l'exercer. Il a pour objet les profits pécuniaires à réaliser, au moyen d'une réédition ou de la vente d'une œuvre que l'auteur a mise au jour, d'une pensée qu'il a volontairement divulguée et livrée au public ; aucune atteinte, aucune violence n'est donc faite à sa personne. Mais il prétend qu'il regrette ce qu'il a écrit, qu'il entend modifier sa pensée ; pourrait-il élever les mêmes prétentions au cas où son œuvre aurait été cédée ? Il semble difficile de répondre oui. On dit : dans le cas qui nous occupe, l'auteur a manifesté l'intention de rester en communication avec son œuvre, de l'animer de son souffle. L'œuvre est imparfaite, il faut que celui qui l'a créée puisse la modifier. Nous reconnaissons la nécessité de permettre à l'auteur de perfectionner son œuvre ; mais cela ne conduit nullement à décider qu'il peut, à tout jamais, soustraire à ses créanciers le bénéfice de son travail, dont il leur avait implicitement donné en gage les profits pécuniaires. Par l'effet des conventions passées avec ses créanciers, l'écrivain leur a conféré des droits sur ses ouvrages, il leur a consenti une cession tacite à titre de gage, cession de tous les biens qu'il a le pouvoir d'aliéner. On trouve, dans la différence des intentions qui ont présidé, dans l'esprit de l'auteur, à la cession qu'il fait à un libraire et à cette cession générale qu'il consent à ses créanciers, la raison de faire une différence dans les prérogatives qu'il a aliénées ; nous croyons que le raisonnement est exact ; aussi laisserons-nous l'auteur en communication avec son œuvre, lui permettant de conserver sur elle un certain pouvoir de direction. Il suffira qu'il s'adresse au tribunal qui va autoriser la publication par les créanciers ; s'il prouve que réellement il veut changer, modifier son ouvrage, les tribunaux ne lui refuseront pas un délai pour le faire. Il faut même aller plus loin et reconnaître au tribunal la faculté, si l'auteur prouve que son œuvre est regrettable, qu'il répudie maintenant la pensée, l'idée inspiratrice de l'ouvrage tout entier, d'interdire aux créanciers de publier ou de rééditer. Il sera donc encore mieux traité que s'il avait cédé son droit, car alors il n'aurait eu qu'un moyen d'effacer le souvenir de son ouvrage, le racheter ; il a manifesté, en ne le cédant pas, le désir de conserver sur lui un certain pouvoir, on lui donne le moyen de l'exercer raisonnablement, comment pourrait-il se plaindre ?

Nous ne pouvons donc admettre que, sans même être obligé de déduire ses raisons devant la justice, l'auteur puisse arracher une valeur pécuniaire à ses créanciers. « Ayant « décidé de publier, il pourra y être contraint, s'il ne prouve « pas que son refus actuel de publier ne vient pas unique- « ment de son désir de ne point payer ses créanciers. » Car « il ne peut rester seul juge dans une question où il est à la « fois juge et partie [1]. » Dira-t-on que notre solution porte atteinte à la liberté, à l'inviolabilité de la personne de l'auteur ? Nous nous déciderons à répondre que le respect dû aux engagements pris est, à nos yeux, chose aussi et peut-être même plus recommandable que la liberté de la personne.

Voyons enfin à quels inconvénients la solution contraire peut conduire : l'auteur est décidé à publier ; mais il se ravise, il songe qu'il a des créanciers qui le guettent, il revient sur sa décision. Sous prétexte qu'il a changé d'opinions, de convictions, il revendique la personnalité de son droit. En réalité il a songé que tout le profit de ses publications irait à ses créanciers : il saisit l'occasion de leur faire pièce, en leur enlevant un bien sur lesquels les malheureux

---

[1] Pouillet, p. 162 ; v. aussi : Flourens, p. 312 ; Gastambide, p. 149 ; Colmet-Daage, II, p. 248.

avaient eu l'imprudence de compter ; puis il attend une occasion favorable pour vendre son œuvre et en toucher le prix à l'insu de ses créanciers. Il y a là une fraude véritable, beaucoup plus coupable que celle de l'article 1167 C. c. Cependant il ne sera pas possible aux créanciers de faire annuler cet acte dirigé contre eux. Sans intérêt pas d'action ! A quoi leur servirait de faire rentrer dans le patrimoine de leur débiteur un bien sur lequel ils ne pourraient pas se venger ? Car ici encore l'écrivain pourra dire qu'éclairé par l'impression qu'a causée l'apparition de son œuvre et mécontent d'elle, il entend qu'elle ne soit pas publiée !

Est-ce juste, est-ce admissible ?

En posant, au contraire, comme règle de droit que les créanciers peuvent faire vendre l'œuvre de leur débiteur, et comme exception que ledit débiteur peut s'adresser à la justice, pour lui demander, en invoquant des raisons très sérieuses, de repousser la demande des créanciers, afin de permettre que le silence se fasse autour de son œuvre, on donne à la fois satisfaction aux principes et à l'équité.

En reconnaissant aux créanciers la faculté d'exercer le droit de reproduction appartenant à leur débiteur, nous leur permettons par cela même d'attaquer, conformément au droit commun, les renonciations ou aliénations que leur débiteur aurait faites en fraude de leurs droits (art. 1167 C. c.).

Trois législations ont, à notre connaissance, repoussé les principes que nous croyons être dans la loi française. La loi hongroise du 1ᵉʳ juillet 1884 doit être placée en première ligne, tant pour la netteté des dispositions qu'elle édicte, que pour la protection absolue qu'elle accorde à l'auteur à l'encontre de ses créanciers. Le paragraphe quatrième dispose que : le droit de publication, tant qu'il appartient à l'auteur, à ses héritiers ou légataires, ne peut faire l'objet d'une exécution. Cette mesure de contrainte ne peut s'exercer que sur le revenu de l'œuvre « soit par débit autorisé, soit par représentation en public. » Cette disposition est excessive ; admettre, comme le fait l'article 19 de la loi italienne du 19 septembre

1882, que le droit de reproduction n'est pas sujet à exécution forcée, tant qu'il appartient à l'auteur, est déjà critiquable ; mais repousser les créanciers après la mort de l'auteur, alors qu'il a tacitement voulu que son œuvre continuât à être publiée et qu'aucune modification ne peut plus y être faite, est contraire aux principes d'égalité. C'est créer, au profit des héritiers ou légataires, une sorte de fief à l'abri des attaques des créanciers, et cela sur un droit purement pécuniaire, qu'il n'y a plus aucune raison, après la mort de l'auteur, de distinguer des autres biens qui composent le patrimoine. La loi colombienne n'a pas dit formellement que le privilège de publication fût à l'abri des atteintes des créanciers ; mais, son article 24 donnant à l'auteur la faculté de prohiber par testament la réimpression de ses œuvres pendant quatre-vingts ans, on doit en induire qu'il peut, à plus forte raison, prohiber la réimpression pendant sa vie, et partant qu'il peut s'opposer à ce que ses créanciers fassent leur profit de l'ouvrage en le vendant.

Tout à l'opposé, la loi belge est allée très loin, dans les prérogatives qu'elle accorde aux créanciers. L'œuvre littéraire ou musicale est insaisissable, tant qu'elle est inédite. Les œuvres d'art autres que les compositions musicales ne peuvent être saisies, du vivant de l'auteur, tant qu'elles ne sont pas prêtes pour la vente ou la publication. Après sa mort, la saisie est permise sans conditions. Ce sont les principes que nous voudrions voir formellement consacrés en France, sauf les plus expresses réserves pour la dernière solution, que nous avons d'ailleurs déjà eu l'occasion de critiquer.

§ II. — *De l'expropriation pour cause d'utilité publique*

Il est difficile d'admettre qu'il soit bon, en théorie, d'appliquer l'expropriation à l'œuvre artistique ou littéraire pendant la vie de l'auteur. Il doit rester libre de la conserver ou de l'anéantir. Mais il serait très raisonnable d'édicter des mesures permettant, après sa mort, d'alimenter le marché d'une œuvre utile, dans le cas où les héritiers négligent de pourvoir aux besoins intellectuels du public.

On a reproché à l'expropriation ses difficultés d'application en cette matière. Mais de pareilles difficultés pratiques se rencontrent dans d'autres matières, où elles n'ont arrêté personne. On a dit aussi que l'expropriation pourrait devenir une arme terrible, aux mains d'un gouvernement despotique, qui s'en servirait pour supprimer les œuvres qui lui porteraient ombrage. Cette objection repose sur une confusion : puisque l'œuvre a été jugée utile, l'effet de l'expropriation ne devra pas être de donner à l'Etat le monopole exclusif de la reproduction, mais de faire tomber l'ouvrage dont il s'agit dans le domaine public, chacun devenant libre de l'exploiter.

On pourrait soutenir, à la vérité, que le principe de l'expropriation pour cause d'utilité publique est général et qu'il s'applique à notre matière. Mais l'expropriation suppose des formes nombreuses et aucune disposition spéciale ne les ayant réglementées pour le cas que nous prévoyons, il est évident qu'elle ne lui est pas applicable [1].

L'application de l'expropriation pour cause d'utilité publique aux droits d'auteur a été consacrée par l'article 20 de la loi italienne du 19 septembre 1882. Après la mort de l'auteur, l'Etat, les provinces, les communes peuvent user de l'expropriation. Le Ministre de l'Instruction publique fait la déclaration d'utilité publique ; des experts fixent la somme à payer, en cas de désaccord entre les parties.

En Espagne, l'Etat peut faire des extraits ou abrégés moyennant une indemnité qu'il paie au propriétaire de l'œuvre. La législation du Mexique décide que, lorsque la reproduction

---

[1] La commission, au nom de laquelle le comte de Ségur déposa un rapport, le 28 mars 1837, avait proposé de décider que : si les héritiers d'un auteur se refusaient à reproduire un ouvrage désiré par le public, tout le monde pourrait les mettre en demeure de publier, et, après un certain délai, les assigner devant le tribunal civil pour procéder à la vente des droits d'auteur. V. Worms, II, p. 40.

d'une œuvre est jugée utile, l'Etat peut la décréter, puis l'entreprendre lui-même ou la mettre aux enchères. On doit d'ailleurs payer une indemnité à l'intéressé.

Au Canada, le Ministre de l'Agriculture, après une mise en demeure de l'ayant-droit d'avoir à publier, peut accorder le droit de réimprimer un ouvrage imprimé, à charge de payer une somme déterminée aux ayants-droit.

En Turquie, l'Etat peut faire imprimer dans ses ateliers un ouvrage dont l'impression lui paraîtra nécessaire, en payant une indemnité déterminée par le Conseil d'instruction publique.

D'autres législations, notamment celles de l'Angleterre, du Danemark et des Pays Scandinaves, édictent certaines déchéances consistant dans l'autorisation ou la liberté plus ou moins complète données à des tiers de reproduire l'ouvrage, si les intéressés négligent de réimprimer et d'approvisionner le marché [1].

Enfin les articles 21 et 22 de la loi colombienne sanctionnent le défaut d'inscription dans le délai d'un an (art. 30) sur un registre spécial (art. 27), d'une sorte d'expropriation pour cause d'utilité publique ; car l'œuvre, dans ce cas, tombe dans le domaine public.

---

[1] Darras, *op. cit.*, p. 403 et 405.

CHAPITRE III

DROITS DES AUTEURS ÉTRANGERS ET DE LEURS AYANTS-CAUSE;
CONFLITS DE LOIS EN MATIÈRE DE TRANSMISSION.

Nous n'avons pas à expliquer ici que toute question de droit international se dédouble, lorsque des étrangers sont partie dans le débat relatif à un rapport de droit qui présente des points de contact avec plusieurs législations.

La première question à examiner est celle de savoir si l'étranger peut invoquer, dans le pays où la contestation s'élève, le droit dont il s'agit.

Dans le sujet que nous traitons, on doit donc se demander tout d'abord si l'étranger a en France, comme le Français, la faculté d'invoquer le monopole de reproduction de son ouvrage, et comme le Français de faire respecter ce privilège par ceux qui y porteraient atteinte; ce premier point élucidé, nous aurons à déterminer l'étendue des droits qu'on reconnaîtra aux représentants de l'auteur étranger. Enfin il restera à chercher les règles qui doivent présider à la transmission du privilège, soit par succession soit par convention. La détermination des droits des auteurs étrangers n'a, au point de vue spécial qui nous occupe, que la valeur d'une question préliminaire : avant de rechercher les règles de la transmission des droits d'auteur au point de vue international, il est indispensable de se demander quelles prérogatives sont, dans les divers pays, reconnues aux titulaires d'œuvres étrangères.

14

Nous n'entrerons donc pas dans tous les développements que la question comporterait.

SECTION Ire

ÉTENDUE DES DROITS RECONNUS EN FRANCE AUX AUTEURS ÉTRANGERS
ET A LEURS AYANTS-CAUSE

Il semblerait tout naturel d'appliquer ici les notions ordinaires sur la condition des étrangers, de s'occuper non pas de la condition des biens qui leur appartiennent, mais de leur personne. L'auteur français pourrait invoquer la loi française pour déterminer les droits qui lui appartiennent sur son œuvre, l'auteur étranger verrait son ouvrage régi par sa loi nationale ; il resterait seulement à examiner s'il peut l'invoquer ailleurs que dans sa patrie. D'ailleurs on échapperait, par là même, à la nécessité de donner une situation à l'objet du droit d'auteur, qui n'en comporte pas de son essence, une nationalité aux productions de la pensée, de leur nature cosmopolites. Car « ce n'est que par une ingénieuse et « subtile fiction de la loi positive qu'on peut arriver à donner « une nationalité à une œuvre qui n'en comporte pas de son « essence [1]. »

On arriverait aux mêmes résultats pratiques, en s'attachant pour caractériser un ouvrage à la nationalité de celui qui l'a créé. L'ouvrage littéraire ou artistique, pourrait-on dire en faveur de ce système, est une émanation de l'individu, il porte l'empreinte du génie de la nation à laquelle il appartient. C'est le système de l'indigénat, admis par la loi allemande du 11 juin 1870, la loi hongroise du 1er juillet 1884, et les lois qui refusent toute espèce de droit aux auteurs étrangers.

Chez nous cette théorie est généralement repoussée. Une œuvre est française, a-t-on dit, quand elle a été publiée en

---

[1] Morillot. De la protection accordée aux œuvres d'art dans l'empire d'Allemagne.

France. L'œuvre nationale est celle qui répond le mieux aux aspirations et aux besoins du pays, or celle qui réunit ces conditions est celle qui a été imaginée et réalisée d'après les modèles que l'observation de chaque jour offrait à l'artiste ou à l'écrivain ; sa composition renferme un reflet de la réalité qu'il a eue sous les yeux, elle est le résultat du milieu où elle a été produite ; l'auteur a puisé aux sources mêmes de notre littérature, de nos arts ; il cesse en quelque sorte d'être étranger. On a ajouté que l'auteur en publiant chez nous s'est exposé aux rigueurs de nos lois, il est donc juste qu'il puisse en réclamer le bénéfice. La protection est la compensation des avantages, quelquefois même de la gloire dont la publication a doté le pays [1]. C'est le système de la territorialité. Il est formellement admis par la loi italienne (art. 44, décret 19 septembre 1882). C'est bien le système qui paraît avoir été législativement consacré chez nous.

Sous le régime antérieur à 1852 qui, d'après le système le plus accrédité, n'accordait pas la protection de la loi française aux œuvres étrangères publiées pour la première fois à l'étranger, les textes semblaient bien s'attacher au fait de l'édition, de la mise au jour (art. 6, décret de 1793 et 426 C. pén.) ; aussi enveloppait-on dans une même exclusion et l'étranger qui publiait dans son pays et le Français qui commençait par publier hors de France. On semblait donc bien écarter les notions ordinairement reçues pour la détermination des personnes qui peuvent invoquer le bénéfice de nos lois, et dire : l'œuvre publiée en France est française, par suite elle doit être protégée ; l'œuvre publiée à l'étranger, fût-elle celle d'un Français, doit être considérée comme étrangère.

Aujourd'hui, la nationalité de l'œuvre n'a plus une aussi grande importance, puisque les œuvres étrangères sont protégées, soit par les lois des différents peuples, soit en vertu de traités diplomatiques qu'ils ont passés entre eux. Cepen-

---

[1] Darras. Du droit des auteurs… p. 223 et 385 ; Weiss, traité élémentaire de droit international privé, p. 825.

dant elle entraîne une certaine limitation dans la durée du privilège; pour fixer cette durée les conventions diplomatiques se réfèrent à la loi d'origine, or elles établissent que le pays qui est considéré comme d'origine est celui où a lieu la première publication, ce n'est que pour l'œuvre non publiée que la patrie de l'auteur est considérée comme pays d'origine [1].

Au point de vue théorique, il paraît certain que les œuvres étrangères doivent obtenir la même protection que les œuvres nationales. Et cela quel que soit le parti qu'on prenne sur la nature du droit de l'auteur. Si c'est une propriété, c'est un droit primordial, naturel, on doit le respecter chez tous les hommes et le protéger. En répudiant l'idée de propriété, on est forcé de reconnaître que le droit de l'auteur naît de la même source qu'elle, du travail, c'est donc encore un droit naturel, qui doit obtenir protection partout.

Au point de vue de notre législation, il faut distinguer deux phases historiques. Avant que le décret de 1852 ne fût venu statuer formellement, les ouvrages étrangers devaient, selon nous, obtenir la même protection que les œuvres nationales. L'article 11 du code civil était de tous points inapplicable, parce qu'il ne parle que de la personne de l'étranger et qu'il suffisait, de l'aveu de tous, que la première publication eût eu lieu en France pour que protection fût due [2], et ensuite parce que le privilège de publication est un droit naturel et

---

[1] Art. 2, §§ 2 et 3 de la convention conclue à Berne, le 9 septembre 1886 pour la protection des œuvres littéraires ou artistiques, entre la France, la Belgique, l'Allemagne, l'Angleterre, l'Italie, l'Espagne, la Suisse, Tunis et Haïti. L'échange des ratifications a eu lieu à Berne, le 5 septembre 1887; elle est devenue loi française du 28 mars 1887, promulguée le 12 septembre. V. le texte de la convention dans : Pataille, 1887, p. 335; Sirey, 1888, 5ᵉ partie; Annuaire leg. franc., 1887-88, p. 113, et notes de M. L. Renault. Le grand duché de Luxembourg a adhéré à la convention le 20 juin 1888.

Au point de vue de la protection, la convention de Berne admet en principe le système de l'indigénat, puisqu'elle protège les auteurs ressortissant à l'un des pays de l'Union, sans avoir égard au lieu de la publication (art. 2, § 1ᵉʳ).

[2] Pouillet, p. 636 et 639.

doit être reconnu aux étrangers, même par celui qui admet
sur l'article 11 l'opinion traditionnelle. Il fallait donc interro-
ger les lois spéciales. Or, la loi de 1793 n'excluait pas l'étranger; son article 6, en prescrivant le dépôt de toute œuvre
mise au jour, n'exigeait pas que la mise au jour ait eu lieu
en France. De plus, cet article n'avait trait qu'à une formalité, il venait après des articles généraux, il ne pouvait avoir
pour effet de restreindre la protection accordée largement
par les premiers articles de la loi. Si un doute avait pu
exister, l'article 40 du décret de 1810 l'aurait levé : « Les
auteurs soit nationaux, *soit étrangers*... peuvent céder leur
droit... » Cependant, en se fondant sur l'article 426 du code
pénal, qui ne punit que l'introduction en France des contrefaçons d'ouvrages imprimés en France, on avait pu décider
que la protection de la loi française ne s'étendait pas aux
œuvres qui avaient commencé par être publiées à l'étranger.

Le décret des 28-30 mars 1852 posa les vrais principes, du
moins pour le privilège de publication. La contrefaçon des
ouvrages édités à l'étranger tombera dorénavant sous le coup
des articles 427 et 429 du code pénal, comme celle des œuvres
publiées en France. Il ne faut d'ailleurs pas songer à dire que
le décret a assimilé les étrangers aux nationaux. Il n'a visé
que la sanction des droits, la contrefaçon. Dire que la contrefaçon sera punie, ce n'est pas créer des droits, c'est sanctionner ceux qui existent, ceux qui sont reconnus aux étrangers par leur loi nationale. Le décret de 1852 n'a même pas
sanctionné toutes les prérogatives qui pourraient être accor-
dées aux étrangers par leur loi nationale. En effet, il ne
vise que l'article 425 C. pén., qui s'occupe de la reproduction illicite, et non l'article 428 qui prévoit les représentations illicites. Or, c'est une disposition pénale et ces sortes
de dispositions ne s'étendent pas, donc on ne peut l'appliquer
à la représentation ou à l'exécution publique [1] ; elles demeu-
rent libres en France, l'auteur de l'œuvre étrangère ne peut

---

[1] Pouillet, p. 656-658 ; Darras, p. 268-274.

s'y opposer. On a seulement proposé de dire que l'étranger peut invoquer la disposition générale de l'article 1382 C. c. contre l'organisateur des représentations [1].

L'exemple de générosité donné par la France n'a pas été suivi à l'étranger. Aujourd'hui encore, la plupart des législations européennes posent le principe de la réprocité, soit légale, soit diplomatique, soit diplomatique et légale [2]. Les unes accordent la protection, sans conditions à leurs nationaux, puis aux œuvres d'auteurs étrangers qui paraissent chez un éditeur national. C'est la décision de la loi allemande. La législation hongroise va un peu plus loin, elle protège aussi l'ouvrage de l'auteur étranger, qui réside depuis deux ans en Hongrie et y paie des contributions (loi du 1er juillet 1884 § 79).

D'autres exigent, même pour leurs nationaux, que l'ouvrage paraisse pour la première fois dans le pays pour lequel elles légifèrent (art. 44, l. italienne de 1882). Cette solution semble admise également par la jurisprudence de l'Angleterre [3].

D'autres enfin, celles des Etats-Unis, de la Turquie et de la Russie refusent en principe toute espèce de droit aux étrangers. La loi la plus récente, celle de la Colombie admet ce système : elle refuse en principe les droits d'auteur aux étrangers, faisant seulement exception pour les auteurs originaires du pays où l'on parle l'espagnol et dont la législation reconnaît le droit des Colombiens (art. 25) [4].

Seule la loi belge (art. 38) a consacré les vrais principes en assimilant, au point de vue de la protection, les ouvrages étrangers aux nationaux.

En face de ces dispositions hostiles de presque toutes les

---

[1] Darras, *loc. cit.*

[2] Darras, p. 308 et s.

[3] V. Journal de droit internat. privé, 1888, p. 447 et s.

[4] L'art. 26 va plus loin, il limite la liberté du gouvernement de conclure des traités, en lui interdisant d'accorder la réserve du droit de traduction.

législations, il a fallu recourir aux traités diplomatiques. Ils présentent pour les Français à l'étranger un intérêt de premier ordre. Mais on voit moins ce que les étrangers y ont gagné.

Cependant le décret de 1852, nous l'avons vu, présentait, dans la protection qu'il accordait aux ouvrages publiés à l'étranger, une grave lacune ; elle a été comblée par les traités [1].

Sur les autres points, il est possible que le traité contienne des stipulations moins favorables aux étrangers que les droits que le décret de 1852 leur reconnaît. On a soutenu qu'ils pourraient alors écarter ces clauses défavorables pour s'en tenir à l'application du décret [2]. Cette opinion, malgré l'autorité qui s'attache aux raisonnements du jurisconsulte qui l'a soutenue, tombe devant cette simple remarque que les traités sont de véritables contrats, obligatoires pour les deux pays qui les signent. Leurs dispositions ont en effet le caractère de réciprocité, on stipule toujours pour les auteurs des deux pays. Dès lors, l'un des contractants ne peut scinder la convention, en réclamer l'application en tant qu'elle lui est favorable et la rejeter quand elle lui devient désavantageuse [3].

---

[1] Il ne rentrerait pas dans le plan de cette étude d'examiner, même sommairement, toutes les conventions conclues par la France. Ce que nous cherchons à en dégager, c'est l'esprit qui préside à leur confection, la tendance générale des dispositions qu'elles renferment. Or, il suffit, pour atteindre ce but, d'examiner les plus récentes. Ceux qui les ont conclues ont pu mettre à profit l'expérience du passé et se prononcer, après mûr examen, sur les questions qui ont été soulevées relativement aux conventions anciennes. Nous citerons : le traité entre la France et la Suisse du 23 février 1882, Pataille, 1882, p. 161 : avec l'Allemagne, 21 août 1883, Pataille, 1884, p. 97 ; avec l'Italie, 9 juillet 1884, Pataille, 1885, p. 243. D'ailleurs les nations de l'Europe, ayant en grand nombre adhéré à la convention de Berne, et les traités, conclus auparavant entre les nations adhérentes, ne conservant plus leur vigueur qu'en tant qu'ils stipulent des avantages plus étendus que la dite convention (art. addit.), c'est sur elle que se concentre presque tout l'intérêt.

[2] Pouillet, p. 646-652.

[3] C'est l'opinion de M. Pataille et de M. Duvergier, rapportée dans *Le Droit d'Auteur*, 1889, p. 9.

Les traités accordent en général la protection aux nationaux des pays contractants, quel que soit le lieu où ils viennent à publier. (Art. 2, § 1er, Convent. de Berne.) Mais leurs stipulations sont applicables en outre aux œuvres publiées dans l'une des nations contractantes et dont l'auteur appartient à un pays qui n'a pas passé de convention (art. 3); dans ce cas, c'est l'éditeur qui est protégé comme auteur.

A part le droit de traduction, qui dans presque toutes les conventions est restreint à un court délai et assujetti à des conditions nombreuses [1] (l'art. 5 de la Convent. de Berne le limite à dix ans), les traités, que la France a conclus avec la plupart des Etats étrangers, assurent en général aux étrangers le bénéfice des lois nationales.

Ils posent en effet en règle que : « Les auteurs jouiront « dans chacun des deux pays réciproquement des avantages « qui y sont ou y seront accordés par la loi, pour la protection « des ouvrages de littérature ou d'art ; et ils y auront le « même recours légal contre toute atteinte portée à leurs « droits, que si cette atteinte avait été commise à l'égard « d'auteurs nationaux. » (Art. 1er, Convent. avec l'Allemagne et avec l'Italie.) Et ils ajoutent que les ayants-cause des auteurs jouiront des mêmes droits qu'eux (art. 3, Convent. Allem., 4, Convent. Ital.). La Convention de Berne reproduit à peu près la même formule (art. 2, § 1er).

Sur un point cependant l'assimilation aux nationaux a été repoussée, et c'est précisément à ce point de vue que la tendance à l'unification entre les lois des différents peuples est loin de se manifester, c'est pour la fixation de la durée du privilège.

Comme la presque unanimité des législations accorde le privilège à l'auteur durant toute sa vie [2], les différences se

---

[1] V. *Le Droit d'Auteur*, 1889, p. 66.

[2] Le Japon et la Grèce font partir la période à compter de la publication.

produisent dans la durée du monopole d'exploitation aux mains des ayants-cause de l'auteur. Cette question présentant un rapport direct avec la matière que nous avons traitée au point de vue du droit interne, nous y insisterons un peu longuement.

Il n'est pas douteux que la durée du monopole, reconnu en France aux ayants-cause d'un auteur étranger, doive être soumise à une double limitation.

Il peut arriver que la loi française soit moins large que la loi du pays où l'œuvre a vu le jour : ainsi la loi espagnole concède une durée de quatre-vingts ans après le décès de l'auteur. On peut se demander si les héritiers ou autres successeurs seront admis à poursuivre un contrefacteur en France, passé cinquante ans depuis la mort de celui qu'ils représentent. On est d'accord pour les repousser [1]. La durée de la protection ne peut excéder le temps fixé par notre législation. La limitation des droits d'auteur est une règle d'intérêt général, ayant pour but d'assurer au public, au bout d'un certain temps, la libre jouissance des œuvres de l'esprit ; c'est une sorte d'expropriation pour cause d'utilité publique, la loi qui l'édicte s'applique aux œuvres étrangères.

Il peut se faire, au contraire, que la loi française soit plus libérale que celle du pays où l'œuvre a pris naissance : il s'agit par exemple d'une œuvre publiée en Allemagne, où la durée est fixée à trente ans à compter de la mort de l'auteur ; reconnaîtra-t-on au titulaire de l'ouvrage la faculté d'en interdire la reproduction en France après l'extinction de ses droits dans le pays d'origine ? La loi française répond que l'étranger ne peut avoir plus de droit en France que dans son pays. Le décret de 1852, en effet, ne vise que la sanction des droits, la contrefaçon ; on ne peut l'étendre à l'existence même de ces droits. Il n'a pas créé un privilège d'exploitation au profit des œuvres étrangères, mais s'est contenté de consacrer pratique-

---

[1] Despagnet. Précis de droit international privé, p. 544 ; Weiss, *op. cit.*, p. 825.

ment, en promettant de les faire respecter, les prérogatives qui y étaient attachées par la loi d'origine. Après la législation de la France, la loi belge, la plus libérale de toutes pour l'étranger, a édicté, dans son article 38, la double limitation. Cette manière de traiter l'œuvre étrangère est-elle juste en raison? On l'a nié. On a dit : Il n'est pas logique de traiter l'ouvrage à la fois comme national et comme étranger. Si l'assimilation aux œuvres nationales peut diminuer parfois les prérogatives reconnues aux œuvres étrangères, il faut qu'elle puisse aussi les étendre. On a ajouté que la restriction à la durée fixée par la loi étrangère était pratiquement inutile, puisqu'il suffira à l'auteur d'éditer d'abord en France pour y obtenir la protection la plus longue [1]. Cette critique est mal dirigée, il faudrait l'opposer au système qui fixe la nationalité d'une œuvre par le lieu où elle est publiée; mais, ce système admis, on ne doit pas s'étonner qu'il conduise à une conséquence qu'on trouve peu raisonnable et peu utile. Quant à dire que le système révèle un défaut de logique, ce reproche n'est pas péremptoire. On ne voit pas pourquoi l'auteur pourrait se plaindre, quand on lui reconnaît à l'étranger des droits aussi étendus qu'au pays d'origine; la loi qui accorde une pareille protection peut, à bon droit, se dire suffisamment juste et libérale. D'autre part, la restriction à la durée reconnue au pays dans lequel la protection est réclamée résulte d'une règle d'ordre public, qu'il faut bien appliquer; par quelle sorte de réaction l'application d'une semblable mesure aurait-elle pour résultat d'augmenter la durée accordée au pays d'origine, quand elle est plus courte que dans la nation où la protection est réclamée?

Quoi qu'on puisse penser de ces discussions théoriques, les traités, après avoir posé le principe de l'assimilation aux œuvres nationales, décident que la durée est fixée par celle des deux législations qui accorde le délai le plus court. (V. notamment art. 1er du traité avec l'Italie.) Cependant la Con-

---

[1] Darras, p. 381 ; Pouillet, p. 655.

vention avec l'Espagne avait fixé un délai invariable de cinquante ans; mais c'était, on le remarquera, une application pure et simple du principe posé dans les autres traités, puisque le délai de cinquante ans est celui que concède la loi française et qu'il est moindre que celui de la loi espagnole. L'application de cette formule sera facile dans la pratique : à l'exception des lois du Mexique, de l'Espagne et de la Colombie, toutes les législations fixent le même délai que la loi française ou un délai plus court; c'est donc cette dernière qui fixera la durée en France du privilège relativement aux œuvres qui auront vu le jour dans l'un des trois Etats que nous avons cités; au contraire, dans les rapports des autres pays avec la France, il faudra chercher dans la loi étrangère la fixation de la durée du monopole, qui sera reconnu chez nous relativement aux œuvres qui auront pris naissance dans l'un de ces pays.

Une question intéressante s'est pourtant posée autrefois dans nos rapports avec l'Angleterre. L'article 1er de la Convention du 3 novembre 1851 portait : « Les auteurs d'œuvres « de littérature ou d'art, auxquels les lois de l'un des deux « pays garantissent actuellement et garantiront à l'avenir le « droit de propriété ou d'auteur, auront la faculté d'exercer le « dit droit sur les territoires de l'autre pays, *pendant le* « *même espace de temps et dans les mêmes limites que* « *s'exerceraient, dans cet autre pays lui-même, le droit* « *attribué aux auteurs d'ouvrages de même nature qui y* « *seraient publiés* [1] ». Si l'on supposait un Anglais venant invoquer en France ses droits d'auteur sur une œuvre publiée en Angleterre, il semble bien qu'il fallait fixer la durée de ces droits d'après la loi française « ... *pendant le même espace de temps* » et non d'après la loi anglaise qui n'accorde qu'un privilège de sept ans à compter de la mort de l'auteur, sauf prolongation si la publication ne date pas de quarante-deux ans. On objectait, d'une façon peu concluante à notre gré, que

---

[1] Pataille et Huguet. Code international de la propriété industrielle, p. 124.

les premiers mots de l'article montraient que la première condition, pour que le droit fût protégé en France, était qu'il existât au pays d'origine [1]. Le sens des mots que nous avons soulignés est trop clair pour qu'on aille chercher dans la formule vague qui commence l'article une solution contraire à celle qui se dégage de la phrase qui le termine.

Le simple fait de l'adhésion des deux Etats intéressés à l'union de Berne n'avait pas fait disparaître la controverse; l'article additionnel statuant que « la Convention conclue « n'affecte en rien le maintien des conventions existantes « entre les pays contractants, *en tant que ces conventions* « *confèrent aux auteurs ou à leurs ayants-cause des droits* « *plus étendus.* » Mais depuis cette époque, un accord est intervenu entre les deux pays. Une note, insérée en tête de la partie non officielle du *Journal officiel* du 17 juillet 1887, nous a avertis qu'en vertu d'une entente établie entre la France et la Grande-Bretagne, la Convention littéraire du 3 novembre 1851 cesserait d'avoir son effet au moment de la mise en vigueur en France et en Angleterre de la Convention intervenue à Berne le 9 septembre 1886.

Cette mise à exécution ayant été prescrite en France le 12 septembre et en Angleterre le 28 novembre 1887 [2], la Convention de 1851 est annulée.

Par suite de la combinaison des lois française et italienne, l'œuvre française conférera à ses titulaires un droit de jouissance moins étendu en Italie qu'en France, si l'auteur a vécu plus de trente ans. Supposons que sa vie ait été de trente-cinq ans ; en France le privilège durera en tout quatre-vingt-cinq ans; en Italie le privilège durera pendant cinq ans après la mort, puis les héritiers auront droit à une redevance pendant quarante ans, en tout quatre-vingts ans de jouissance plus ou moins complète. Si l'auteur a vécu trente ans, la durée du droit est la même en France et en Italie. Il est bien évident,

---

[1] Darras, p. 605 ; Weiss, p. 826.
[2] V. Journ. de droit internat. privé, 1888, p. 447 et s.

au reste, que les titulaires d'une œuvre française devront se conformer, pour l'exercice de leurs droits en Italie, au système que le décret du 19 septembre 1882 a' règlementé dans son article 9; pour la deuxième période de quarante ans, ils n'auront pas de privilège, mais seulement le droit d'exiger une redevance de cinq pour cent, de quiconque voudra reproduire l'ouvrage. Il y a, dans ce système, une sorte d'expropriation partielle pour cause d'utilité publique, les étrangers y sont soumis comme les nationaux.

Si l'on aborde l'autre face de la question, la solution est plus délicate. Cependant on ne peut songer à organiser en France le système du domaine public payant pour les œuvres italiennes. Leurs titulaires doivent se conformer au mode d'exercice du droit d'auteur établi par la loi française ; ils auront donc le monopole de publication ou de reproduction en France, même pendant la période de quarante ans pour laquelle la loi italienne a rejeté le privilège ; ou bien ils ne jouiront chez nous d'aucun droit. Or, l'article 1er du traité franco-italien dit que les auteurs de l'un des deux pays jouiront dans l'autre, sous la condition de l'existence de leur droit au pays d'origine, des mêmes avantages que les auteurs nationaux. Pendant la deuxième période de quarante ans, le droit existe en Italie, donc il doit être reconnu en France et doit assurer à son titulaire les mêmes avantages qui sont reconnus aux productions nationales.

En 1884, au Congrès de Berne, la délégation française avait essayé de faire prévaloir le système du traitement national pur. Les représentants de l'auteur d'une œuvre étrangère auraient eu le droit de réclamer, dans chaque pays, un privilège d'une durée égale à celle que la loi accorde aux ouvrages indigènes, alors même qu'ils n'eussent pas été protégés aussi longtemps au pays d'origine. Tout en posant comme règle générale l'assimilation des œuvres étrangères aux nationales (art. 2, § 1er de la Convention), on a préféré adopter le principe en vertu duquel les avantages ne sont assurés réciproquement aux auteurs des pays contractants que pendant l'existence de leur droit au pays d'origine (art. 2, § 2). On a jugé inutile de dire expressément que la jouissance du monopole d'exploitation ne pourra excéder non plus la durée, fixée par la loi où la protection est réclamée, pour les œuvres nationales. On a estimé que cette clause eût été superflue, puisqu'il résulte implicitement de l'adoption de la clause du traitement national, admise sauf exception, que les étrangers ne peuvent être traités plus favorablement que les nationaux [1].

Il est possible qu'un auteur puisse invoquer plusieurs titres à la protection, dans un pays déterminé. Par exemple, un Allemand vient à publier pour la première fois son ouvrage en Belgique. La loi allemande regarde comme une œuvre nationale celle qui a été mise au jour par un Allemand, la loi belge s'en tient au principe de la détermination de la nationalité par la première publication. L'auteur peut donc se réclamer en France de deux lois distinctes ; quelle sera la durée de ses droits, trente ans d'après la loi allemande ou cinquante ans suivant la loi belge ? Il semble rationnel de s'attacher à la loi la plus favorable.

La même solution paraît théoriquement exacte au cas de publications simultanées, dans des pays où la durée est fixée d'une façon différente. L'auteur pouvant se mettre sous la protection de plusieurs lois, c'est à lui de choisir, or il optera pour celle qui lui assure une jouissance plus longue. Cependant la Convention de Berne (art. 2, § 3) décide qu'on considérera comme pays d'origine, en cas de publications simultanées, celui où la durée est la plus courte. Or, c'est la loi du lieu d'origine qui fixe la durée.

---

[1] Le traité signé le 11 janvier 1889 par les délégués de sept Etats de l'Amérique du Sud, pour la protection des œuvres artistiques et littéraires (V. *Le droit d'Auteur*, 1889, p. 52) n'a pas admis l'assimilation des œuvres étrangères aux œuvres nationales. L'auteur jouira, dans les Etats signataires, des droits que lui accordera la loi de l'Etat où aura eu lieu la première publication ou production (art. 2). L'article 4 adopte au contraire le principe de la double limitation de la durée du privilège, admis en Europe.

Le résultat de ce rapide examen paraît révéler une situation très satisfaisante.

Mais les apparences sont quelque peu trompeuses. Il est resté des points, sur lesquels les auteurs français ne trouveront pas à l'étranger la même protection qu'en France. Ainsi la Convention de Berne (art. 6) dispose, à l'exemple des traités antérieurs, que les articles de journaux ou recueils périodiques, parus dans l'un des Etats contractants, peuvent être librement reproduits dans les autres pays, si l'auteur ne l'a pas interdit ; mais c'est après tout, pourrait-on dire, une assez mince prérogative qui est enlevée aux auteurs, celle de conserver leurs droits sans avoir à dire formellement qu'ils n'entendent pas les abandonner. Voici qui est plus grave : nous avons dit déjà que le droit de traduction était partout, même dans les traités, limité à un court délai, et que la Convention de Berne, la base sur laquelle l'avenir amènera sans doute les différentes nations à une entente commune relativement à nos matières, le restreignait à une durée de dix ans. Cet article 5 détruit, en réalité, une bonne partie des avantages reconnus aux étrangers par l'article 2. Sauf pour quelques livres, qui s'adressent à un public de savants ayant la connaissance des langues étrangères, les droits d'auteur ne présentent d'utilité pour leurs titulaires, en dehors de leur patrie, que par la réserve du droit de traduction. A quoi bon accorder à un écrivain étranger le droit exclusif de vendre son ouvrage dans un pays, dont l'immense majorité des citoyens ne comprend pas la langue que parle l'auteur ? C'est la reconnaissance d'une faculté toute platonique, qui ne présente pas pour celui qui en bénéficie un avantage pratique. En réalité, dans les rapports de deux pays de langue différente, la concession des droits d'auteur aux étrangers est, pour la majorité des ouvrages, réduite en fait à la durée accordée pour le droit de traduction ; on ne comprend donc en aucune façon quelles peuvent être les raisons qui ont fait restreindre ce droit dans des limites aussi étroites ; il fallait décider qu'il subsistait aussi longtemps que le privilège de reproduction dans la langue originaire [1].

Enfin il existe des pays qui se sont refusés obstinément à protéger les auteurs étrangers, même par des traités. Nous n'attachons pas grande importance à l'abstention de la Turquie, où les besoins intellectuels ne paraissent pas assez développés pour absorber un stock considérable d'ouvrages. Mais il n'est pas possible d'en dire autant pour les Etats-Unis d'Amérique ; il y a longtemps qu'on a montré que la contrefaçon, qui s'y fait sous le couvert d'une législation hostile aux écrivains étrangers non résidents, porte le plus grave préjudice aux auteurs français ; il suffit de le rappeler ici.

Nous avions autrefois une convention avec la Russie, datant de l'année 1861, elle a expiré le 14 juillet 1887 et ne paraît pas avoir été renouvelée. Or, la Russie refuse toute espèce de droit aux écrivains étrangers.

SECTION IIe

DE LA TRANSMISSION AU POINT DE VUE INTERNATIONAL

§ Ier. — *Des successions*

On sait que, suivant la théorie regardée comme la meilleure en raison et déjà admise par deux lois européennes, le code civil italien et celui du canton de Zurich, la succession devrait être régie par la loi personnelle du défunt, c'est à dire par sa loi nationale. Mais la plus grande partie des législations suit dans la pratique et notre jurisprudence applique le système reçu dans l'ancienne France : la loi de

---

[1] L'assimilation complète du droit de traduction au droit absolu sur l'œuvre originale a fait l'objet d'un vœu de l'Association littéraire et artistique, réunie à Venise en 1888. Le Congrès de Paris de 1889 a affirmé aussi le principe absolu de l'assimilation complète. Enfin, le traité conclu entre les Etats de l'Amérique du Sud (art. 3) a assimilé complètement le droit de traduction au droit de l'auteur sur l'œuvre originale.

la situation des biens règle la succession aux immeubles et la loi du domicile du défunt la succession aux meubles [1]. Il est bon d'ajouter toutefois que cette solution n'est appliquée à l'étranger en France que dans le cas où il a été autorisé à y fixer son domicile, conformément à l'article 13 du code civil [2]; sinon on applique la loi du lieu où il est censé avoir conservé son ancien domicile, ce qui aboutira très souvent à l'application de la loi nationale.

Supposons donc qu'un auteur étranger, autorisé à fixer son domicile en France, vienne à mourir. On appliquera la loi française pour savoir quels seront les héritiers qui succèderont à ses œuvres. Son conjoint aura l'usufruit des droits d'auteur. En effet, cet usufruit légal peut être rapproché de celui de l'article 754 C. c. et, dans la doctrine traditionnelle, on applique la loi du domicile en ce qui concerne cet usufruit portant sur des meubles.

Nous avons signalé les dispositions des lois espagnole (art. 6) et colombienne (art. 15) qui apportent une limitation impérative à la cession d'un droit d'auteur, au cas où l'auteur laisse certaine catégorie d'héritiers. Il y a là évidemment une disposition qui a le même caractère que la réserve; elle est établie pour sauvegarder les droits de certains héritiers, que le législateur croit devoir protéger spécialement. C'est donc la loi qui régit la succession de l'auteur qui dira en même temps si les droits qu'il a cédés reviennent, au bout d'un certain temps, à ses héritiers.

D'ailleurs, n'oublions pas que l'étendue des droits des héritiers sera déterminée par la loi du pays où l'œuvre a vu le jour pour la première fois.

Une question, peu pratique assurément, mais intéressante pour l'originalité de la solution à laquelle elle conduit, peut trouver place ici. La loi du 14 juillet 1819 dispose, dans son

---

[1] Cass., 27 avril 1868, Dal., 1868, I, 302 ; Pau, 22 juin, 1885, Dal., 1886, II, 181.

[2] Cass., 5 mai 1875, Dal., 1875, 1, 343.

article 2, que : « Dans le cas de partage d'une même succes-
« sion entre des cohéritiers étrangers et français, ceux-ci
« prélèveront sur les biens situés en France une portion égale
« à la valeur des biens situés en pays étranger dont ils seraient
« exclus, à *quelque titre que ce soit*, en vertu des lois et
« coutumes locales. » Voici dès lors ce qui peut se produire :
un auteur vient à mourir en laissant un conjoint français et
des héritiers étrangers ; par suite de l'application des règles
que nous avons rappelées plus haut, il se trouve que sa succession est régie par une loi qui exclut le conjoint de tous
droits de succession, ou lui accorde une part inférieure à celle
que représenterait l'usufruit des droits d'auteur tel qu'il est
réglé par la loi française. Le *de cujus* laisse des biens en
France et à l'étranger. Le conjoint survivant, invoquant la
loi de 1819, peut-il prendre, sur les biens situés en France,
une valeur équivalente à celle de l'usufruit du privilège de
publication que la loi française, si elle avait été applicable, lui
eût accordé ? De sorte que, exclu d'ordinaire sur le patrimoine
de son conjoint de tous droits de succession (autres que l'usufruit de la loi de 1866), s'il se trouve des parents au degré
successible, il va pouvoir en invoquer, par ce fait que la
succession a été réglée par une loi étrangère ? La formule de
la loi de 1819 est absolument générale « à quelque titre que
ce soit » ; d'un autre côté, l'usufruit concédé par la loi de 1866
est un droit de succession. Un doute pourrait cependant arrêter : la loi de 1819 parle des cohéritiers français et le conjoint
n'est pas, à proprement parler, un héritier. Cependant, on
peut croire que ce terme est employé dans le sens général de
« successeurs », c'est même ce qui est admis par MM. Aubry
et Rau [1]. D'un autre côté, le motif de l'article 2 de la loi de
1819 est le désir d'empêcher que des Français ne souffrent de
l'application de l'article 1er [2], c'est ce qui arriverait dans notre

---

[1] Cours de droit civil, VI, p. 278.

[2] Exposé des motifs et rapport de la loi de 1819, Lockré, législation
de la France, X, p. 503 et 525.

hypothèse si on écartait le conjoint du bénéfice de l'article 2. Nous croyons en conséquence que ses prétentions devront être accueillies par nos tribunaux.

Dans un ordre d'idées tout voisin, on sait que la pratique de nos tribunaux et même la doctrine autorise le prélèvement, dont parle l'article 2, sur tous les biens situés en France et même sur les créances, pourvu que le débiteur soit domicilié en France, ou que les titres aient été laissés en France par le défunt [1]. Il ne semble guère plus hardi de considérer les droits d'auteur comme situés en France par cela seul que des exemplaires de l'ouvrage y circulent. En conséquence, les successeurs français pourront être autorisés à exploiter en France le privilège de publication des ouvrages du *de cujus* ; ils auront la faculté d'interdire le marché français aux éditions qu'ils n'auront point autorisées, c'est-à-dire de poursuivre en contrefaçon ceux qui les auront faites ou introduites en France. Nous ne donnons pas ces solutions comme certaines, loin de là ; mais nous croyons qu'elles peuvent être soutenues.

§ II. — *Transmission conventionnelle*

On est à peu près d'accord pour décider que les conflits de lois en matière de conventions doivent se trancher : par l'application de la loi nationale des parties aux questions de capacité ; de la *lex loci contractus* aux formes des actes, conformément à la règle « *locus regit actum* » ; de la loi à laquelle les parties se sont expressément ou tacitement référées à la détermination des effets de leurs conventions [2].

C'est ainsi que l'éditeur qui contractera avec un auteur, dans un pays qui exige des formes spéciales pour la cession, devra se conformer aux prescriptions de la loi locale. Elles peuvent reposer sur une double considération : la première est le désir de sauvegarder les droits des tiers, le crédit public ; la deuxième d'éviter entre les parties les contestations

---

[1] V. Aubry et Rau, VI, p. 280 ; Demolombe, XIII, n° 207.
[2] Despagnet. Précis de droit international privé, p. 396 et s.

et les procès qui pourraient résulter de l'absence de preuves décisives ; l'une et l'autre touchent au premier chef à l'ordre public, partant la règle qu'elles ont fait édicter s'impose aux étrangers. La cession qui serait faite entre deux étrangers, nationaux d'un pays qui n'exige pas de formes spéciales, sera donc évidemment nulle pour le pays dans lequel elle intervient, s'il exige des formalités. La question de savoir si le contrat sera valable, pour les pays qui n'exigent pas de formes, dépend de la solution qu'on adoptera sur le caractère facultatif ou obligatoire de la maxime « *locus regit actum* »[1].

Une véritable question de droit s'est posée, quant aux effets de la cession, dans nos rapports avec l'Italie.

Des éditeurs italiens, concessionnaires de tous les droits de Donizetti sur l'opéra ayant pour titre « Lucie de Lammermoor », ont cédé leurs droits pour la France à un éditeur français, à la date du 30 avril 1837. Donizetti et le chevalier Romani, auteurs de la musique et des paroles de « Lucrèce Borgia », autre opéra, ont cédé leurs droits au même éditeur français, le 15 novembre 1840. Par suite de ventes de fonds et de cessions successives, les droits sont finalement tombés entre les mains de deux éditeurs de Paris MM. Grus, pour Lucie de Lammermoor, et Gérard, pour Lucrèce Borgia. En 1881, un éditeur de musique à Milan envoya à un éditeur de Paris des partitions des deux opéras, pour lesquelles il avait payé aux représentants de l'auteur en Italie la redevance prescrite par la loi italienne (on était alors dans la deuxième période, celle pour laquelle la loi italienne a admis le système du domaine public payant, les opéras ayant été mis au jour en 1833 et 1835 et Donizetti étant mort en 1848). Les deux cessionnaires français se crurent le pouvoir de fermer le marché français aux éditions italiennes. Il semble bien, en effet, que les éditeurs italiens n'avaient de droit que pour l'Italie, parce que le moyen mis à leur disposition par la loi de ce pays, pour s'assurer la faculté d'exploiter les œuvres

---

[1] V. Despagnet, p. 282.

littéraires ou artistiques, ne doit s'appliquer que dans les limites du territoire que régit la loi qui l'édicte. Cependant le tribunal de la Seine, auquel la question fut soumise le 28 mars 1884, en a pensé autrement : « Au moyen du paiement de la « redevance, a-t-il dit, le droit des auteurs sur ces partitions « a été complètement éteint. » Or, le traité franco-italien du 29 juin 1862, art. 1er, n'assure réciproquement les avantages aux auteurs de l'un des pays qu'autant que leur droit existe encore au pays d'origine ; il n'existe plus en Italie, donc il est éteint également en France. La Cour de Paris confirma le jugement par adoption de motifs, le 13 avril 1886. La question vint devant la Cour de cassation, le 25 juillet 1887, et la Chambre des requêtes l'a tranchée comme les juges inférieurs, en rejetant le pourvoi [1].

Elle n'a d'ailleurs fait que reproduire les motifs des premiers juges : Le droit est éteint en Italie sitôt qu'il appartient à toute personne de publier l'ouvrage sans le consentement des ayants-cause de l'auteur, fût-ce à condition de leur payer une redevance. Or, le traité franco-italien n'assure la protection dans chacun des Etats, aux auteurs de l'autre, que *pendant l'existence de leurs droits dans le pays d'origine*. Le droit est éteint en Italie, donc il a cessé d'exister en France.

Le pourvoi faisait le raisonnement suivant : la jouissance et l'exercice du droit d'auteur ne sont subordonnés qu'à une condition, son existence en Italie. Or, il existe encore en Italie, la preuve en est que la redevance a pu être exigée ; il doit être régi par la loi française et jouir des avantages qu'elle assure. Le jugement a confondu l'existence du droit avec son étendue et les avantages qu'il confère. Le texte même du traité de 1862 assure aux œuvres italiennes, sous la condition de l'existence du droit en Italie, la jouissance des avantages attribués par la loi française aux œuvres publiées

---

[1] Annales de droit commercial 1888, p. 4 et note ; Dal., 1888, 1, 5 ; Sir., 1888, I, p. 17 et note de M. Lyon-Caen ; Pataille, 1888, p. 325 et observation, p. 333.

pour la première fois sur le territoire qu'elle régit. Le conseiller rapporteur répond : le droit existait en Italie sur l'opéra, mais non sur les partitions ; donc elles étaient affranchies du droit d'auteur en France.

Nous pensons, avec M. Lyon-Caen, que le raisonnement du cessionnaire français était décisif et devait lui permettre de fermer le marché français aux partitions italiennes. Le traité ne se réfère à la loi nationale que pour la durée ; pour la nature des avantages conférés, c'est la loi où la protection est invoquée qui est uniquement compétente, puisque l'article 1er de la Convention pose le principe de l'assimilation aux œuvres nationales. Du moment que le droit existait au pays d'origine, le cessionnaire pour la France avait encore le privilège de reproduction, parce que notre loi n'admet que ce système pour l'exercice des droits d'auteur ; le marché français devait être interdit aux producteurs italiens qui n'avaient de droit sur les exemplaires édités par eux que par suite d'un système rejeté en France. Pour savoir, en effet, si la contrefaçon existe, il ne faut pas se référer à la loi italienne, c'est la loi française qui seule doit être consultée ; or, le droit d'interdire l'introduction d'exemplaires, reproduits sans son consentement, est une des prérogatives essentielles reconnues par la loi française au titulaire de l'ouvrage. Comme le dit si bien M. Pataille : « Ce qui est fait à l'étranger, même avec l'assen« timent de l'auteur, doit être considéré comme contrefait « en France, dès que cela est fait contre le monopole assuré « à l'auteur par la loi française. »

CONCLUSION

APPRÉCIATION DE LA LOI DE 1866 ET DES PRINCIPALES
LÉGISLATIONS ÉTRANGÈRES

Une réflexion frappe dès la première étude de notre loi sur
les droits d'auteur. Trop souvent on a vu des spéculateurs
exploitant les faiblesses ou les besoins des écrivains et des
artistes, pour se faire consentir à bas prix la cession d'un
ouvrage dont l'exploitation les enrichit. Nos lois n'ont édicté
aucune disposition de nature à protéger les auteurs ; et la
majorité des jurisconsultes décide que la cession du privilège
de reproduction, faite en termes généraux, porte sur la durée
totale que la loi assigne au droit exclusif.

Dans l'ancienne France, on. avait dit que l'ouvrage vendu
tomberait dans le domaine public à la mort de l'auteur (arrêts
du 30 août 1777). Il y avait là une sorte de peine édictée
contre ceux qui ne faisaient pas exploiter leurs ouvrages à
leur compte ; mais une pareille mesure consacrait une injustice, puisqu'elle atteignait surtout celui qui, trop pauvre pour
exploiter lui-même, était forcé de recourir à une cession, et
ne devait plus trouver d'éditeur assez imprudent pour acheter
un privilège que la mort du vendeur devait anéantir de plein
droit.

Dans le droit moderne, quelques législations édictent des
règles de nature à protéger l'auteur.

L'article 19 de la loi italienne de 1882 décide que la permission indéterminée de reproduire une œuvre n'entraine pas

aliénation totale du droit de reproduction. Le juge fixe un délai pendant lequel l'auteur ne pourra reproduire.

La loi colombienne (art. 15), à l'exemple de la loi espagnole, statue que, dans le cas où l'auteur laisse des héritiers nécessaires, les droits cédés leur reviennent vingt-cinq ans après sa mort. Elle protège ainsi une certaine classe d'héritiers, en laissant l'auteur maître de se réduire à la misère par une cession imprudente, qui le privera de son privilège durant toute sa vie.

D'après les dispositions de la loi hongroise sur le contrat d'édition, si le contrat ne précise pas le nombre d'éditions à faire, l'éditeur n'a le droit d'en publier qu'une seule. La même règle se trouve dans le code fédéral suisse des obligations. Nous croyons qu'on doit l'envisager comme une disposition sage. On a bien dit que l'achat d'une œuvre de début est un contrat aléatoire, où les plus grandes chances ne sont pas pour l'acheteur ; que d'un autre côté, quand l'écrivain a acquis une certaine réputation, il trouve pour ses œuvres un prix rémunérateur. Il n'en reste pas moins vrai que les circonstances peuvent amener parfois un écrivain à céder à bas prix une œuvre de valeur. Il faut donc chercher à ce mal un remède, qui restreigne le moins possible la liberté des conventions [1]. Rendre le droit de publication incessible et insaisissable serait une très mauvaise solution. Par là on transformerait les auteurs en commerçants qui exploiteraient eux-mêmes leurs œuvres ; il vaut mieux, pour l'intérêt des belles-lettres, leur permettre de se décharger sur d'autres du soin de vendre leurs livres : débarrassés du souci que leur donnerait l'exploitation de leurs œuvres, ils se remettront à leurs études, pourront renouveler leurs efforts pour créer de nouveaux ouvrages.

Au contraire, en décidant, comme l'a fait la loi suisse, qu'une clause formelle est nécessaire dans l'acte de cession,

---

[1] Je ne parle que de l'aliénation du droit de reproduction ; il n'est pas possible d'empêcher l'artiste d'aliéner irrévocablement un objet d'art.

pour que l'acheteur acquière le privilège de publication pour toute la durée reconnue par la loi, on permet à l'auteur de tirer parti de son ouvrage en le vendant ; mais en même temps son attention est spécialement appelée sur la gravité de l'acte qu'il va faire. Il sera forcé de faire des réflexions sur l'irrévocabilité de l'aliénation ; alors il exigera un prix plus fort, ou bien il ne consentira qu'une cession temporaire.

Ces points ont été généralement laissés dans l'ombre par les jurisconsultes. Les critiques qu'ils ont adressées à la loi de 1866 portent : 1° sur la durée du privilège, variable avec la vie de l'auteur et sur la fixation du second délai à cinquante ans ; 2° sur la disposition du paragraphe second de la loi, qui appelle le conjoint survivant à l'usufruit des œuvres de l'auteur décédé ; 3° sur le renvoi aux articles 913 et 915.

Nous avons déjà eu l'occasion de nous expliquer sur le dernier point ; voyons ce qu'il faut penser des deux autres.

I. — Les uns ont critiqué le principe même de la loi qui, réglant la durée du droit sur la vie de l'auteur, lui donne ainsi une période de temps tout à fait incertaine. Il en résulte une inégalité dans la valeur du droit, inégalité regrettable, puisque les titres de tous les auteurs se recommandent également à la sollicitude du législateur [1]. Mieux aurait valu, disent ces jurisconsultes, et nous sommes entièrement de leur avis, assigner au droit de l'auteur une durée fixe dépassant de beaucoup la durée de la vie humaine. Cela eut donné une sécurité plus grande pour les transactions, actuellement aléatoires puisque la période fixe, qui est de cinquante ans, s'ajoute à un autre délai incertain, celui de la vie de l'auteur. De là infailliblement baisse dans les offres de l'éditeur, qui souvent calculera le prix qu'il donne sur une durée probable très courte.

D'autres ont critiqué le délai même de cinquante ans. Il est, dans bien des cas, moins favorable aux descendants que celui de trente ans accordé par la loi de 1854, puisqu'il part

---

[1] Pouillet, p. 124 ; Laboulaye, revue de législation, 1852, p. 294.

du décès de l'auteur au lieu que celui de la loi ancienne ne courait que de la mort du conjoint survivant. Pourquoi cinquante ans, plutôt que trente, plutôt que cent ? Mieux aurait valu cette limite de cent ans ; ce qui est vieux de cette date est pour le présent la limite où commence l'histoire et dont il ne reste plus qu'un souvenir. On a même ajouté que ce délai se recommandait par des considérations historiques : c'était la période de temps que les jurisconsultes romains fixaient à l'usufruit accordé aux personnes morales [1]. Ces critiques ne sont pas toutes bien fondées. On ne peut regretter la législation antérieure à 1866. La variété dans la mesure des droits des diverses catégories d'héritiers avait les inconvénients les plus graves. Elle enlevait toute sécurité à l'éditeur qui désirait traiter avec l'écrivain. Il fallait s'informer de son âge, de son état de célibataire ou d'homme marié, et dans ce cas de l'âge de sa femme, puis de la qualité des héritiers qu'il laisserait, car il fallait connaître tous ces éléments pour fixer approximativement la durée probable du privilège. Quant à limiter l'application du délai de cinquante ans au cas où il existe une cession, c'était revenir à la variabilité, dont on voulait, avec juste raison, sortir. Il faut reconnaître que cette innovation de la loi de 1866 est un bienfait ; elle offre au moins aux contractants, sinon l'avantage d'une période absolument fixe, du moins un minimum, sur la base duquel on pourra souvent fixer un prix rémunérateur pour l'écrivain.

Elle est de plus, dans la limite des cinquante ans qu'elle accorde, un retour au droit commun ; les distinctions arbitraires entre les divers ordres de successibles se trouvent supprimées, c'est un avantage considérable. Sans vouloir entrer dans l'examen de difficultés maintenant aplanies et de controverses devenues sans objet, nous dirons que la variété dans les délais et les points de départ avait soulevé dans la pratique de sérieuses difficultés ; il suffit de jeter les yeux sur les traités de la propriété littéraire antérieurs à 1866, pour

---

[1] Fliniaux, p. 58-61.

s'en convaincre. La loi de 1866 a donc réalisé un premier pas dans la voie du progrès ; c'est au présent qu'il faudrait réclamer d'aller plus loin encore.

On remarquera d'ailleurs que seule la législation du Mexique établit une base fixe, elle accorde la perpétuité. La Grèce et le Japon établissent bien une période qui court à dater de la publication, mais elle peut être prolongée [1]. La Hollande édicte un système théoriquement satisfaisant : la durée n'est rendue incertaine par la vie de l'auteur que s'il est titulaire de l'œuvre ; dans le cas où elle a passé en des mains étrangères, le délai est fixé invariablement à cinquante ans, à compter du jour du dépôt.

II. — La faveur accordée par notre loi au conjoint survivant de l'auteur et de l'artiste a soulevé les critiques les plus violentes. M. J. Favre disait déjà dans la discussion de la loi : « Si l'on pense que la femme est reléguée trop loin dans « l'ordre des successions, il faut, par une disposition générale, « lui assigner un rang meilleur, mais non créer, au profit de « quelques veuves seulement, des droits exceptionnels et « exorbitants [2]. » M. Morillot à son tour a critiqué, avec une verve toute littéraire, la disposition du paragraphe second [3]. Nous croyons avec lui qu'il est impossible de prendre au sérieux cette collaboration morale de la femme, dont il a été parlé dans les termes les plus élevés, lors de la discussion de la loi. Cette idée n'expliquerait pas pourquoi l'usufruit est accordé au mari survivant comme à la femme, à la compagne de toute la vie comme à la deuxième femme, ou à celle qu'un caprice de vieillard aura tardivement élevée au rang d'épouse [4].

Sans doute « tandis que le mari était occupé à ses compo- « sitions, la femme se dévouait aux soins du ménage, à « l'éducation des enfants, à la gestion économique des

---

[1] V. Darras, p. 430.
[2] V. Pouillet, p. 194.
[3] Cité par M. Pouillet, p. 195.
[4] Conclusions de M. l'avocat général Godart, dans arrêt de Paris 18 juin 1883, Pataille, 1883, p. 265 et s.

« intérêts communs. Chacun a donc mis à la masse commune
« sa part afférente... Le mari a reçu les soins de sa femme, il
« en a profité ; la femme doit avoir aussi son lot dans l'honneur
« et l'émolument des œuvres de son mari ; c'est le digne prix...
« de sa sollicitude pour tout ce qui le touche [1]. » Ces considérations sont rigoureusement justes ; mais il est permis de
se demander si les femmes des écrivains et des artistes sont
les seules à se dévouer aux soins du ménage, à l'éducation
des enfants. La femme du commerçant ne met-elle pas aussi
sa part à la masse commune, ne mérite-t-elle pas la même
justice que celle de l'auteur ? Il est impossible d'expliquer la
différence faite par la loi entre la situation de la première et
celle de la seconde. Le fondement du droit du conjoint est
uniquement dans le lien matrimonial, il aurait donc fallu
prendre une mesure générale.

Le seul point de vue auquel la loi de 1866 puisse être
justifiée est de la considérer comme le commencement de
réalisation de cette mesure générale, comme « un premier
« pas dans la voie de la réparation [2] », « un retour à la vraie
théorie dont les auteurs du code se sont écartés par suite
d'un malentendu [3]. » Tout le monde sait, en effet que, lors
de la discussion de l'article 767, M. de Malleville fit observer
que l'on avait omis, dans ce chapitre, une disposition reçue
par la jurisprudence, qui donnait une pension à l'époux survivant lorsqu'il était pauvre et qu'il ne recueillait pas la succession. M. Treilhard répondit que l'article 55 (du projet) lui
accordait l'usufruit du tiers des biens [4]. Cette affirmation
satisfit tout le monde ; personne ne se souvint que l'article 55, devenu l'article 768 du code civil, ne contenait rien de
semblable. L'article 40 du projet (754 C. c.) établissait, il est
vrai, un usufruit du tiers, mais au profit des père et mère du
de cujus et nullement du conjoint.

---

[1] Troplong. Contrat de mariage, I, p. 492.
[2] Aubry et Rau, VI, p. 336 (§ 606, note 3).
[3] Laurent, IX, n° 161.
[4] Fenet, XII, p. 38.

Les législateurs de 1804 n'ont donc pas méconnu de parti pris cette vérité que « parmi ceux qui nous sont chers, l'époux « et l'épouse est nécessairement l'objet de la plus vive solli- « citude.[1] ». Nos vieux auteurs n'avaient-ils pas dit que : « Nul homme n'est si droit héritier au mort comme est la « femme espouse ?[2] » La lacune qui se trouve dans le code civil est le résultat d'une distraction législative, elle n'a pas été voulue. On peut seulement s'étonner qu'aucune loi géné- rale ne soit venue effacer cette grosse injustice : le survivant d'un époux riche réduit à la pauvreté, en face d'héritiers que le *de cujus* ne connaissait peut-être pas, en face d'enfants naturels, qui viennent prendre une fortune à l'édification de laquelle le survivant avait peut-être pris la part la plus active !

Des lois spéciales ont réparé, dans la limite de leur objet particulier, cette omission du conjoint. Lois des 11 et 18 avril 1831 (art. 19-22) sur les pensions des armées de terre et de mer. Loi du 9 juin 1853 sur les pensions civiles. Elles consa- crent pour la veuve le droit à une partie de la pension de son mari. Loi du 25 mars 1873 (art. 11, 13, 14) qui confère un certain droit de succession au conjoint d'un déporté à la Nouvelle-Calédonie, sur les biens acquis par le déporté dans la colonie, à la condition que le conjoint ait usé des facilités que lui donne la loi pour aller partager l'existence du déporté.

Doit-on reprocher à la loi de 1866 d'avoir suivi les erre- ments du décret de 1810, qui réagissait contre l'oubli dans lequel le code civil avait laissé le survivant de deux époux, en créant un droit spécial au profit d'une classe très intéressante de conjoints ? Le législateur de 1866 aurait-il dû repousser cette amélioration, sous le prétexte qui a servi à la blâmer, à savoir que cette faveur de détail ne peut que retarder la solution de principe et créer des inégalités injustifiables[3] ?

---

[1] Le Sénéchal. Revue critique, 1863, XXXII, p. 326.

[2] Assises de Jérusalem, Cour des bourgeois, ch. 186, cité par M. Lau- rent, IX, p. 183.

[3] Montagnon. Des droits d'auteur (thèse), p. 48.

M. Perras disait à la Chambre : « La commission ne pouvait « pas refuser une amélioration particulière, sous le prétexte « d'arracher une réforme générale dont l'initiative appartient « au gouvernement [1] ». Pensant comme le rapporteur, nous ne croyons pas que le système du tout ou rien présente, en matière législative du moins, beaucoup d'avantages. En face d'une erreur invétérée, les réformes partielles ne font que mettre à nu le vice de la solution d'ensemble ; elles ne retardent pas la réforme générale, parce qu'elles attirent au contraire l'attention sur les inégalités qui résultent du principe qu'elles laissent subsister et de l'exception qu'elles introduisent. Au reste, la question est actuellement soumise aux Chambres, et tout peut nous faire espérer que le projet de réforme de l'article 767 C. c. deviendra bientôt une bienfaisante réalité [2].

La disposition du second paragraphe de la loi de 1866 ne semble pas avoir été imitée par les législations étrangères [3]. Il est vrai qu'elles n'avaient pas les mêmes raisons que nous d'accorder quelque droit au conjoint. En effet, à part la Belgique et quelques cantons de la Suisse, tous les Etats civilisés ont assuré une situation au conjoint survivant. Quelques-uns admettent la quarte du conjoint pauvre ou un système de gains de survie ; d'autres un usufruit plus ou moins étendu.

Un groupe important, dans lequel figurent l'Italie, la Prusse et l'Angleterre, accorde au survivant de l'usufruit ou de la propriété, suivant qu'il existe ou non des enfants. Enfin la

---

[1] Rapport supplémentaire, Worms, II, p. 311.

[2] M. Delsol, le 13 juin 1876, fit au Sénat une proposition de loi ayant pour objet de réparer l'oubli du code civil. Le rapport fut déposé le 20 février 1877 et la loi votée le 9 mars. Elle se résume : Concession au conjoint survivant d'un droit d'usufruit, plus ou moins étendu suivant qu'il existe des enfants d'un précédent mariage (usufruit d'une part d'enfant égale à un quart au plus), du mariage qui est dissous (usufruit du quart des biens), ou des parents autres que les enfants légitimes (usufruit de la moitié). *La Chambre a voté ce projet en première lecture le 27 mai 1886.* (V. *Journ. offic.* Chambre. Débats parlementaires 1886, p. 945).

[3] Darras, p. 425, note 2.

Russie accorde au conjoint de la propriété, quelle que soit la qualité des parents en face desquels il se trouve [1].

Il ne faut donc pas critiquer trop violemment la disposition de la loi qui nous occupe, du moins dans son principe. Mais on doit reconnaître qu'elle restreint beaucoup trop le droit des héritiers à réserve. Accorder au conjoint la totalité de la jouissance si elle n'empiète pas sur la réserve, aura très souvent pour résultat de priver entièrement les enfants du fruit du travail intellectuel de leur père. Combien d'ouvrages littéraires ou artistiques ne seront-ils pas tombés en disgrâce dans la faveur du public, avant l'expiration de cette jouissance ? Le conjoint aura eu tous les avantages utiles et les enfants ne recouvreront qu'une prérogative sans valeur pécuniaire. Il n'y avait d'ailleurs aucune raison de faire varier la quotité du droit du conjoint avec le nombre des enfants ; ce système est théoriquement mauvais et injustifiable : si la faveur faite au survivant a pour but d'assurer la dignité du veuvage, les besoins sont les mêmes dans tous les cas, il aurait fallu fixer dans tous les cas la même proportion, par exemple faire porter l'usufruit sur la moitié des œuvres. On aurait dû aussi conserver le système antérieur à 1866, en tant qu'il remplaçait par l'usufruit la part revenant au conjoint du chef de la communauté ; c'eût été éviter bien des difficultés et échapper à des critiques très fondées. Au reste, il est bien évident que le jour où la modification de l'article 767 C. c. aura abouti définitivement, notre disposition deviendra sans raison d'être et devra être supprimée.

On a réclamé aussi quelques explications du législateur sur les effets de la cession [2]. On pourrait désirer également que la mesure de l'usufruit, les actes permis à l'usufruitier fussent nettement indiqués.

Les lois belge et colombienne, si intéressantes pour nous,

---

[1] Duport. Des droits de succession du conjoint survivant (thèse), p. 255-266.

[2] Deschamps, *op. cit.*, p. 99.

parce qu'elles ont subi l'influence des idées reçues dans notre doctrine et notre jurisprudence [1], qu'elles ont pu mettre à profit l'expérience des autres peuples et surtout la nôtre, contiennent la plupart des principes qu'il serait désirable de voir figurer dans la loi française. Mais, bien qu'elles soient l'une et l'autre très étendues, elles n'ont pas jugé à propos de régler d'une façon même générale les effets de la cession. Elles ont négligé de dire si et dans quelle mesure l'auteur pourrait traiter de nouveau le sujet d'une œuvre qu'il aurait cédée. La loi belge ne contient aucune disposition sur le droit de la communauté ; cependant, comme son article 3 statue que le droit d'auteur est mobilier, cessible et transmissible, il doit appartenir à la communauté ; or, il y a là, croyons-nous, une erreur législative. Enfin le principal défaut de ces deux législations, nous le répétons encore, est l'absence de délai préfixe assigné au privilège de l'exploitation commerciale de l'œuvre.

Au point de vue pratique, il est à peine regrettable que notre loi française ne règlemente pas le contrat d'édition [2]. Une loi qui descend dans le détail est presque toujours incomplète, et les dispositions qu'elle édicte peuvent soulever les plus graves difficultés. D'ailleurs, pourrait-on dire, dans une matière où tout doit se régler par l'appréciation des faits, l'application des usages, l'empire de la bonne foi, des principes d'honnêteté littéraire, de probité artistique, il n'y a pas grands inconvénients à s'en remettre à l'appréciation des tribunaux. Mais pour qui fait de la doctrine, une telle latitude laissée aux tribunaux est regrettable.

Si la plupart des procès soulèvent des questions d'application pratique, les décisions échapperont à la censure de la Cour de cassation, de là une diversité très grande dans les

---

[1] V. art. 73, loi colombienne.

[2] Le Congrès littéraire international, tenu à Paris au mois de juin 1889, a, par deux voix de majorité, refusé de conclure à la nécessité d'une loi règlementant les rapports entre auteurs et éditeurs.

solutions de la jurisprudence et l'impossibilité pour l'interprète de saisir une direction constante, un fil conducteur, de dégager de l'ensemble des solutions d'espèces, d'abord très rares, puis quelquefois insuffisamment motivées et justifiées, de véritables principes, en un mot une théorie.

DROIT ROMAIN

I. Le simple pacte donne naissance à une obligation naturelle.

II. L'action paulienne personnelle a précédé la réelle.

III. Il est faux de soutenir, en s'appuyant sur la loi 2 C. de donat. *quæ sub modo* 8 , 55, rapprochée du paragraphe 283 des fragments du Vatican, que la règle « *proprietas ad tempus transferri nequit* » ait été abrogée par Justinien.

IV. — Dans la vente avec *lex commissoria*, le vendeur garde la propriété jusqu'à parfait paiement du prix (L. 38 D, ad legem Falcidiam 35, 2 ; l. 5, l. 8 D. de lege comm. 18, 3).

DROIT CIVIL

I. La femme qui accepte la communauté peut revendiquer un de ses immeubles propres qui aurait été aliéné par le mari, en rendant la moitié du prix ; elle ne doit pas de dommages et intérêts.

II. L'interdiction judiciaire du mari n'est pas une cause de séparation de biens.

III. On ne peut réclamer la totalité de la valeur d'un bâtiment incendié, au locataire qui n'a pu s'exonérer de sa part, qu'en prouvant sa faute.

IV. — L'article 1er de la loi du 28 mars 1885 signifie que : par cela même qu'une opération de bourse est revêtue des formes du marché à terme, elle est susceptible d'exécution forcée.

DROIT COMMERCIAL

I. La faillite de la société en nom collectif entraîne celle de tous les associés.

II. Le porteur d'une lettre de change a un droit sur la provision, qui ne peut être reprise des mains du tiré par la faillite du tireur.

DROIT INTERNATIONAL PRIVÉ

I. La femme mariée étrangère n'a pas d'hypothèque légale sur les immeubles de son mari situés en France.

II. Les tribunaux français, appelés à déclarer exécutoire un jugement étranger, peuvent refuser l'*exequatur* pour des motifs tirés du fond.

III. L'article 2 de la convention de Berne pour la protection de la propriété littéraire et artistique, en assimilant les étrangers aux nationaux, a fait disparaître la nécessité de fournir la caution *judicatum solvi*, pour un auteur appartenant à l'un des pays de l'union qui veut plaider en France contre un Français relativement à son droit d'auteur.

Vu et approuvé,

Lyon, ce 6 juillet 1889,
Le Président de la thèse,
E. THALLER.

Vu :

Lyon, le 18 juillet 1889,
Le Doyen de la Faculté,
E. CAILLEMER.

Permis d'imprimer :

Lyon, le 19 juillet 1889,
Le Recteur de l'Académie,
EM. CHARLES.

TABLE DES MATIÈRES

DROIT ROMAIN

ORIGINE DE L'ACTION EN GARANTIE D'ÉVICTION

DROIT FRANÇAIS

DE LA TRANSMISSION DES DROITS DE L'AUTEUR ET DE L'ARTISTE
SUR SON OEUVRE

Bourg, imprimerie VILLEFRANCHE, place d'Armes, 8. — 998

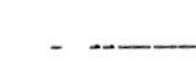